www.ingramcontent.com/pod-product-compliance
Lightning Source LLC
LaVergne TN
LVHW012059160826
845678LV00014B/2877

* 9 7 8 8 1 9 4 2 6 9 9 6 0 *

گل بوٹے سِلوَر جوبلی سیریز

بڑوں کا بچپن

مرتّب

سیّد خالد سیّد اکبر علی

محرّک

فاروق سیّد، مدیر گل بوٹے

بڑوں کا بچپن

مرتب : سیّد خالد سیّد اکبر علی

محرک : فاروق سیّد

ناشر : گل بوٹے پبلی کیشنز، ممبئی

بسلسلۂ گل بوٹے سلور جوبلی جشن - ستمبر 2019ء

کمپوزنگ : یسریٰ گرافکس، پونہ

سرورق : ریحان کوثر، کامٹی

ملنے کے لیے رابطہ : 09867169383 (کوثر احمد)
09892461465 (محمد شریف)

ISBN: 978-81-942699-6-0

Badon ka Bachpan

Compiler: Sayyed Khalid Sayyed Akbar Ali

Motivator: Farooque Sayyed

Publisher: Gulbootey Publications, Mumbai

Commemorating Gulbootey Silver Jubilee Celebration - Sept. 2019

انتساب

شمعِ علم کے پروانے، فروغِ مطالعہ کے دیوانے،
انسانیت کی کسک پر تڑپ اٹھنے اور نوجوان نسل کی تربیت کے لیے ہمہ وقت تیار رہنے والی
ایک عام سی خاص شخصیت

جناب عبدالکریم سالار

کے نام
جن کی سرپرستی، حوصلہ افزائی اور پذیرائی اُمنگوں کو نئی اُڑان عطا کرتی ہے!

منجانب
فاروق سیّد، مدیر گل بوٹے

عرضِ ناشر

پیارے بچو!

السلام علیکم ورحمۃ اللہ!

آج کا دن اور یہ خوب صورت موقع ہمارے لیے کسی انمول تحفے سے کم نہیں۔ آج ہمارا پسندیدہ رسالہ ماہنامہ 'گل بوٹے' ممبئ اپنی تاسیس کے پچیس سال مکمل کر رہا ہے۔ اس پرمسرّت موقع پر ہم اللہ ربّ العزت کی بارگاہ میں نذرانۂ تشکر پیش کرتے ہیں جس نے ہمیں یہ مبارک دن دِکھایا۔ 'گل بوٹے' کی اشاعت کے پچیس برس مکمل ہونے پر ہم اپنے ان تمام ننھے ساتھیوں کو دلی مبارکباد پیش کرتے ہیں جو اپنے پسندیدہ رسالے سے ابتدا ہی سے جڑے رہے۔ جنھوں نے گل بوٹے کو اپنا رسالہ سمجھا، اس کا ہر مہینے بڑی شدت سے انتظار کیا، اسے پابندی سے خریدا، اس کے خوب صورت مشمولات کو پسند کیا، اس کی قیمتی باتوں کو ذہن نشین کر کے ان پر عمل کیا۔ ان تمام ساتھیوں کو بھی مبارکباد جو گل بوٹے کی ترویج وترقی اور اسے گھر گھر پہنچانے میں ہمیشہ کوشاں رہے، اس کی ترتیب واشاعت میں اپنے قیمتی مشوروں سے نوازا، مشکل ترین حالات میں اپنی توجہ اور تعاون سے گل بوٹے کے کم سواد مدیر کی ڈھارس بندھائی، گل بوٹے ٹیم کی کوششوں کو سراہتے ہوئے ان کی حوصلہ افزائی کی، گل بوٹے کے ساتھ سفر کرتے ہوئے اپنے بچپن کو لڑکپن اور لڑکپن کو نوجوانی میں تبدیل کیا۔ آج کا دن ان تمام ننھے فرشتوں اور نوجوان دوستوں کے لیے نویدِ جانفزا لے کر آیا ہے اور آج یہی تمام ساتھی مبارکباد کے مستحق ہیں۔ آپ تمام کو کامیابی وکامرانی کے یہ پُرمسرّت لمحات بہت بہت مبارک ہوں!

عزیز ساتھیو! ہمارے ملک میں بچوں کے رسائل کی تاریخ درخشاں رہی ہے۔ ایک زمانہ تھا جب ملک کے مختلف شہروں سے بڑی تعداد میں بچوں کے رسائل نکلتے تھے۔ آج بھی قدرے کم تعداد میں سہی لیکن بچوں کے رسائل برابر نکل رہے ہیں۔ ممبئ جیسے اُردو آبادی والے بڑے شہر سے ایک عرصے سے بچوں کے ایک معیاری رسالے کی ضرورت محسوس کی جاتی تھی۔ اللہ کا شکر ہے کہ اس نے ہمیں توفیق بخشی اور ہم نے اللہ کا نام لے کر تن تنہا اس راہ پر قدم بڑھایا اور دیکھتے ہی دیکھتے گل بوٹے کے تیئں ہمارے جنون نے پچیس بہاریں مکمل کرلیں۔ اگرچہ زمانے کی نظر میں پچیس برس کوئی بڑی مدت نہیں ہوتی لیکن کسی رسالے کے لیے اور وہ بھی اُردو زبان میں بچوں کے رسالے کے لیے یہ ایک بہت بڑی مدت ہے۔ یہ ایک ایسی مدت ہے جسے کسی جنون یا دیوانگی کے سہارے ہی پورا کیا جاسکتا ہے۔ ان پچیس برسوں میں گل بوٹے نے ترقی کے کئی رنگ دیکھے۔ پہلے پہل اسے سادے کاغذ پر یک رنگی شائع کیا گیا۔ پھر پرنٹ میڈیا میں آئے انقلابات پر لبیک کہتے ہوئے آرٹ پیپر اور مکمل رنگینی کو اپنایا۔ اِس دوران گل بوٹے زمانے کے شانہ بہ شانہ چلتا رہا لیکن اس نے تعلیمی، اخلاقی اور تہذیبی رہنمائی کے اپنے مشن سے صرفِ نظر نہیں کیا بلکہ فکری طور پر پوری قوت سے اپنے مشن پر ہمیشہ گامزن رہا۔

ہمیں اس حقیقت کا اظہار کرتے ہوئے بڑی مسرت ہورہی ہے کہ جیسے ہی ہم اپنی تاسیس کے پچیسویں سال کی طرف بڑھ رہے تھے، ہم گل بوٹے کی سلور جوبلی کچھ منفرد انداز میں منانے کا سوچ رہے تھے اور جلد ہی ہم نے یہ عزم کیا کہ گل بوٹے کی پچیسویں سالگرہ پر ہم بچوں کے ادب کو نادر موضوعات پر پچیس کتابوں کا تحفہ دیں گے۔ الحمد للہ ثم الحمد للہ! ہمیں خوشی ہورہی ہے کہ اللہ تعالیٰ نے ہمارے اِس عزم کی لاج رکھ لی اور ہم آج مختلف موضوعات پر پچیس کتابیں شائع کرنے میں کامیاب ہوئے ہیں۔

بچوں کے ادب پر یہ پچیس کتابیں گل بوٹے کے ادارۂ تحریر کے رفقا یعنی 'ٹیم گل بوٹے' کی محنتوں کا ثمرہ ہے۔ ان کتابوں میں ٹیم گل بوٹے نے ان تمام موضوعات کو

سمیٹنے کی کامیاب کوشش کی ہے جو اُردو میں بچوں کے ادب کے زریں عہد کے گواہ ہیں۔ یہ وہ موضوعات ہیں جو اَب نایاب نہیں تو کمیاب ضرور ہیں البتہ یہ بھی حقیقت ہے کہ آج کسی ایک جگہ دستیاب نہیں۔ٹیم گل بوٹے نے موضوعات کے انتخاب سے لے کر کتاب کی ترتیب وتدوین تک جس محنتِ شاقہ کا ثبوت فراہم کیا ہے اس کے لیے میں بحیثیت مدیر اور ناشر تمام مرتبین کا شکرگزار ہوں۔ ناسپاسی ہوگی اگر اس موقع پر اپنے عزیز دوست اور بال بھارتی پونہ کے اُردو افسر خان نوید الحق انعام الحق صاحب کا شکریہ ادا نہ کریں جن کی کرشماتی شخصیت نے کتابوں کی ترتیب سے لے کر سلور جوبلی تقریبات کے انعقاد تک ہر مشکل مرحلے میں ہمارے کندھے سے کندھا ملا کر کام کیا۔ ہر مرحلے پر ثابت قدمی دِکھاتے ہوئے کام کی پہل کی، اپنے وسیع تجربات کی روشنی میں کٹھن مراحل کو آسان بنا دیا اور اپنے آپ کو دامے درمے سخنے کلی طور پر اس کام کے لیے وقف کردیا۔ ان احسانات کو صرف محسوس کیا جاسکتا ہے۔

زیرِ مطالعہ کتاب 'بڑوں کا بچپن' جناب سیّد خالد سیّد اکبر علی نے مرتب کی ہے۔ آپ نے حتی الامکان اسے خوب سے خوب تر بنانے کی کوشش کی ہے اس لیے ادارہ گل بوٹے جناب سیّد خالد سیّد اکبر علی کا دِل کی گہرائیوں سے شکریہ ادا کرتا ہے۔

آپ کے اپنے ماہنامے 'گل بوٹے' کے جشنِ سیمیں کے موقع پر ہم ان تمام قلمکاروں، مراسلہ نگاروں اور قارئین کا شکریہ ادا کرتے ہیں جنھوں نے گزشتہ ربع صدی کے دوران ہر مرحلے پر ہمارا تعاون کر کے حوصلہ بڑھایا ہے۔ہمیں اُمید ہے کہ بچوں کے ادب پر یہ پچیس کتابیں آج کے حالات میں ادبِ اطفال کی راہ متعین کرنے میں مشعلِ راہ ثابت ہوں گی۔ آپ کی گرانقدر آرا کا ہمیں انتظار رہے گا۔

والسلام

فاروق سیّد

بسم اللہ الرحمٰن الرحیم

عرضِ مرتب

درس و تدریس کے عمل میں جب کبھی شخصیات سے متعلق سبق پڑھانے کا موقع آیا ،جس بات نے مجھے سب سے زیادہ پریشان کیا وہ یہ کہ طلبہ ان شخصیات کو کسی دوسری دنیا کا فرد سمجھ کر پڑھتے اور سمجھتے ہیں، امتحانی نقطۂ نظر سے ان شخصیات کی زندگی کے اہم پہلوؤں کو یاد رکھتے ہیں اور بس!

طلبہ میں ان شخصیات کی خوبیوں اور ان میں موجود خصوصیات کو اپنے اندر سمونے کی جستجو بہت کم دیکھنے میں آئی اور اس کی وجہ یہ ہے کہ طلبہ کی اکثریت اس بات کو مانتی ہے کہ یہ شخصیات جن کے متعلق وہ پڑھ رہے ہیں ، یہ بہت بڑی شخصیات ہیں اور ان جیسا بننا ہمارے لیے ناممکن ہے۔ طلبہ کی اس سوچ کی وجہ ہے جو بہت ہی معقول ہے۔ طلبہ عموماً ان شخصیات کی زندگی کے اہم واقعات اور ان کے کارناموں سے متعلق ہی پڑھتے ہیں، ان شخصیات کی عام زندگی اور بالخصوص ان کے بچپن کے حالات سے نابلد ہوتے ہیں۔

طلبہ کو اس بات کا یقین دلانا نہایت ضروری ہے کہ ہر انسان کی زندگی میں بچپن کا مرحلہ آتا ہے، اس ابتدائی اہم دور کو تعلیم و تربیت اور جسمانی نشوونما میں خاص اہمیت حاصل ہے۔ یہی وہ زمانہ ہے جس میں جن اچھی عادات پر طبیعت پختہ ہو جائے وہ مرتے دم تک رہتی ہیں۔ وہ تمام شخصیات آج جن سے متعلق ہم پڑھ رہے ہیں کبھی یہ بھی ہماری ہی طرح بچے تھے۔ بچپن کے مرحلے میں بہترین تعلیم و تربیت نے انھیں اس مقام تک پہنچایا ہے۔ ’بڑوں کا بچپن‘ مرتب کرنے میں یہ ہی جذبات کارفرما ہیں۔

جن شخصیات کے بچپن کے حالات آپ اس کتاب میں پڑھیں گے ان میں مجاہدینِ آزادی بھی ہیں اور قوم کے سیاسی رہنما بھی ، ان میں خطابت کے بلند ترین مرتبہ

پر پہنچے افراد بھی ہیں اور قلم کے بادشاہ بھی۔ ان میں صحافت کے میدان کے چمکتے ہوئے ستارے بھی ہیں اور حکمت وشاعری میں یدطولیٰ رکھنے والی عظیم شخصیات بھی مگر یہ تمام باتیں تو بعد کی ہیں، ایک دوران عظیم شخصیات کا بچپن کا بھی گزرا ہے۔

ایک زمانہ تھا جب ان میں سے ہر ایک بچہ تھا۔ باپ کی آنکھوں کی ٹھنڈک، ماں کے دل کا قرار، کھیل کود میں وقت گزارنے والا، ضد پر اڑ جانے والا، کھلونوں کو اپنی زندگی کا سب سے قیمتی سرمایہ سمجھنے والا۔ اس دَورِ طفلی میں کسے خبر ہوتی ہے کہ یہ بچہ مستقبل میں شہرت کی بلندیوں کو چھوئے گا۔

ان عظیم شخصیات کے بچپن کے حالات ہمارے لیے نہ صرف معلومات اور دلچسپی سے پُر بلکہ نصیحت کا بہت سا سامان لیے ہوئے ہیں۔ ان شخصیات نے کس ماحول میں آنکھ کھولی، اپنے گردوپیش میں کیا کچھ دیکھا، اس وقت کی سوسائٹی اور معاشرت کیا تھی؟ بچپن کے مشاغل کیا تھے؟ والدین نے تربیت کیسے کی؟ اساتذہ کا سلوک کیسا تھا؟ حصول علم میں کیا کیا مشکلات پیش آئیں؟ اس دور کے تجربات ومشاہدات کے آنے والی زندگی میں کیا اثرات مرتب ہوئے؟ یہ ساری داستان دلچسپ بھی ہے اور سبق آموز بھی۔

مذکورہ کتاب میں جن شخصیات کے بچپن کے حالات شامل ہیں ان میں سے بعض شخصیات نے اپنی آپ بیتی خود لکھی ہے اور بعض شخصیات کی زندگی کے حالات کو دیگر مصنفین نے تحریر کیا ہے جس کی مکمل تفصیلات حوالہ جاتی کتب کے ضمن میں تحریر کردی گئی ہے۔ زیر نظر کتاب انتہائی سہل انداز میں لکھی گئی ہے جسے نہ صرف بچے آسانی سے پڑھ سکتے ہیں بلکہ بڑوں کے بچپن سے بہت کچھ سیکھ سکتے ہیں۔

ہمیں اُمید ہے کہ اس کتاب کا مطالعہ بچوں کی زندگی میں خوشگوار تبدیلی کا ذریعہ بنے گا۔

سیّد خالد سیّد اکبر علی

۳؍رمضان المبارک ۱۴۴۰ھ مطابق ۹؍مئی ۲۰۱۹ء

P-8، 209 - اَجیت گلاس گارڈن روڈ،
گورے گاؤں (مغرب)، ممبئی - 103 411
M.: 76667159858
sayyedkhalid.bmc@gmail.com

فہرست

نمبر شمار	شخصیات	صفحہ نمبر
۱	مرزا اسداللہ خاں غالبؔ	11
۲	خواجہ الطاف حسین حالیؔ	19
۳	بدرالدین طیب جی	24
۴	حضرت شیخ الہند مولانا محمود حسنؒ	36
۵	مہاتما گاندھی	41
۶	مولانا محمد علی جوہر کی کہانی مولانا شوکت علی کی زبانی	47
۷	ڈاکٹر راجندر پرساد	63
۸	مولانا ابوالکلام آزادؒ	77
۹	پنڈت جواہر لال نہرو	92
۱۰	خان عبدالغفار خان (سرحدی گاندھی)	99
۱۱	مولانا عبدالماجد دریابادیؒ	110
۱۲	ڈاکٹر ذاکر حسین	126
۱۳	شہیدِ وطن اشفاق اللہ خان	134
۱۴	اِندرا گاندھی	139
۱۵	ڈاکٹر اے. پی. جے. عبدالکلام	149

مرزا اسداللہ خاں غالبؔ

مرزا ۸؍رجب ۱۲۱۲ھ بمطابق ۲۷؍دسمبر ۱۷۹۷ء کو بدھ کے دن سورج نکلنے سے چار گھڑی پہلے آگرہ میں پیدا ہوئے۔ ان کا نام اسداللہ بیگ خاں تھا، اگرچہ وہ مشہور صرف اسداللہ خاں کے نام سے ہوئے۔ ان کے والد کا عرف 'مرزا دولہا' تھا، ان کا 'مرزا نوشہ' ہوا۔ ان سے بڑی ایک بہن تھیں جن کا نام یا عرف چھوٹی خانم تھا اور ایک بھائی مرزا یوسف علی خان تھے جو اُن سے دو برس چھوٹے تھے۔

مرزا عبداللہ بیگ خاں کی وفات کے بعد ان کے بچوں کی دیکھ بھال کا بیڑہ ان کے چھوٹے بھائی مرزا نصراللہ بیگ خان نے اُٹھایا۔ ان کی شادی فخر الدولہ دلاور الملک نواب احمد بخش خان بہادر رستم جنگ والیِ لوہارو کی ہمشیرہ سے ہوئی لیکن کوئی اولاد نہیں ہوئی تھی کہ بیوی کی وفات ہوگئی۔ اب بڑے بھائی کی وفات کے بعد انھوں نے ان کے بچوں کو ایسے ناز ونعم سے پالا جیسے یہ ان کی اپنی حقیقی اولاد ہو۔

مرزا نصراللہ بیگ خاں انگریزی عملداری سے پہلے مرہٹوں کی طرف سے فرانسیسی جرنیل پیرون (Perron) کی ماتحتی میں اکبر آباد کے حاکم تھے ۱۸۰۳ء میں جب لارڈ لیک نے اس علاقے پر چڑھائی کی تو مرزا نصراللہ بیگ نے ہتھیار ڈال دیے اور لڑائی کے بغیر شہر حوالے کر دیا۔ اس کا خوشگوار اثر پڑا اور ممکن ہے کہ پہلے سے کچھ سمجھوتہ بھی ہوگیا ہو اس کے علاوہ نواب احمد بخش خان کا بھی انگریزوں کے ہاں اچھا رسوخ تھا۔ انھوں نے کئی معرکوں میں لارڈ لیک کی نمایاں خدمات سر انجام دی تھیں اور لارڈ لیک ان کو بہت مانتے تھے۔ نئے مفتوحہ علاقے کا انتظام بھی لارڈ لیک ہی کے ہاتھ میں تھا اس لیے یقین ہے کہ نواب احمد بخش خان نے بھی سفارش کی ہوگی۔ غرض انگریزی انتظام میں اکبر آباد کا صوبہ تو کمشنری میں تبدیل ہوگیا اور کمشنر ایک انگریز مسٹر ولیرز (Villiers) مقرر ہوا لیکن لارڈ

لیک نے مرزا نصراللہ خان کی خدمات کے اعتراف میں انھیں انگریزی فوج میں چارسو سوار کا رسالدار بنا دیا اور سترہ سو روپے مشاہرہ مقرر ہوا۔ اس کے بعد مرزا صاحب موصوف نے خودسونک اور سونسا لاکھ سوا لاکھ سالانہ آمدنی کے دو زرخیز اور سیر حاصل پرگنے جو بھرت پور کے نواح میں تھے، ریاست کے ہلکر کے سپاہیوں سے چھین لیے اور ان پر قبضہ جما لیا۔ لارڈ لیک کو جب یہ حال معلوم ہوا تو انھوں نے ۲۱ رستمبر ۱۸۰۵ء کے پروانے کی رو سے یہ دونوں پرگنے بھی ان کو جاگیر میں دے دیے۔

مگر افسوس کہ اس جاہ و مرتبت سے لطف اندوز ہونا ان کی قسمت میں نہیں لکھا تھا۔ اس واقعے پر مشکل سے دس گیارہ مہینے گزرے ہوں گے کہ بڑے بھائی کی وفات کے کم و بیش پانچ سال بعد ۱۸۰۶ء میں ایک دن سیر کرتے میں اچانک ہاتھی سے گر گئے۔ ان کی ٹانگ ٹوٹ گئی اور چوٹیں بھی آئیں۔ اسی حالت میں چند دن بعد ان کا انتقال ہو گیا اور یوں مرزا غالب اور ان کے بھائی مرزا یوسف ایک بار پھر یتیم اور تنہا رہ گئے۔ مرزا غالب کی عمر اس وقت صرف آٹھ برس اور چند ماہ تھی۔

نواب احمد بخش خان کو مرزا نصراللہ بیگ خان کی جواں مرگی کا افسوس ہونا ہی چاہیے تھا۔ انھیں ان چھوٹے چھوٹے بچوں پر خاص طور پر رحم آیا، جو چچا کی وفات کے بعد اب بالکل بے کس ہو کر رہ گئے تھے۔ چنانچہ انھوں نے لارڈ لیک سے سفارش کی اور وہاں سے پنشن کا انتظام ہو گیا۔

نواب احمد بخش خان کو اپنی خدمات کے انعام میں سرکار انگریزی کی طرف سے میوات میں فیروز پور جھرکا اور مضافات ہوڈل (تحصیل فیروز پور جھرکا) میں نگینہ اور پونا ہانا وغیرہ کی جاگیر عطا ہوئی تھی اور چوں کہ وہ ریاست الور کے وکیل تھے اس لیے مہاراجہ بختاور سنگھ والی الور نے اپنی طرف سے انھیں لوہارو کا پرگنہ دے دیا تھا۔ جو اس سے پہلے الور ہی کا ایک حصہ تھا۔ فیروز پور جھرکا کی جاگیر سے متعلق یہ طے پایا تھا کہ اس کے لیے نواب احمد بخش خان سرکار انگریزی کو پچیس ہزار روپے سالانہ ادا کرتے رہیں گے۔

مرزا نصراللہ خان کی وفات پر ان کی جاگیر سونک اور سونسا انگریزوں نے واپس لے لی اور رسالہ بھی توڑ دیا البتہ ان میں سے پچاس سواروں کے ایک دستے سے متعلق یہ طے پایا کہ نواب احمد بخش خان اسے برقرار رکھیں گے۔ سرکار انگریزی کو جب ضرورت ہوگی وہ ان سے مدد طلب کر لے گی۔ اس دستے کے اخراجات اور مرزا نصر اللہ بیگ خان کے پسماندگان کی پنشن کے لیے ۴؍مئی ۱۸۰۶ء کو یہ حکم صادر ہوا کہ نواب احمد بخش خان اپنی جاگیر کے لیے جو پچیس ہزار روپے سالانہ دیتے ہیں، وہ اس شرط پر معاف کیے جاتے ہیں کہ آئندہ ان میں سے پندرہ ہزار وہ اس دستے کی غور و پرداخت پر خرچ کریں اور باقی دس ہزار مرزا مرحوم کے خاندان کو بہ طور پنشن ادا کریں۔

نہ معلوم کیسے، مگر اس فیصلے کے ایک ہی مہینہ بعد ۷؍جون ۱۸۰۶ء کو نواب احمد بخش خان نے لارڈ لیک سے ایک خط حاصل کرلیا جس میں یہ درج تھا کہ مرزا نصراللہ بیگ خان کے متعلقین کو پانچ ہزار روپے سالانہ حسب ذیل تفصیل سے ادا کیا جائے۔

(۱) خواجہ حاجی - دو ہزار روپے سالانہ۔

(۲) مرزا نصراللہ بیگ خان کی والدہ اور تین بہنیں - ڈیڑھ ہزار روپے سالانہ۔

(۳) مرزا نوشہ اور مرزا یوسف برادر زادگان مرزا نصراللہ بیگ خاں مرحوم - ڈیڑھ ہزار روپے سالانہ۔

گویا پہلے تو دس ہزار سالانہ کے ہوئے، پانچ ہزار اور پھر اس تقسیم کی رو سے ان پانچ ہزار سے بھی صرف ساڑھے سات سو مرزا غالب کو ملے اور ساڑھے سات سو ان کے بھائی مرزا یوسف کو۔

مولانا حالؔی کے بیان کے مطابق مرزا عبداللہ بیگ خاں کی وفات کے بعد راجہ بختاور سنگھ والی الور نے 'دو گاؤں سیر حاصل اور کسی قدر روزینہ' مرزا مرحوم کے دونوں لڑکوں کی پرورش کے واسطے مقرر کر دیا تھا۔ خود مرزا نے لکھا ہے کہ "ایک گاؤں جس کا تالڑا نام ہے، مجھ کو برائے دوام ملا۔"

یہ نہیں کھلتا کہ یہ وظیفہ کب اور کیوں کر بند ہوا۔ یوں معلوم ہوتا ہے کہ مرزا غالب نے بعد کو اس کے دوبارہ اجرا کی کوشش کی تھی پنج آہنگ میں ان کا ایک خط مرزا سفند یار بیگ خاں دیوان الور کے نام ہے، جو انھوں نے ۱۸۵۰ء میں ان کی دیوانی کے زمانے میں لکھا تھا۔ اس میں انھوں نے ''گوشہ و توشۂ دیرینہ' کی بحالی کا مطالبہ کیا ہے۔ بہر حال اس میں شبہ نہیں کہ وہ اپنے مقصد میں کامیاب نہیں ہوئے اور ۱۸۵۰ء تک ان کا گزارہ انھیں ساڑھے سات سو روپے سالانہ پر رہا، جو انھیں انگریزی حکومت کے خزانے سے ملا۔

مرزا غالبؔ کی ابتدائی تعلیم سے متعلق ہماری معلومات بہت کم ہیں۔ ہمیں معلوم ہے کہ والد اور چچا کی وفات کے بعد ان کا قیام اپنی ننیھال میں رہا اور یہ اچھے کھاتے پیتے لوگ تھے اس لیے بجا طور پر امید کی جاسکتی ہے کہ انھوں نے اپنی حیثیت کے مطابق تعلیم و تربیت کا مناسب انتظام کیا ہوگا۔

اس زمانے میں مولوی محمد معظم کی ذات آگرے میں مرجع خاص و عام تھی۔ مرزا غالب نے بھی ابتدائی فارسی تعلیم انھیں سے حاصل کی۔ مولانا حالیؔ نے ایک دلچسپ واقعہ اس زمانے کا لکھا ہے کہ ایک دن مرزا غالب نے ایک فارسی غزل میں ''یعنی چہ'' کے معنوں میں ''کہ چہ'' ردیف لکھی اور اپنے استاد کو دکھائی۔ مولوی معظم نے ردیف کو مہمل کہہ دیا مگر جب تھوڑے دن بعد مرزا نے ظہوریؔ کے کلام سے اس کی سند پیش کی، تو وہ اپنے ہونہار شاگرد کی خداداد ذہانت اور جدت کے قائل ہو گئے۔

یہ واضح ہے مرزا غالب کو فارسی زبان سے قدرتی لگاؤ تھا، مگر اس ذوق کو چمکایا ملا عبد الصّمد ایرانی نے جیسا کہ مرزا نے خود لکھا ہے۔ ملا عبدالصمد ایران کے ایک امیر زادہ جلیل القدر تھے۔ وہ یزد کے رہنے والے اور نسلاً زردشتی تھے اور اپنا آبائی مذہب چھوڑ کر اسلام پر ایمان لے آئے تھے۔ اسلام قبول کرنے سے پہلے ان کا نام ہرمزؔد تھا، وہ ۱۲۲۶ھ (۱۸۱۰۔۱۸۱۱ء) میں سیر و سیاحت کرتے ہندوستان آئے اور اکبر آباد میں وارد ہوئے۔ مرزا غالبؔ کی عمر اس وقت یہی چودہ برس کی ہوگی۔ مرزا نے انھیں دو برس تک اپنے یہاں

ٹھہرایا اور ان سے تعلیم حاصل کی۔ ملا عبدالصمدؔ کی مادری زبان فارسی تھی اور اسلام قبول کرنے سے پہلے وہ زردشتی مذہب کے پیرو تھے چوں کہ زردشتیوں کا تمام مذہبی سرمایہ قدیم فارسی زبان میں ہے اس لیے ان کا فارسی زبان کا فاضل ہونا چنداں تعجب کا مقام نہیں، اس کے علاوہ وہ عربی کے بھی عالم تھے۔ اور انھوں نے تو مدتوں علمائے عرب و بغداد کی خدمت میں رہ کر علوم عربیہ حاصل کیے تھے۔ پس گویہ سچ ہے کہ مرزا کی فارسی دانی کا سنگ بنیاد مولوی محمد معظم کے ہاتھوں رکھا گیا تھا لیکن اس عمارت کی تکمیل ملا عبدالصّمد کے چابک دست اور ماہر ہاتھوں سے ایسے شاندار طریقے پر ہوئی کہ وہ آسمان سے باتیں کرنے لگی۔ ملا عبدالصمد نے ہندوستان سے واپس جانے کے بعد بھی مرزا غالبؔ سے خط و کتابت جاری رکھی۔ مولانا حاجی نے بھی لکھا ہے۔

''نواب مصطفیٰ خاں مرحوم کہتے تھے کہ ملا کے ایک خط میں جو اس نے مرزا کو کسی دوسرے ملک سے بھیجا تھا یہ فقرہ لکھا تھا: ''اے عزیز! چہ کسی کہ باایں ہمہ آزادیہا گاہ گاہ بخاطرمی گزری۔''

اس سے معلوم ہوتا ہے کہ ملا عبدالصمد کو اپنے شاگرد سے واقعی محبت تھی۔ ظاہر ہے اس سے معلوم ہوتا ہے کہ انھوں نے ایسے ہونہار شاگرد کی تعلیم میں کوئی کسر نہیں چھوڑی ہوگی۔ خود مرزا غالبؔ نے بھی اپنی کتابوں میں جہاں کہیں ان کا ذکر کیا ہے، وہاں نہایت ادب کے ساتھ محبت بھرے الفاظ میں ان کی تعلیم و تربیت کی طرف اشارہ کیا ہے۔ قاطع برہان کا معرکہ اس امر کی بیّن شہادت ہے کہ میرزا نے ملا عبدالصمد کی تعلیم سے کس قدر استفادہ کیا تھا۔ وہ نہ صرف خالص فارسی زبان اور اس کی صرف ونحو بلکہ فارسی مذہب اور اس کے متعلقات پر بھی بہت حد تک حاوی ہو گئے تھے۔

بعض قرائن سے معلوم ہوتا ہے کہ اس زمانے کے دستور کے مطابق ان کی بسم اللہ بھی قرآن خوانی سے ہوئی تھی اور گمان غالب ہے کہ انھوں نے قرآن ناظرہ ختم کر لیا ہوگا۔ ان کے فارسی خطوں میں کہیں کہیں قرآنی آیات کے جو حوالے ملتے ہیں وہ اسی دور کی

یادگار ہیں، ورنہ یوں ان کی عربی سے واقفیت بہت معمولی تھی اور مکتب میں انھوں نے صرف شرح مائۃ عامل تک پڑھا تھا۔ وہ عربی میں آخر تک غلطیاں کرتے رہے۔

بعض مصنّفین نے لکھا ہے کہ مرزا نظیرؔ اکبر آبادی کے بھی شاگرد تھے۔ مرزا کے بچپن کے زمانے میں آگرے میں نظیرؔ کا مکتب ضرور تھا لیکن میرے خیال میں روایت اور درایت دونوں پہلوؤں سے ان کی نظیر کی شاگردی ثابت نہیں ہوتی۔

روایت کو لیا جائے تو مرزا کا ایک ہم عصر تذکرہ نگار خوب چند ذکاؔ (متوفی ۱۸۴۶ء) ہے جس نے اپنے استاد شاہ نصیر کے کہنے پر تذکرہ 'غیار الشعراء' مرتب کیا تھا، اس میں مرزا غالب کے حالات میں اس نے ان کی تعلیم سے متعلق صرف اتنا لکھا ہے: ''شاگرد مولوی محمد معظم'' اگر وہ نظیرؔ کے بھی شاگرد ہوتے تو یقیناً ذکا ان کا ذکر بھی کر دیتا۔

اب درایت کو لیجیے!

نظیر کی شاگردی کا ذکر سب سے پہلے حکیم غلام قطب الدین باطنؔ نے اپنے تذکرہ گلستانِ بیخزاں المعروف بہ نغمۂ عندلیب میں کیا اور ان کی نقل میں اول مولانا حسرت موہانی نے اور پھر دبے لفظوں میں شیخ محمد اکرام نے غالب کو نظیر کا شاگرد قرار دیا مگر جن حالات میں تذکرہ گلستان بیخزاں تالیف ہوا تھا، انھیں دیکھتے ہوئے یہ روایت حد درجہ مشکوک ہو جاتی ہے۔

۱۸۳۵ء میں نواب محمد مصطفیٰ خاں شیفتہؔ نے اپنا مشہور تذکرہ گلشن بیخار شائع کیا۔ اس میں جہاں مومنؔ، آزردہؔ، غالب اور دوسرے ہم عصر شاعروں کی بہت تعریف کی تھی، وہیں نظیر اکبر آبادی کا ذکر کچھ ایسے انداز سے کیا کہ نظیر کے دوستوں اور بہت ناگوار گزرا۔ نظیر خود تو فوت ہو چکے تھے، لیکن ان کے جواں سال صاحب زادے گلزار علی اسیرؔ آگرے میں موجود تھے۔ انھوں نے باطنؔ سے کہا کہ گلشن بیخار کا جواب لکھو۔ باطنؔ پہلے نظیرؔ سے اصلاح لیتے رہے تھے اور ان کی وفات کے بعد اب اسیرؔ سے مشورہ کرتے تھے۔ گویا استاد بھی اور استاد زادہ بھی! انھوں نے سرِ تسلیم خم کیا اور یہ تذکرہ مرتب ہوا۔ اس

میں انھوں نے تمام ان دہلوی شعراء کی دل کھول کر مخالفت کی جن کی گلشن بیخار میں تعریف کی گئی تھی۔ مومن اور صاحب کے تعلق کا ذکر کیا، شیفتہ اور رجو کے لگاؤ کی داستان بیان کی اور غالبؔ کو نظیرؔ کا شاگرد لکھ دیا، مقصود یہ تھا کہ شیفتہؔ جس نظیرؔ کو سوقیت کا مظہر بتا رہے ہیں تو وہ غالبؔ کا استاد ہے۔ باپ کی تعریف کرنا اور دادا کو گالی دینا یہ کہاں کا شیوۂ عقلمندی ہے! خود باطنؔ کے الفاظ غمازی کر رہے ہیں کہ یہ دعویٰ محض شیفتہؔ کی مخالفت اور ان کے نظیر کے کلام پر اعتراض کے جواب میں وضع کیا گیا ہے ورنہ ان کی کوئی حقیقت نہیں! ان کے الفاظ ہیں:

''غالبؔ و اسدؔ تخلص۔ اسداللہ خاں نام ملقب بہ مرزا نوشہ۔ آپ دو تخلص کرتے ہیں۔ کچھ تو سبب ہے کہ دو تخلص کرنے پر دل دھرتے ہیں۔ اوستادان باشعور کے مثل خلیفہ معظم جو بڑے معظم ومکرم اور ہادی الشعراء (یعنی نظیر اکبر آبادی) جو بے نظیر روزگار تھے۔ جن سے تعلیم پائی، ایام صبا سے یہ برکت انفاس متبرک اون استادوں کے بمرتبہ علم پہنچے۔ تب اون کی فکر رسا بے یہ صورت دکھائی کیوں نہ خوشگوار ہوں جن کے ایسے استاد دو ہوں ......چوں کہ وہ استاد مر گئے۔ یہ جد دہلی (آگرہ) سے اُدھر گئے۔ اب خواہ شاگردی سے انکار کریں یا شاید اقرار کریں۔''

ذرا تیور ملاحظہ ہوں! آخر دو تخلص کرنے کا کیا سبب ہوسکتا ہے اور اس پر اعتراض کیوں ہو؟ لیکن پہلے تو یہی غلط ہے کہ غالبؔ ان کی وفات کے بعد دلّی آئے۔ مولوی محمد معظم کی تاریخ وفات تحقیق نہیں ہوسکی لیکن نظیر نے یقیناً ۱۸۳۰ء میں رحلت کی۔ غالبؔ اس سے بہت پہلے ۱۸۱۲ء۔ ۱۸۱۳ء کے لگ بھگ دلّی چلے آئے تھے۔ پھر آخری الفاظ'' اب خواہ شاگردی سے انکار کریں یا شاید اقرار کریں۔'' خاص طور پر قابل غور ہیں۔ یہ باطن کے دل کا چور ہے، جو ان سے چھپ نہ سکا، صاف ظاہر ہے کہ انھیں خود اپنے کہے کا یقین نہیں، اگر نظیر کی شاگردی مسلم تھی تو غالبؔ انکار کیوں کرنے لگے تھے!

لیکن اصولاً نظیرؔ کی شاگردی پر کوئی اعتراض نہیں جیسا کہ مولانا حالیؔ نے لکھا ہے:

''اگر بالفرض بچپن میں غالبؔ نے نظیرؔ کے مکتب میں تعلیم پائی ہو تو کوئی تعجب بھی نہیں، اس سے نظیرؔ کی عزّت زیادہ ہوتی ہے اور مرزا کی عزّت کم نہیں ہوتی۔''

لیکن ان سب استادوں سے زیادہ جس چیز نے غالبؔ پر اثر کیا وہ ان کا ماحول تھا۔ مرزا کا بچپن آگرے کے جس محلے میں گزرا، یہ گلاب خانہ کہلاتا ہے، اس زمانے میں گویا یہ فارسی زبان کا مرکز تھا۔ مثنوی مولانا روم کی شارح ملّا ولی محمد اسی محلے میں رہتے تھے۔ مولوی شمس الضحیٰ اور مولوی بدر الدجیٰ دونوں ان ہی کے بیٹے تھے۔ میر اعظم علی اعظم مدرّس مدرسۂ اکبر آباد بھی ان ہی کے نواسے ہوتے تھے۔ اعظم نے سکندر نامۂ نظامی کا ترجمہ کیا تھا۔ خود بھی ایک مثنوی اکسیر اعظم فارسی میں لکھی۔ اعظم، غالبؔ کے بچپن کے دوست تھے۔ اسی محلے میں مولوی محمد معظم کے علاوہ مولوی محمد کامل کا مکتب تھا۔

مرزا کے نانا خواجہ غلام حسین خاں اسی محلے میں مقیم تھے اور وہ یہاں کے سر برآوردہ لوگوں میں سے تھے۔ قریب بہ یقین ہے کہ اس زمانے کے دستور کے مطابق یہ علم و فن ان کے مکان پر اکثر اور با قاعدہ جمع ہوتے ہوں گے۔ مرزا کی حساس طبیعت پر ان مجلسوں کا جو اثر ہوا ہوگا، اس کا اندازہ آسانی سے لگایا جا سکتا ہے۔

غرض یہ کہ ماحول سراسر علمی تھا اور ایک ذہین اور تیز فہم آدمی اس سے جو کچھ حاصل کر سکتا تھا وہ غالبؔ کے حصے میں بھی آیا۔ انھوں نے ان اصحاب کی صحبت سے جو استفادہ کیا اور اس پر اپنی محنت سے جو اضافہ کیا اس کا ثبوت ان کے اُردو اور فارسی کلام سے ملتا ہے، جس میں ہیئت، نجوم، منطق، فلسفہ، طب، موسیقی، تصوف، مذہب، وغیرہ علوم کی اصطلاحیں کثرت سے استعمال ہوئی ہیں۔ ناممکن ہے کہ یہ سب کچھ انھوں نے اس چھوٹی سی عمر میں مولوی محمد معظم کے مکتب میں حاصل کر لیا ہو۔ ماننا پڑے گا کہ یہ لازماً ان کے لیے اپنے ذاتی مطالعے اور ریاض اور ملّا عبدالصمد کی تعلیم کا نتیجہ ہے۔

❖❖❖

خواجہ الطاف حسین حالؔی

پانی پت کے محلّہ انصار میں ایک بزرگ خواجہ ایزد بخش انصاری رہتے تھے ان کے ایک لڑکا اور دو لڑکیاں تو پہلے ہی سے تھیں۔ ۱۸۳۷ء بمطابق ۱۲۵۳ء میں ایک اور لڑکا پیدا ہوا جس کا نام الطاف حسین رکھا گیا۔ اسی لڑکے کو آج دنیا حالؔی کے نام سے جانتی ہے۔

ان کی والدہ سیلانی تھیں اور والدہ کا شجرۂ نسب حضرت ابوایوب انصاریؓ سے جا ملتا ہے۔ ان کے بزرگوں میں بڑے بڑے عالم دین، صوفی اور ادیب وخطیب گزرے ہیں۔ میرک علی شاہ ہرات کا فرماں روا اور بڑا علم دوست بادشاہ تھا۔ اس کے بیٹے خواجہ ملک علی کسی وجہ سے دولت وحکومت چھوڑ کر ہندوستان چلے آئے۔ یہاں غوث الدین بلبن نے ان کے علم وفن سے متاثر ہوکر انھیں پانی پت میں زمین و جائداد دی اور ۱۲۷۶ھ میں وہ اس قصبے میں آباد ہوئے جس کے نام کو ان کی اولاد میں سے ایک شخص الطاف حسین حالی نے چار چاند لگائے۔ چنانچہ پانی پت حالؔی کے بزرگوں کا تقریباً سات سو سال سے وطن تھا اور یہیں ان کی پرورش اور تربیت ہوئی۔

نو برس کی چھوٹی سی عمر میں الطاف حسین کو یتیمی کا داغ سہنا پڑا۔ قدرت جس سے دنیا میں کوئی بہت بڑا کام لینا چاہتی ہے اسے اکثر بچپن ہی میں ماں باپ کی آغوشِ شفقت سے جدا کردیتی ہے۔ شاید اس لیے کہ جو بچے بچپن سے مصیبت اور صدمے اُٹھائے ہوتے ہیں، اکثر ان کے دل دوسروں سے زیادہ نرم اور گداز، حساس اور دردمند اور اسی کے ساتھ مضبوط ہوتے ہیں۔ باپ کے انتقال سے پہلے ہی الطاف حسین ماں کی تربیت سے محروم ہو چکے تھے۔ ان کی والدہ کے دماغ میں کچھ خلل سا آ گیا تھا اور اس لیے وہ عرصے سے دنیا کے معاملات سے بے گانہ اور عام طور پر بالکل خاموش رہا کرتی تھیں۔ ماں کے دماغ

کی خرابی اور باپ کی بے وقت موت سے الطاف حسین کے ننھے سے دل پر جو چوٹ لگی، اس کی بہت کچھ تلافی بھائی بہنوں کی محبت نے کر دی۔ بڑے بھائی خواجہ امداد حسین نے چھوٹے بھائی کو اپنے سایۂ شفقت میں لے لیا اور بہنوں نے بھی اس درّ یتیم کی پرورش میں اپنی جان لڑا دی۔

پرانے زمانے کے دستور کے موافق ساڑھے چار سال کی عمر میں الطاف حسین کی بسم اللہ ہوئی۔ پانی پت کا ایک پرانا دستور یہ تھا کہ وہاں ہر مسلمان بچہ قرآن شریف کا ایک حصہ ضرور حفظ کرتا تھا اور وہاں کی قرأت سارے ملک میں مشہور تھی۔ الطاف حسین کو پانی پت کے ایک جید قاری حافظ ممتاز حسین کے پاس قرآن شریف کی تعلیم کے لیے بٹھایا گیا۔ ان کو پڑھنے کا بچپن سے بے حد شوق تھا اور حافظہ غیر معمولی طور پر اچھا تھا۔ چنانچہ انھوں نے جلد ہی قرآن شریف حفظ کر لیا۔ وہ بچپن سے قرآن پاک اس قدر خوش الحانی اور صحت کے ساتھ حفظ پڑھتے کہ بڑے بڑے قاری اور عالم تعریف کرتے تھے۔ ان کا اپنا بیان یہ ہے کہ اس کے بعد سے پھر کبھی باقاعدہ تعلیم حاصل کرنے کا موقع نہیں ملا لیکن طبیعت کو علم سے فطری طور پر لگاؤ تھا اس لیے یہ سلسلہ کسی نہ کسی طرح چلتا رہا۔ حفظ قرآن کے بعد فارسی کی تھوڑی سی تعلیم سیّد جعفر علی سے حاصل کی جو فارسی کے بہت اچھے ادیب اور سخن فہم سمجھے جاتے تھے۔ ان کے فیض صحبت سے الطاف حسین کو اسی وقت سے نہ صرف فارسی زبان سے دلچسپی پیدا ہو گئی بلکہ ان کی طبیعت میں شاعری کا جو فطری مادہ تھا، اسے بھی جلا ملی۔

فارسی کے ساتھ ساتھ انھیں عربی کا بھی شوق پیدا ہوا۔ پانی پت کے ایک نوجوان حاجی ابراہیم حسین صاحب اسی زمانے میں تحصیل علم کے بعد مجتہد بن کر واپس آئے تھے۔ الطاف حسین نے ان سے عربی سیکھنی شروع کی اور صرف ونحو کی کچھ ابتدائی کتابیں پڑھیں۔ ان کی خواہش تھی کہ اپنی تعلیم کو تکمیل کے درجے تک پہنچائیں۔ انھوں نے یہ فیصلہ کیا کہ دلّی جا کر جو اس اجڑی حالت میں بھی علوم وفنون کا مرکز تھی، تحصیل علم کریں۔ دلّی

اگرچہ پانی پت سے صرف پچپن میل ہی ہے لیکن یہ وہ زمانہ تھا کہ دلّی جانا گویا کسی دوسرے ملک کا سفر کرنا تھا۔ ریل اس وقت تک جاری نہیں ہوئی تھی، اونٹ گاڑی یا بیل گاڑی پر یا پیدل سفر کرنا ہوتا تھا۔ وہ بھی قافلوں کے ساتھ اور پردیس جا کر واپس آنا مشکل ہوجاتا تھا۔ الطاف حسین جانتے تھے کہ انھیں دلّی جانے کی اجازت نہ ملے گی۔ وہ بغیر کسی سے کچھ کہے سنے اور بغیر کسی سامان کے پاپیادہ دلّی کی طرف روانہ ہو گئے۔ شاید راستے میں اونٹ گاڑی یا بیل گاڑی میں بھی کچھ مسافت طے کی ہو۔

علم کا یہ سچا شیدائی جب دلّی پہنچا تو بالکل خالی تھا۔ خدا ہی جانے یہ کٹھن زمانہ کس طرح کاٹا۔ کیسے گزر بسر کے قابل پیسا کمایا۔ اس زمانے کا مفصل حال کہیں دستیاب نہیں ہوتا۔ اتنا البتہ معلوم ہے کہ جامع مسجد کے قریب حسنین بخش کا مدرسہ تھا جس میں مشہور فاضل اور واعظ مولوی نوازش علی درس دیتے تھے۔ الطاف حسین اس میں داخل ہوگئے اور بہت عسرت کے ساتھ اور تکلیف اٹھا کر علم کی دولت حاصل کرنی شروع کی۔ انھیں طلب علم کی دھن میں آرام و آسائش کی ذرا بھی پرواہ نہ تھی۔ تکیہ نہ ہوتا تو سر کے نیچے اینٹیں رکھ لیتے، کھانے کو نہ ملتا تو رات کو بھوکے سوجاتے، روح کی بھوک اور دل کی پیاس بجھانے میں ان چیزوں کی طرف دھیان ہی نہ جاتا تھا۔ مولوی نوازش علی کے علاوہ دلّی کے زمانہ قدیم میں انھوں نے مولوی فیض حسن، مولوی امیر احمد اور شمس العلما میاں سیّد نذیر حسین کے درس سے بھی استفادہ کیا۔

یہ وہ زمانہ تھا جب ہندوستان میں انگریزی تعلیم کا چرچا تھوڑا بہت شروع ہو چکا تھا اور قدیم دلّی کالج خوب رونق پر تھا۔ مگر الطاف حسین اس دنیا سے بالکل بے خبر تھے۔ ان کے وطن پانی پت میں انگریزی تعلیم کو گناہ اور بدعت سمجھا جاتا اور انگریزی مدرسوں کو ''مجھلے'' (جہالت کی جگہ) کہا جاتا تھا۔ دلّی آئے تو جس مدرسے میں پڑھنا شروع کیا وہاں بھی انگریزی پڑھنے کو عیب اور انگریزی دانوں کو جاہل سمجھتے تھے۔ اس وجہ سے اگرچہ الطاف حسین ڈیڑھ برس دلّی میں رہے اور ان کے دل میں علم کی سچی لگن موجود تھی لیکن کبھی بھول

کر بھی انگریزی مدرسے میں پڑھنے یا اسے جا کر دیکھنے تک کا شوق نہ پیدا ہوا، یہ اور بات ہے کہ بعد میں انھوں نے محض انگریزی کتابوں کے ترجمے پڑھ کر وہ کچھ حاصل کرلیا۔ جو لوگ انگریزی تعلیم میں ساری زندگی کھپانے کے بعد نہیں پا سکے۔

دلّی کے زمانۂ قیام میں جب ان کی عمر غالبًا اٹھارہ سال کی تھی، انھوں نے عربی میں ایک چھوٹی سی کتاب لکھی۔ یہ ان کی سب سے پہلی تصنیف تھی۔ مصنف کو اپنی پہلی تصنیف سے جو محبت ہوتی ہے اسے کون اہلِ قلم نہیں جانتا۔ پہلی تصنیف اس کی ادبی زندگی کا سنگِ بنیاد ہوا کرتی ہے اور اس موقع پر اس کو قدردانوں کی حوصلہ افزائی کی بہت ضرورت ہوتی ہے لیکن ان کی پہلی تصنیف کا جو نہایت محنت اور خوبی سے لکھی گئی تھی جو حشر ہوا وہ قابلِ ذکر ہے۔ خواجہ غلام الثقلین مرحوم نے اپنے ایک مضمون میں اس کا ذکر یوں کیا ہے۔

''غدر سے دو تین سال پہلے مولانا دہلی میں زیرِ تعلیم تھے۔ اس زمانے میں ایک عربی رسالہ آپ نے تصنیف کیا جس میں ایک منطقی مسئلہ مولوی صدیق حسن خان بہادر کی تائید میں تھا، جسے ان کے استاد نے پڑھ کر نہایت ناراضگی کا اظہار کیا۔ یہاں تک کہ اسے چاک کر دیا۔

اس زمانے میں علم وفن کی شمع دلّی میں بجھنے سے پہلے بھڑک اٹھی تھی۔ علاوہ اور علوم وفنون کے شاعری بھی فروغ پر تھی۔ الطاف حسین کو بھی اکثر مشاعروں میں شرکت کا اتفاق ہوتا۔ فطرت نے جو خداداد جوہر ان کو ودیعت کیا تھا، وہ ابھرنے لگا خوش قسمتی سے ان کی ملاقات مرزا غالب سے ہوگئی۔ اس زمانے میں غالبؔ کا کلام عام طور پر مقبول نہ تھا لیکن خاص خاص لوگ اس کی بے حد قدر کرتے تھے۔ الطاف حسین کو مرزا کا کام دل سے پسند آیا، وہ اکثر ان کے پاس جاتے اور ان کے اُردو فارسی کے مشکل شعروں کا مطلب خود ان سے سمجھا کرتے۔ اسی سلسلے میں انھوں نے ایک آدھ غزل اُردو اور فارسی کی لکھ کر مرزا غالبؔ کو دِکھائی۔ غالبؔ بڑے سخت نقاد تھے اور اس پر بہت خفا ہوا کرتے تھے کہ ہر کس و ناکس شعر کہنا شروع کر دیتا ہے لیکن اس سترہ اٹھارہ سال کے لڑکے کے ابتدائی کلام کو دیکھ

کروہ پھڑک گئے۔ انھوں نے وہ جوہرِ قابل پرکھ لیا جو آگے چل کر ایک دنیا کو مسحور کرنے والا تھا۔ انھوں نے حالؔی سے کہا: ''میں کسی کو فکر شعر کی صلاح نہیں دیا کرتا لیکن تمھاری نسبت میرا یہ خیال ہے کہ اگر تم شعر نہ کہو گے تو اپنی طبیعت پر سخت ظلم کرو گے۔'' الطاف حسین کو اپنے تعلیمی مشاغل سے بہت کم فرصت ملتی تھی لیکن غالب کی ہمت افزائی کی بناء پر انھوں نے شعر گوئی کی تھوڑی بہت مشق جاری رکھی، اس زمانے میں وہ خستہ تخلص کرتے تھے۔

الطاف حسین دل لگا کر تعلیم پا رہے تھے اور ساتھ ہی شعر و سخن کی محفلوں سے بھی لطف اٹھا رہے تھے اور شعر گوئی بھی شروع کر دی تھی کہ ان کے دلّی میں موجود ہونے کی خبر پانی پت پہنچ گئی۔ خاندان والے سن کر بے قرار ہو گئے۔ بڑے بھائی اور کئی دوسرے عزیز دلّی آئے اور انھیں مجبور کیا کہ گھر واپس چلو۔ اگر چہ ان پر تعلیم چھوڑنا سخت شاق تھا مگر بھائی کی بات کو ٹال نہیں سکتے تھے۔ بادلِ ناخواستہ ۱۸۵۵ء میں پانی پت واپس آ گئے مگر یہاں پہنچ کر پھر تحصیل علم میں اس طرح محو ہو گئے کہ کسی چیز کی خبر نہ رہی۔

بدرالدین طیب جی

۱۸۴۴ء میں جب بدرالدین طیب جی پیدا ہوئے آخری مغل شہنشاہ بہادر شاہ دلّی میں اپنے قلعہ میں موجود تھے اور خوبصورت غزلیں لکھ رہے تھے۔ حالانکہ قلعہ سے باہر ان کی کوئی حیثیت نہیں تھی اور پورے ملک کا انتظام وانصرام برٹش ایسٹ انڈیا کمپنی کے ہاتھوں میں تھا جو ابتداً تجارت کرنے کی غرض سے آئی تھی۔ اس دوران ہر چیز ایسٹ انڈیا کمپنی کے تسلط میں آ گئی۔ فوج میں تمام افسر انگریز تھے اور ملک میں تمام اعلیٰ شہری عہدوں پر بھی انگریزوں کا قبضہ تھا۔

طیب جی کے خاندان کا اصل مسکن کیمبے ہے جو گجرات کے ساحل پر واقع ہے۔ اہل خاندان تاجر اور سوداگر تھے جن کے پاس نہ تو بڑی بڑی زمینیں تھیں اور نہ جائیدادیں لیکن کردار کی خاصی مضبوطی اور انتہائی وسیع النظری انھیں وراثت میں ملی تھی جو ان کے لیے کسی جاگیردار سے زیادہ مفید ثابت ہوئی۔ بدرالدین طیب جی کے والد کا نام طیب علی تھا جو ایک غیر معمولی شخص تھے۔ بدرالدین طیب جی کی پیدائش کے وقت ان کے خاندان کی خوش حالی جو کبھی بہت زیادہ چمک دمک والی نہیں رہی اک تباہ کن آتش زدگی کے سبب زوال پذیر تھی۔ اس قدر زوال پذیر کہ انھوں نے اس عمر میں جو اسکول جانے کی بھی نہیں تھی معاشی حالت کو بہتر بنانے کے لیے کام شروع کر دیا تھا۔ ان کی والدہ سوت کاتا کرتی تھی۔ انھوں نے سوت فروخت کرنے کا چھوٹا سا کاروبار شروع کیا۔ مختصر سے وقت میں انھوں نے ترقی کی اور پینسلیں اور سلیٹ فروخت کرنے لگے۔

چونکہ کیمبے کی بندرگاہ میں گاؤ جمتی جا رہی تھی اور شہر بجائے خود دوسرے درجہ کا شہر بنتا جا رہا تھا وہ وہاں سے حوصلہ مندی کے ساتھ بمبئی آ گئے۔ بمبئی میں انھوں نے مختصر سی

مدت میں اللہ کے فضل سے کامیابی حاصل کرلی اور وہ اتنے امیر ہو گئے کہ انھیں تاجر شہزادہ کہا جانے لگا۔ عام خیال تھا کہ خدا ان پر اس لیے مہربان ہوا کہ وہ غیر معمولی طور پر ذہین محنت اور حد سے زیادہ ایماندار تھے۔ ان کی اسکولی تعلیم برائے نام تھی، تاہم انھوں نے گجراتی، اُردو، عربی اور کافی حد تک انگریزی میں دسترس حاصل کرلی تھی وہ بشمول انگریز گورنر کسی کے ساتھ بھی بات چیت کر سکتے تھے، ہنسی مذاق کر سکتے تھے۔ انھوں نے کبھی وعدہ خلافی نہیں کی، ان کے بارے میں مشہور تھا کہ وہ کسی کو خوش کرنے کے لیے کبھی ایسی بات نہیں کہتے جس کا کوئی مطلب نہ ہو۔

کہا جاتا ہے کہ دولت تقدیر سے ملتی ہے اور اسے خرچ کرنے کے لیے سیرت، کردار اور ذہانت کی ضرورت ہوتی ہے۔ تب پھر طیب علی نے دولت کمانے کے بعد اسے کس طرح صرف کیا؟ ظاہر ہے انھوں نے اعلیٰ ترین طرز زندگی سے حقارت نہیں برتی اور شہزادہ کا لقب حاصل نہیں کر سکے تھے لیکن انھوں نے اپنی دولت کا زیادہ حصہ اپنے چھ لڑکوں کی تعلیم و تربیت پر صرف کیا۔ بلکہ بہتر الفاظ میں کہا جاسکتا ہے کہ انھوں نے اپنی دولت کا کثیر حصہ اپنے چھ لڑکوں کی تعلیم پر سرمایہ داری کے طور پر لگایا۔ انھوں نے اپنے ہر ایک لڑکے کو جیسے ہی وہ لندن میں تعلیم حاصل کرنے کے قابل ہوا مزید تعلیم کے لیے لندن بھیجا۔ انیسویں صدی کے وسط میں یہ کام بڑے حوصلہ اور اعتماد کا کام تھا۔ طیب علی علم کا بے حد احرام کرتے تھے اور یہ بات تسلیم کرنی ہوگی کہ انھوں نے اس دور کے عام مسلم علماء کی توصیف محض ان کے علمی تجربے کے سبب نہیں کی۔ ان کے نزدیک حصول علم کا مقصد ذہنی بالیدگی کا حصول، ذہن و شعور کی حقیقی نشو و نما، مادی اور طبعی دنیا کے ساتھ ساتھ عقلی اور تصوّراتی دنیا کا حقیقی ادراک تھا۔

انھوں نے صرف کتابوں میں سے نہیں بلکہ اپنے اردگرد کی دنیا سے بھی علم حاصل کیا تھا اور بہت جلد محسوس کرلیا تھا کہ جس فرقے سے ان کا تعلق ہے وہ کوتاہ نظر ایک فرسودہ خیال ہے اور وسیع معنوں میں حقیقی طور پر تعلیم یافتہ نہیں ہے انھوں نے خود اس حصار کو

توڑااور تمام مذاہب اورتمام فرقوں سے تعلق رکھنے والے لوگوں کے ساتھ گھل مل گئے، انھیں اپنادوست بنایا، اوران کے نظریات اور اعتقادات کے بارے میں معلومات حاصل کیں۔ جو چیز اچھی لگی اس کو اختیار کرلیا۔ان کے دوستوں کا حلقہ بہت وسیع تھا۔ ان کے بیان کی تقریبات میں سبھی مذاہب کے ماننے والے اور سبھی نسلوں سے تعلق رکھنے والے احباب شریک ہوتے تھے۔ ان میں عیسائی بھی ہوتے تھے، پارسی عرب اورانگریز بھی تھے۔ بدقسمتی سے اس دور میں ان کے ہندو دوست کسی ایسے شخص کے گھر پر جو اُن کی ذات یا فرقے کا نہ ہو کھانا نہیں کھاتے تھے۔

مزید برآں انگریزوں کے ساتھ تعلقات، فرانس اٹلی کے ساتھ تجارتی روابط اور لندن کے اپنے زمانہ قیام کے نتیجے میں انھیں یقین ہو گیا تھا کہ فرنگیوں کے کلچر میں بھی ایسا بہت کچھ ہے جس کو سراہا جاسکتا ہے۔ وہ اپنے دَور کے بیشتر ہندوستانیوں کے خیال سے متفق نہیں تھے کہ مغربی کلچر میں کچھ ایسی چیزیں ہیں جو خود ان کے مذہب اور قدر سے میل نہیں کھاتیں۔ وہ ایک سچے مسلمان تھے۔ انھوں نے فریضہ حج ادا کیا تھا لیکن انھیں اس بات کا کوئی اندیشہ نہیں تھا کہ دنیا کے دوسرے حصوں میں چلنے والی جانفزا ہوا میں سانس لینے سے ان کے اعتقادات متزلزل ہوسکتے ہیں۔ وہ مذہبی عقائد اور ان کے ساتھ جڑے ہوئے غیر متعلق زوائد میں فرق کو سمجھتے تھے۔

اسلام ایک ایسا سیدھا سادہ مذہب ہے کوئی بھی فرد یہ اعلان کرکے کہ اللہ کے سوا اور کوئی معبود نہیں ہے اور محمد ﷺ اس کے رسول ہیں مسلمان ہوسکتا ہے۔ نماز ادا کرنے، روزہ رکھنے اور حج کرنے اور اپنی آمدنی کا ایک خاص حصہ خیرات کرنے جیسے مذہبی فرائض اس کے نجی اور ذاتی فرائض ہیں جن کی ادائیگی کا باہر کی دنیا کے ساتھ روابط پر کوئی اثر نہیں پڑتا۔ طیب علی یقین رکھتے تھے کہ انسان کو اپنی زندگی کے خارجی حصے کو وقت اور حالات میں تبدیلی کے مطابق اس طرح ڈھالنا چاہیے کہ اس کا کوئی اثر اس کے عقائد اور ایمان پر نہ پڑے۔

طیب علی محسوس کرتے تھے کہ ایک مسلمان ہونے کے لیے کسی دوسرے کی

سرگرمیوں کی روک تھام کی یا یوں کہیے کہ جذبۂ دنیا سے بے تعلق ہونے کی ضرورت نہیں ہے۔ کسی دوسرے کے گردوپیش آنے والی دلچسپ چیزوں میں حصہ لینے سے نہ تو ایمان جاتا ہے اور نہ عقائد پر اس کا اثر پڑتا ہے، ایک ایسی بات تھی جس کو اس دور کے مسلمان تسلیم نہیں کرتے تھے شاید آج بھی مسلمان اس کو تسلیم نہیں کرتے۔ طیب علی نے سبھی اقوام اور ممالک کے لوگوں کے ساتھ دوستانہ روابط قائم کیے تھے۔ وہ کسی چیز کے خلاف محض اس لیے نہیں کہ وہ نئ ہے تاہم وہ جدید طور طریقوں کو اختیار کرنے کے لیے ان کے پیچھے دوڑتے نہیں تھے۔

ان کے خاندان میں خواتین کے ساتھ عزت اور احترام کے ساتھ پیش آیا جاتا تھا۔ ان کی صاحبزادیوں نے گجراتی اور فارسی اور عربی پڑھی تھی۔ انھیں انگریزی نہیں پڑھائی گئی۔ ہر چند کہ ان کی فہم وفراست نے نئے تصورات کو تسلیم کر لیا تھا لیکن ان کی ظاہری صورت ان کی ذاتی عادت ان کے لباس اور ان کی گھریلو زندگی میں کوئی تبدیلی نہیں آئی تھی۔ سب انھیں کیمبے کا ایک ہندوستانی تاجر ہی سمجھتے تھے۔ یہ کہنا شاید درست نہیں ہوگا کہ طیب علی کی ذہنی بصیرت میں تبدیلی کا ان کی گھریلو عادتوں پر کوئی اثر نہیں پڑا۔ انھوں نے اپنے گھر کے طور طریقوں کے ایک اہم پہلو میں تبدیلی کی۔ قدرتی بات ہے کہ بچپن میں ان کی مادری زبان گجراتی تھی۔ اس وقت بلکہ غدر سے پہلے مادری زبان اُردو تھی طیب علی نے محسوس کیا کہ جب تک ان کے اہل خاندان گجراتی بولتے رہیں گے گجراتی کہلائیں گے لیکن انھوں نے اگر اُردو کو اپنی زبان بنا لیا تو وہ پورے ملک کے شہری بن جائیں گے۔ یہ دلیل جائز تھی یا نہیں لیکن ان کے پورے خاندان نے اُردو پڑھنی شروع کر دی اور وہ ہندوستانی میں ایک دوسرے کے ساتھ بات کرنے لگے۔ یہ بات درست ہے کہ آج بھی ہندوستان میں بہت سے خاندان غیر ارادی طور پر انھیں مادری زبان کے بجائے انگریزی کا استعمال کرتے ہیں۔ ایسا معلوم ہوتا ہے کہ طیب علی کے لیے اُردو کو اختیار کرنا اتنا مشکل نہیں تھا جتنا انگریزی کو اختیار کرنا لیکن اس معاملہ میں حالات بالکل برعکس ہیں۔ پورے ملک کے ساتھ

اپنی قربی شناخت قائم کرنے کے نظریہ کے ساتھ زبان کی مشکل تبدیلی کے لیے بے انتہا قوت ارادی کی ضرورت تھی۔ تاہم اس تبدیلی کے مطلوبہ نتائج نکلے کیوں کہ اس کے بعد پورے دور میں طیب علی کے بیٹوں اور پوتوں نے خود کو پہلے ہندوستانی سمجھا اور مذہب و علاقائیت کے ساتھ تعلق کو ثانوی حیثیت دی۔

طیب علی کے بہت سے اوصاف ان کے بیٹے بدرالدین میں موجود تھے کہ جنہیں ہندوستان کی سیاسی زندگی کی ایک اہم شخصیت بننا تھا۔ دونوں انگریز کے بارے میں کچھ خاص چیزوں کے خلاف تھے لیکن انگریز سے مرعوب نہیں تھے۔ دونوں کو ایک تعلیم یافتہ انگریز کی انصاف پسندی اور انصاف پر بھروسہ تھا۔ ایک بار طیب علی نے اپنے اس بھروسے کا انتہائی سخت امتحان لیا۔ غدر کی قتل وغارت گری کے دوران ان کی برادری کے ایک شخص پر باغیوں کی مدد کرنے کا الزام لگایا گیا اور اس کو بڑودہ جیل میں بند کر دیا گیا اس وقت خوف اور شک وشبہ کی جو فضا موجود تھی اس میں عین ممکن تھا کہ اس کو پھانسی دے دی جاتی اور یہ بھی اتفاق تھا کہ اس کے ساتھ ہمدردی رکھنے والوں کو بھی ایسی ہی سزا دی جاتی جیسی اس کو دی جاتی لیکن ایک اچھی مہم جو یا نہ کہانی کے ہیرو کے طور پر طیب علی فوراً بڑودہ پہنچے اور وہاں کمانڈروں سے ملے انھیں افسر کے سامنے جوتے اتار کر جانے کے لیے کہا گیا لیکن انھوں نے ایسا کرنے سے انکار کر دیا اور کمانڈنگ افسر کو یہ ماننے کے لیے مجبور کر دیا کہ اس کے پاس اس شخص کو سزا دینے کے لیے کافی ثبوت موجود نہیں ہیں۔ قیدی کو چھڑا کر انھوں نے اپنے ساتھ گاڑی میں بٹھایا اور فتح مندی کے ساتھ بمبئی واپس آ گئے۔

طیب جی نے جو حوصلہ مند اور صاحب اقتدار ہونے کے ساتھ ساتھ خود اپنے فیصلوں پر پختہ یقین رکھتے تھے طے کیا کہ وہ اپنی دولت صرف کر کے اپنے بچوں کو بہترین تعلیم دلوائیں گے۔ اس بارے میں ان کا ذہن صاف تھا کہ بچوں کا جذباتی تعلق ان کے مذہب اور وطن کے ساتھ ہونا چاہیے اور ذہنی قابلیت کے لحاظ سے ان کا تعلق دنیا کے ساتھ ہونا چاہیے۔ چھ بیٹوں میں سے ہر ایک کو باری باری بحری جہازوں سے لندن بھیجا گیا تا

کہ وہ وہاں پر دنیاوی علم حاصل کر سکے۔ ان کے سب سے بڑے بیٹے نے اپنے والد کی تجارتی فرم میں کام شروع کیا جس کی ایک برانچ فرانس میں 'لی ہیورے' میں تھی دوسرے بیٹے قمرالدین نے سات برس تک لندن میں قیام کیا۔ وہ پہلے ہندوستانی تھے جو 'سالسٹر' بنے۔ درحقیقت جب یہ معلوم ہوا کہ ایک مسلمان نے ٹریننگ مکمل کر لی ہے اور اس کو ایک انگلش اٹارنی کے طور پر حلف دیا جائے گا تو لندن کی عدالت میں کافی چرچے ہوئے۔ قمرالدین نے اعلان کیا کہ وہ حلف نامہ میں ''ایک عیسائی کے سچے عقیدے کے ساتھ'' الفاظ کے شامل ہونے کے سبب وہ ایمانداری کے ساتھ حلف نہیں اٹھا سکتے۔ کچھ بحث ومباحثہ کے بعد آخر طے ہوا کہ بائبل پر ہاتھ رکھ کر حلف لینے کے بجائے قرآن پر ہاتھ رکھ کر حلف برداری کی اجازت دے دی جانی چاہیے اور اس طرح سے وہ پہلے غیر انگریز غیر عیسائی انگلش اٹارنی بن گئے۔

جس وقت ان کے بھائی نے سالیسٹر کے طور پر پریکٹس شروع کی اس وقت بدرالدین کی عمر پانچ برس تھی۔ اس وقت وہ بیرسٹر بننا چاہتے تھے۔ وہ زمانہ ایسا تھا اس قسم کے خواہش شوریدہ سری محسوس ہوتی تھی۔ تمام بیرسٹر اور تمام جج بلکہ فی الواقع ان کے بھائی قمرالدین کے علاوہ تمام سالسٹر انگریز تھے۔ قانون کا پیشہ انگریزوں کے لیے مخصوص تھا۔ یہ بات ممکن محسوس نہیں ہوتی تھی کہ اگر بیرسٹر بن بھی گئے تو کیا ایک اچھی زندگی گذارنے کے لیے انھیں کافی کام مل پائے گا۔ تاہم دشوار طلب ہونے کے باوجود کسی کے بیرسٹر بننے میں کوئی رسمی یا قانونی اڑچن نہیں تھی۔ ان دنوں ہندوستانی جن مشکلات میں یا یوں کہیے کہ جن مجبوریوں میں زندگی گذار رہے تھے۔ وہ حالات کی پیدا کردہ تھیں۔ ایسا کوئی قانون نہیں تھا جو کسی ہندوستانی کو بیرسٹر بننے سے روکتا ہو۔ مگر سادہ سی یہ حقیقت یہ تھی کہ کوئی بھی شخص اس صورت میں بیرسٹر بن سکتا تھا جب اس کو انگریزی زبان پر عبور حاصل ہو اور وہ قانون کا ماہر ہو ان دونوں اوصاف کے حصول کے لیے انتھک کوششوں اور سرمایہ کی ضرورت تھی۔ یہ تصور ہی مشکل محسوس ہوتا تھا کہ کوئی ہندوستانی ایسی خواہش کر سکتا ہے۔

علاوہ ازیں بیرسٹر کے طور پر کوالی فائی کرنے کے باوجود اس بات کا تصور مشکل تھا کہ بار میں جس پر انگریزوں کو غلبہ حاصل تھا کوئی ہندوستانی انگریزوں کے تعصب اور بغض کا مقابلہ کرسکتا ہے اور کافی مقدمات حاصل کرنے میں کامیاب ہوسکتا ہے۔

تاہم بدرالدین کی حوصلہ افزائی کے لیے یہ حقیقت کافی تھی کہ ان کے بیرسٹر بننے کی راہ میں کوئی قانونی اڑچن موجود نہیں تھی ۱۸۵۸ء میں جب ملکہ وکٹوریہ ہندوستان کی ملکہ بن گئیں تو انھوں نے اپنے محکومین کو خواہ وہ کسی نسل اور ذات سے تعلق رکھتے ہوں صداقت کے ساتھ یقین دلایا تھا کہ وہ ''ہماری ملازمتوں'' میں آزادانہ اور غیر جانب طور پر بھرتی کیے جائیں گے۔ اس عظیم اعلانیہ کو بمبئ میں ٹاؤن ہال کی سیڑھیوں سے پڑھ کر سنایا تھا اور سیڑھیوں کے سامنے اس اعلانیہ کو سننے والے عوام میں شاید بدرالدین بھی شامل رہے ہوں گے۔اس یقین دہانی کو محض اس وقت تک محض ایک خطیبانہ انداز اور عذر کے دوران اور اس کے بعد ہندوستانیوں کے زخموں پر مرہم رکھنے کے مترادف سمجھا جارہا تھا۔ کسی نے اس پر سنجیدگی کے ساتھ غور نہیں کیا تھا۔ بدرالدین نے زندگی بھر ان الفاظ کو حکومت برطانیہ کی طرف سے کیے گئے ایک ایک اچھے وعدہ کے طور پر یاد رکھا۔ ان کے بیشتر عوامی رجحانات کی بنیاد یہی مفروضہ رہا کہ عدلیہ کے یہ شاندار الفاظ محض دستاویزی نہیں بلکہ ایک وعدہ ہیں جن کو پورا کیا جانا چاہیے۔ غالباً پہلی بار انھوں نے اس وعدے کو آزمانے کے لیے بیرسٹر بننے کی کوشش کرنے کا ارادکیا۔

بدرالدین محسوس کرتے تھے کہ اگر چہ سماجی اور سیاسی طور پر ہندوستانیوں کو انگریزوں کے ہم پلہ نہیں سمجھا جاتا لیکن مجموعی طور پر قانون کے سامنے انھیں مساوی حیثیت دی گئی ہے بلکہ کے عہد میں مساویانہ اور غیر جانب دارانہ قانونی تحفظ دینے کا وعدہ کیا گیا تھا۔ یہ وعدہ ملازمتوں میں بھرتی کی یقین دہانی کے مقابلہ میں بدرالدین کو تکمیل خواہش کے لیے زیادہ موزوں محسوس ہوا قانونی عدالتوں میں ہی مساوات کے لیے لڑائی لڑی جاسکتی تھی اور ایک بیرسٹر ہی عوامی سطح پر ان کے حقوق اور انفرادی سطح پر انصاف دلانے کے لیے بہتر

طریقہ سے ہندوستانی کی خودداری اور ترقی کی لڑائی لڑ سکتا تھا۔ مختصر یہ کہ انھوں نے اپنے والد کو رضا مند کر لیا اور انگلینڈ جانے کے لیے اجازت حاصل کر لی۔ لندن میں انھوں نے ہائی وے نیو یارک کالج میں داخلہ لیا اور قانون پڑھنے سے پہلے میٹری کولیشن کا امتحان دیا۔ بغاوت کے ایک سال بعد جب بدرالدین کی عمر ۱۵ برس تھی انھوں نے بیرسٹر بننے کے لیے انگلینڈ جانے کا یہ مہتم بالشان فیصلہ کرلیا۔ انھوں نے اسکولی تعلیم مکمل کی اس دوران زیادہ نہیں لیکن کچھ حد تک انھوں نے انگریزوں کے بارے میں واقفیت حاصل کر لی۔ علاوہ ازیں غیر معمولی تیز دماغی، قوی حافظہ اور محنت کرنے کی غیر معمولی استعداد پر مشتمل ان کی صلاحیت نے ان کی ذہنی کاوشوں اور ان کی سنجیدہ اور بلند فطرت امنگ اور اس شخصیت کو قائم رکھا کہ جس نے اپنے فرائض سے کبھی غفلت نہیں برتی۔ بد قسمتی سے ان کی نگاہ کمزور تھی، اور صحت اچھی نہیں تھی۔ یہ کمزوری طویل عرصہ تک کام کرنے میں کبھی کبھی رکاوٹ بن جاتی تھی۔

آپ دیکھیں گے کہ بدرالدین کے بچپن کے بارے میں بہت کم کہا گیا ہے۔ اس طرح سے ہم کہہ سکتے ہیں کہ عام طرح کا بچپن قطعی انھیں ملا ہی نہیں کیوں کہ جب وہ بچہ تھے تو انھوں نے جوانی جیسی سنجیدگی کے ساتھ اپنے فرائض کو سنبھال لیا تھا۔ وہ مدرسے میں داخل ہوئے جہاں انھوں نے بڑی محنت سے اُردو اور عربی پڑھی، بعد میں اس عمر میں جب عام بچے پڑھنے سے جی چراتے ہیں اور نت نئے کھیل کھیلتے ہیں بدرالدین بڑی لگن اور رغبت کے ساتھ پڑھنے میں مصروف تھے۔ وہ ایک ذمہ دار چھوٹے بچے تھے کہ ان ہی کی عمر کے شریر عم زادوں کا انھیں سرپرست بنا دیا جاتا تھا۔ ایک بار جب ایک استاد نے ان کے ایسے ہی رشتے کے بھائی کے خلاف شکایت کی اور بات کرنے کے لیے بچے کے سرپرست کو بلایا تو بدرالدین کو جن کی عمر اس بچے سے مشکل ہی سے کچھ زیادہ ہوگی استاد کے ساتھ بات کرنے کے لیے بھیجا گیا، جب وہ اسکول کی طرف جا رہے تھے تو شریر بچے نے ایک شخص کی طرف اشارہ کر کے کہا کہ کتنی خوش قسمتی کی بات ہے کہ وہ میرے استاد

ہیں تم ان سے بات کر سکتے ہو اور یہ کہہ کر وہ غائب ہوگیا، بدرالدین نے اس معمر شخص سے علیک سلیک کے بعد بات کی لیکن وہ استاد نہیں تھے بلکہ قطعی طور پر ایک اجنبی شخص تھے۔ اس کہانی سے صاف پتا چلتا ہے کہ بدرالدین لڑکپن کی شرارتوں کے دور سے بھی نہیں گزرے جو عام افزائش کا ایک حصہ ہوتا ہے۔ جب وہ بیرسٹر بننے کے لیے انگلینڈ گئے تو عمر کے لحاظ سے وہ اس وقت ایک بچے ہی تھے۔ اس سے پہلے کئی برس تک وہ اس بات پر غور کرتے رہے کہ مستقبل میں انھیں کیا بننا ہے۔ انھوں نے نہ صرف تعلیمی لیاقت حاصل کرنے کے لیے غور وفکر کر لی تھی۔ بلکہ ایک کامیاب پریکٹس کے لیے موقع کا جائزہ بھی لیا تھا۔ ان کے بھائی قمرالدین پہلے سالیسٹر تھے وہ کام حاصل کرنے کے سلسلے میں اس سے مدد لے سکتے تھے۔ یہ منصوبے ان کے ذہن میں مضبوطی کے ساتھ جڑ پکڑ چکے تھے اور پندرہ برس کی عمر میں وہ حصول عم کے لیے لندن جانے کا ارادہ کر چکے تھے۔ وہ لڑکپن کے دور سے نہیں گزرے تو یہ کوئی حیرت کی بات نہیں۔

۱۸۶۰ء میں تکنیکی اعتبار سے لندن جانا تو آسان تھا اس وقت بحری جہازوں کے ذریعہ سفر ہوتا تھا نہ پاسپورٹ کی ضرورت ہوتی تھی اور نہ ویزا کی۔ نہ ٹیکہ لگوانا ضروری تھا اور نہ صحت کا معائنہ زرتبادلہ کے قانون اور قاعدے بھی نہیں تھے۔ کوئی بھی جہاز کا ٹکٹ خرید کر لندن جا سکتا تھا لیکن جذباتی اور نفسیاتی طور پر اس وقت لندن جانا آج کل کے مقابلہ میں مشکل تھا۔ خط تین چار ہفتہ کے بعد ملتے تھے۔ کال کے امکانات نہیں تھے اور ہم ہندوستانیوں کے لیے انگلینڈ ایک اجنبی اور غیر ملک تھا۔ بیشتر ہندوستانیوں کے لیے انگریزوں کے طور طریق، رسم و رواج اور یہاں تک کہ انگریزی زبان بھی اجنبی تھی۔

پندرہ برس کی عمر میں اہل خاندان سے بچھڑنے کا غم جذباتی طور پر کتنا بڑا کیوں نہ ہو بدرالدین بڑی توقعات کے ساتھ عازم لندن ہوئے۔ وہ جانتے تھے کہ انگلینڈ ایک ایسا بڑا علمی خزانہ ہے تو جہاں سے وہ نہ صرف حیرت انگیز تعلیم حاصل کر سکتے ہیں بلکہ وہ تمام نظریات صلاحیتیں اور ڈسپلن سیکھ سکتے ہیں جن کی بنیاد پر وہ اپنی پسندیدہ زندگی گذار سکتے ہیں۔

اگر چہ بدرالدین کے اسلامی پس منظر اور انگریزوں کے نئے ماحول میں کافی فرق تھا پھر بھی معمولی طور پر انتہائی معمولی وقفے میں خود کو انگلینڈ کے ماحول میں ڈھال لیا تھا۔ ان کے بارے میں کہا جاتا ہے کہ وہ ایک انتہائی خوش شکل نوجوان تھے۔

وہ تن کر کھڑے ہوئے تھے اس لیے ان کا قد لمبا دکھائی دیتا تھا حالانکہ ان کا قد اوسط لمبائی کا قد تھا۔ وہ انتہائی خوش اخلاق عادات کی شخصیت کے مالک تھے اور اس میں کوئی شک نہیں کہ یہ اوصاف انھیں اپنے باپ سے حاصل ہوئے تھے اچھے طور وطریق کو ہر جگہ بہتر سمجھا جاتا ہے اور انھیں دوسری تہذیب کے مطابق ڈھالا جا سکتا ہے بدرالدین انگریزوں میں نہ صرف مقبول ہوگئے بلکہ ان میں گھل مل بھی گئے خواہ کھانے کے لیے کانٹے کا صحیح استعمال ہو یا مختلف مراتب کے لوگوں کے صحیح ڈھنگ سے بات کرنے کا بدرالدین کو بلاشبہ انگریزوں کے طور طریقہ کی باریکیوں کو سمجھنے اور ان کے مطابق زندگی گذارنے میں مشکلات کا سامنا کرنا پڑا۔ سیرت فکر کا دائرہ ہو یا اخلاقیات کا عمیق حلقہ آج کے رسمی دور سے بہت پہلے کے زمانہ میں انگلینڈ عمل کرتے یا نہ کرنے والی بہت سی رسموں کا گہوارہ بنا ہوا تھا۔ کہا جاتا ہے کہ ہمہ وقت ایک شریف آدمی کے طور پر زندگی گذارنے کے لیے جس قدر نیکوکارانہ ضبط آفس کی ضرورت ہوتی ہے، اتنی ہی ضرورت ایک سچے عیسائی کے طور پر برتاؤ کرنے کے لیے ہوتی ہے۔ بدرالدین نے جو خود اپنے فطری معیار اور ایک سچے مسلمان کے طور پر حقیقی فطری عمل کی بلندی پر تھے وہ انگریز شرفا کے ضابطہ اخلاق کو سمجھا اور اس پر عمل کیا۔

زبان کے راجا اور اس کی اہمیت کو پہچاننے کے معاملہ میں ایک بار پھر ہم نے بدرالدین کی دور رسی کو خراج تحسین پیش کرنا ہوگا۔ جیسا کہ ہم جانتے ہیں کہ بدرالدین نے مزید خاندان پر زور دیا کہ وہ اور پڑھیں تا کہ وہ خود کو محض ایک علاقہ کا شہری ہونے کے بجائے برصغیر کا شہری محسوس کرسکیں۔ اپنے بیٹوں پر انھوں نے انگریزی تعلیم حاصل کرنے کے لیے زور دیا کیوں کہ انگریزی جدید دنیا میں شامل ہونے کا ایک ذریعہ تھی۔ سوال صرف پڑھنے یا محض بولنے اور لکھنے کا نھیں تھا، انھیں انگلینڈ اس لیے بھیجا گیا کہ وہ انگریزی پڑھنے

کے علاوہ بھی اور بہت کچھ سیکھیں اس پورے تمدن، تہذیب اور ان تمام قدروں کو سمجھیں کہ جو انگریزی کی بنیاد ہیں وہ نہ صرف انگریزی زبان بولنے والوں کی دنیا بلکہ پورے مغربی دنیا میں گھل مل جائیں۔ یہ بات درست ہے کہ انگریزی پر سیر حاصل عبور ایک برابر دنیاوی فائدہ ہے۔ اس سے کامیابی اور خوشحالی کا راستہ کھل جاتا ہے لیکن اس میں شک نہیں کہ جب بدرالدین اپنے بیٹوں پر انگریزی تعلیم حاصل کرنے کے لیے زور دے رہے تھے تو ان کے ذہن میں اس کے علاوہ بھی اور بہت کچھ تھا۔ وہ چاہتے تھے کہ ان کے بیٹے وسیع الذہن بنیں اور دور رس ہوں اور وہ رواداری اور ایک دوسرے کو سمجھنے کی وہ صلاحیت پیدا ہو جو کسی دوسرے تمدن کے ساتھ قریبی رابطہ کا ناگریز نتیجہ ہوتی ہے۔ بیٹوں کو ابتدائی تعلیم مادری زبان میں دلانا اور انگریزی تعلیم شروع کرانے سے پہلے دس گیارہ برس کی عمر تک عربی کی بنیادی تعلیم دلانے کا طیب علی کا منصوبہ ایسا تھا کہ جس کو آج کے دور کے ماہرین تعلیم پسند کریں گے۔ طیب علی سمجھتے تھے کہ کس زبان کو پڑھنے کے ساتھ اس تمدن اور اندازِ فکر کے بارے میں بھی کچھ جاننا چاہیے جو اس زبان کا حصہ ہوتے ہیں۔ بچپن کی زبان کسی بھی بچے کی مادری زبان ہوتی ہے۔ یہ گھر کے ماحول اور ذاتی زندگی کی زبان ہوتی ہے۔ دوسری زبان جو رسمی طور پر سیکھی اور پڑھی جاتی ہے باہری دنیا کے لیے ہوتی ہے اسی رجحان میں ایک شخص اپنے کام اور سوچنے کے لیے استعمال کرتا ہے۔

ہندوستان کے لیے خوش قسمتی کی بات ہے کہ اپنے پیشہ ورانہ کاموں، تجارتی انتظام و انصرام اور اُمورِ عامہ کے لیے ہمیں جس زبان کو پڑھنے کی صلاحیت ہے وہ ایک ایسی زبان ہے جو دنیا بھر میں بولی سمجھی جاتی ہے۔ جیسا کہ جواہر لال نہرو نے کہا تھا کہ یہ دنیا کو دیکھنے کے لیے ایک دریچہ ہے۔ اچھی انگریزی جاننے کی وجہ سے ہندوستانی دنیا کے بیشتر حصوں کے لوگوں کے ساتھ بہ آسانی بات چیت کر سکتے ہیں۔ اسی زبان کے ذریعے ہم دنیا بھر کی تازہ معلومات کئی نئی ایجادات اور نئے انداز فکر اور نئے فکر سے اتنے ہی باخبر رہتے ہیں جتنے دنیا کے دوسرے لوگ۔ انگریزی زبان کے بیش قیمت اثاثہ کو حاصل کرنے کا موقع

بدرالدین کو انگلینڈ کے اسکول میں داخلہ لینے کے بعد ملا۔

زبان کے سیکھنے کے معاملے میں بدرالدین بہت ذہین تھے۔ ان کا حافظہ بہت تیز تھا۔ یاد رہے کہ جب وہ انگلینڈ پہنچے تھے اس وقت انھیں بہت معمولی انگریزی آتی تھی۔ اٹھارہ مہینوں کے اندر اندر انھوں نے نہ صرف انگریزی میں عبور حاصل کرلیا بلکہ فرانسیسی زبان سے مکمل واقفیت اور کلاسیکی زبانوں (لاطینی) اور ریاضی کی تعلیم میں بڑی پیش رفت حاصل کرنے پر اسپیشل سرٹیفکیٹ آف آنر اور انعام حاصل کیا۔ انھیں لندن آئے ابھی ڈیڑھ برس ہی ہوا تھا کہ ان کے اسکول نے چار ڈراموں کا اہتمام کیا۔ دو ڈرامے انگریزی میں تھے اور ایک فرانسیسی اور لاطینی زبان میں چاروں ڈراموں میں بدرالدین نے خصوصی کردار ادا کیا اور سامعین کے دلوں پر اک گہرا نقش چھوڑا۔

ظاہر ہے یہ ہمت افزائی محض ایک حسن و اتفاق نہیں تھی، انھوں نے اپنی دو بڑی صلاحیتوں کا مظاہرہ شروع کردیا تھا کہ جنھیں ان کی زندگی میں اہم کردار ادا کرنا تھا انھیں عربی فارسی فرانسیسی، گجراتی، مراٹھی، اُردو اور انگریزی پر پورا عبور حاصل تھا۔ لاطینی زبان کے وہ طالب علم تھے۔ خواہ وہ کوئی فرد ہو یا کوئی بڑا عوامی جلسہ اپنی اس خوبی کے سبب وہ پیچیدہ مسائل پر کسی کے ساتھ بھی کھل کر اور وضاحت کے ساتھ گفتگو کرسکتے تھے۔ ان کی دوسری صلاحیت کا تعلق اس خوبی سے تھا کہ جس کو بہتر الفاظ میں حسن خطابت کہہ سکتے ہیں جو شخصیت اور خوبصورت آواز کے درمیان ہم آہنگی سے عبارت ہے۔ اپنی اس صلاحیت کے سبب وہ اپنے سامعین پر چھاجاتے تھے اور جس طرف چاہتے ان کا رخ موڑ دیتے تھے۔ ان کی خوبصورت آواز اپنے بہترین اتار چڑھاؤ کے ساتھ تمام زندگی ان کے لیے ایک قیمتی اثاثہ بنی رہی اس بارے میں کسی کو شک وشبہ نہیں ہوسکتا کہ اسکولی زندگی کے دور میں چار ڈراموں کی ریہرسل میں ان کے اساتذہ نے جو کچھ سکھایا ہوگا انھوں نے اس کو یاد رکھا، اس کے مطابق عمل کیا اور اپنی باقی زندگی میں اس کو نکھارا۔

✤✤✤

حضرت شیخ الہند مولانا محمود حسنؒ

آپ حضرت مولانا ذوالفقار علی صاحب عثمانی دیوبندی کے فرزند ارجمند ہیں۔آپ ۱۲۶۸ھ مطابق ۱۸۵۱ء میں پیدا ہوئے۔ گویا انقلاب ۱۸۵۷ء میں آپ کی عمر شریف تقریباً سات سال کی ہوگی۔ یہ عمر شعور کی عمر تو نہیں کہی جاسکتی ، ہاں اس میں شک نہیں کہ اس عمر میں ہونہار اور باہوش بچے کے ذہن میں اس زمانے کے کچھ دھندلے سے نقوش ضرور باقی رہ جاتے ہین، جن کو سنِ شعور کا زمانہ اُبھارتا رہتا ہے۔

جس وقت آپ کی والدہ محترمہ کا انتقال ہوا یعنی ۱۳۰۰ھ میں اس وقت آپ کی عمر شریف غالباً ۳۲ سال کی تھی گویا آپ نے اپنی عمر شریف کا تقریباً نصف حصہ مادری شفقت کے سایہ میں گزارا اور نصف سے زائد حصہ شفیق باپ کی زیرتربیت بسر کیا اس لیے کہ حضرت شیخ الہند کا وصال ۱۳۳۹ھ میں ہوا اور والد محترم کا انتقال ۱۳۲۲ھ میں۔

کبھی کبھی حضرت شیخ الہند اپنی والدہ محترمہ کی شفقت اور محبت کا تذکرہ درسگاہ میں فرمایا کرتے تھے۔آپ نے متعدد مرتبہ فرمایا: میں اپنے درس و تدریس میں مشغول رہتا، گھر میں کھانا پک جاتا اور سب کھا لیتے لیکن میری والدہ کسی قدر آٹا بچا کر میری منتظر رہتیں، گرمی کے دوپہر میں گھر جاتا تو خود فوراً تازہ روٹی پکا کر کھلاتیں۔

آپ نے الف با اور قرآن پاک کا اکثر حصہ ایک معمر بزرگ میاںجی منگلوری سے اور کسی قدر میاں جی عبداللطیف صاحب سے پڑھا اس کے بعد فارسی کی سب کتابیں اور عربی کی ابتدائی کتابیں اپنے مشہور عالم چچا مولانا مہتاب علی سے پڑھیں۔

حضرت مولانا کو اگرچہ سیر و شکر کا بھی شوق تھا لیکن وہ کوچہ گردی اور درج ذیل کھیلوں سے ہمیشہ مجتنب رہے۔آپ میں شکاریوں کی طرح عادت بھی نہ تھی کہ شکار تو

تھوڑی دیر رہا اور حکایت شکار میں گھنٹوں صرف کر دیئے، غالباً اسی وجہ سے آپ ۱۵سال کی عمر میں (محرم ۱۲۸۳ھ تک) قدوری اور شرح تہذیب وغیرہ کتابیں پڑھ چکے تھے۔ اس کے بعد ۱۵؍محرم الحرام ۱۲۸۳ھ سے مدرسہ دیوبند کے مدرس اول ملا محمود صاحب کے سامنے پڑھنا شروع کیا۔ حضرت مولانا عاشق علی الٰہی صاحب میرٹھی نے فی تذکرۃ الخلیل میں تحریر فرمایا ہے۔

''۱۲۸۴ھ میں حضرت شیخ الہند مولانا محمود حسن صاحب قدس سرہ نے کنز الدقائق، میبذی اور مختصر المعانی کا امتحان دیا اور ۱۲۸۵ھ میں ہدایہ، مشکوٰۃ، مقامات حریری کے امتحانات میں شریک ہوئے۔ ۱۲۸۶ھ میں کتب صحاح ستہ اور بعض دیگر کتابیں اپنے فخر زمانہ استاذ حضرت مولانا محمد قاسم صاحب سے پڑھیں، اس وقت مولانا میرٹھ میں منشی ممتاز علی صاحب کے مطبع میں تصحیح کی خدمت انجام دیتے تھے۔ ۱۲۸۸ھ میں آپ فارغ ہو گئے اور اسی سال مدرسہ کے معین مدرس بھی بنا دیئے گئے۔ ۱۹؍ذیقعدہ ۱۲۹۰ھ کو آپ کی دستار بندی ہوئی اور ۱۲۹۲ھ میں آپ مدرس چہارم بنا دیئے گئے۔''

اس تشریح سے یہ بات ظاہر ہے کہ مسجد چھتہ میں جس مدرسہ کا قیام ہوا اور جو آئندہ چل کر دارالعلوم بن گیا۔ اس کے پہلے سال میں آپ نے کنز الدقائق وغیرہ کتابوں کو پڑھنا شروع کیا اس طرح آپ ۲۰سال کی عمر میں درس نظامی کی تکمیل سے فارغ ہو گئے۔ آپ کی طالب علمی کے حالات لکھتے ہوئے میاں اصغر حسین صاحب نے تحریر فرمایا ہے۔

ہمارے حضرت مولانا اجرائے مدرسہ کے بعد مدرسہ کے سابقین اولین طلبہ میں داخل ہوئے۔ ۱۲۸۴ء میں آپ نے کنز الدقائق، میبذی، مختصر المعانی وغیرہ پڑھ کر سالانہ امتحان دیا اور آئندہ سال ہدایہ، مشکوٰۃ شریف امتحانات دیے۔ ۱۲۸۶ھ میں کتب صحاحِ ستہ اور بعض دیگر کتب اپنے فخر زمانہ استاذ حجۃ اللہ البالغہ مولانا محمد قاسم صاحب سے شروع کیں۔ مولانا ممدوح میرٹھ میں منشی ممتاز علی صاحب کے مطبع میں تصحیح کا کام کرتے تھے پھر

یہ مطبع دلّی منتقل ہوگیا تو مولانا مدح بھی دہلی مقیم ہوئے اور کبھی کبھی دیوبند اور اپنے وطن نانوتہ بھی تشریف لے جاکر مقیم رہے۔ حضرت مولانا نے ان سب مقامات میں اکثر اپنے باکمال استاذ کے ساتھ رہ کر دل و جان سے قابل رشک خدمت کر کے سعادت حاصل کی اور سفر وحضر میں سلسلہ درس جاری رکھ کر استاذ کی شفقت اور اپنی ذکاوت سے بکمال تحقیق کتابیں پڑھیں۔

اسی طرح رفتہ رفتہ ۱۲۸۹ھ تک حضرت نے تمام صحاح ستہ اور دیگر فنون کی اعلیٰ کتابیں مولانا کی خدمت میں ختم فرمائیں اور اسی زمانہ میں باوقات مختلف ادب کی بعض کتب اپنے والد ماجد سے اور حساب وغیرہ دیگر فنون کی کتابیں مدرسہ میں پڑھ کر علوم عقلیہ ونقلیہ میں اعلیٰ استعداد حاصل کر کے فارغ التحصیل ہو گئے اور معین المدرسین بن کر درس دینے لگے۔

۱۹/ ذی قعدہ ۱۲۹۰ھ میں مدرسے کے جلسہ دستار بندی اور اہل اسلام کے مجمع عام میں بہ ہمراہی مولانا فخرالحسن صاحب گنگوہی، مولانا عبدالحق صاحب پوری وغیرہ سند فراغت اور دستارِ فضیلت اکابر علماء اور خیار عباداللہ کے دست حق پرست سے عطا ہوئی۔

حضرت مولانا میاں اصغر حسین صاحب کی مندرجہ بالا تشریحات سے مندرجہ ذیل چند چیزیں ظاہر ہوئیں۔

(۱) حضرت شیخ الہند نے ۱۲۸۶ھ میں کتب صحاح ستہ حضرت مولانا محمد قاسم صاحب سے پڑھیں۔

(۲) ۱۲۸۶ھ تک حضرت مولانا محمد قاسم صاحب کا مستقل قیام منشی ممتاز علی صاحب کے مطبع میں پہلے میرٹھ اور پھر دہلی رہا۔

(۳) حضرت مولانا کبھی کبھی عارضی طور سے اس مدت میں دیوبند اور نانوتہ آتے جاتے رہتے تھے۔

(۴) حضرت شیخ الہند نے حضرت قاسم العلوم کے سفر وحضر میں ساتھ رہ کر یا بالفاظ دیگر

مستقلاً میرٹھ اور دہلی میں حضرت ممدوح کے پاس رہ کر اور ان کی خدمت کر کے ان سے کتابیں پڑھیں۔ ہاں جب وہ اپنے وطن نانوتہ اور اپنے بہنوئی (شیخ نہال احمد صاحب کے یہاں دیوبند آتے ہوں گے تو یہاں بھی اکتساب کا سلسلہ جاری رکھا ہوگا۔

ان تنقیحات سے یہ امر بخوبی واضح ہو چکا ہے کہ حضرت مولانا محمد قاسم صاحب ۱۲۸۶ھ تک کبھی دیوبند مستقل نہیں رہے اور نہ انھوں نے مدرسہ دیوبند میں ایک استاذ یا مدرس کی حیثیت سے درس ہی دیا۔ اگر مدرسہ دیوبند میں پڑھانا شروع کیا ہے تو وہ ۱۲۸۶ء کے بعد کسی بھی سن میں پڑھانا شروع کیا ہوگا اس سے قبل نہیں۔

حضرت شیخ الہند نے جن حضرات کے سامنے زانوئے تلمذ طے کیا ان کے اسماء گرامی یہ ہیں۔

(۱) میاں جی منگلوری۔

(۲) میاں جی عبداللطیف صاحب۔ ان ہردو حضرات سے ابجد ہوز اور قرآن پاک پڑھا۔

(۳) حضرت مولانا مہتاب علی صاحب عم اکبر حضرت شیخ الہند۔ ان سے عربی کی ابتدائی کتابیں پڑھیں۔

(۴) حضرت مولانا ملا محمود صاحب سے ۱۲۸۳ھ تا ۱۲۸۶ھ پڑھا۔

(۵) حضرت مولانا محمد یعقوب صاحب سے ۱۲۸۳ھ تا ۱۲۸۶ھ پڑھا۔ آپ ۱۲۸۳ء کے آخر میں بیس روپے ماہوار پر مدرسہ دیوبند میں مدرس مقرر ہوئے تھے۔

(۶) حضرت مولانا ذوالفقار علی صاحب ان سے فارغ ہونے یعنی ۱۲۸۸ھ کے بعد ادب کی چند کتابیں پڑھیں، مثلاً دیوان متنبی، دیوان حماسہ، سبع معلقہ۔

(۷) حضرت مولانا محمد قاسم صاحب سے صحاح ستہ اور اس کے بعد فنون کی چند کتابیں پڑھیں۔

حضرت شیخ الہند نے اپنے استاذ محترم کی بہت زیادہ خدمات انجام دی ہیں۔اس کی تفصیل اگر چہ زیادہ تو دستیاب نہ ہوسکی تاہم جس قدر ہے،اس سے اندازہ ضرور ہوتا ہے۔مثلاً ایک دفعہ حضرت استاذ محترم کو بخار چڑھا ہوا تھا ،زمانہ برسات کا تھا اور آنا دیوبند تھا۔حضرت شیخ نے یہ کیا کہ حضرت استاذ کو گھوڑے پر سوار کیا،ایک ہاتھ سے اس کی لگام پکڑی اور ایک ہاتھ سے رکاب کے قریب ہو کر حضرت کی کمر کو سہارا دیا اور اسی طرح ۲۲ میل کا راستہ پیدل طے کیا ہے۔

حضرت مولانا محمد قاسم صاحب کے وصال کے بعد حضرت شیخ الہند نے مدرسہ میں آنا ترک کر دیا تھا۔شدت الم کا یہ عالم تھا کہ لوگوں سے ملاقات کا سلسلہ ترک کر دیا۔ یہ حالت جب شدید اور خدمات ماضیہ کی نشان دہی کرتی ہے کیوں کہ جس شخص پر استاذ کی محبت کا اس قدر غلبہ ہو وہ اپنے استاذ کی خدمت کے لیے نہ معلوم کیا کچھ کر چکا ہوگا۔

۱۲۹۴ھ میں آپ حضرت مولانا محمد قاسم صاحب اور حضرت قطب العالم مولانا رشید احمد گنگوہی اور دوسرے اکابر ہند کے ہمراہ حج کے ارادے سے روانہ ہوئے۔ان ایام میں حضرت شاہ عبدالغنی صاحب مہاجر مدنی اور حضرت حاجی امداداللہ صاحب مہاجر مکی بقید حیات تھے۔ بہت سے حضرات ان سے بیعت ہوئے اور سند حدیث حاصل کی لیکن حضرت شیخ الہند نے ان کا خیال بھی نہ کیا۔ جب حضرت مولانا محمد قاسم صاحب نے خود ہی حضرت شاہ عبدالغنی صاحب سے سندِ حدیث اور حضرت حاجی صاحب سے بیعت کے لیے عرض کیا تو پھر ان دونوں حضرات کے الطاف وعنایات کو بشر چشم قبول کر لیا۔بس اسی ایک واقعے سے استاذ کے احترام پر بہت پھیلی ہوئی روشنی پڑتی ہے۔

❖❖❖

مہاتما گاندھی

گاندھی خاندان کے لوگ ذات کے بنئے ہیں اور ابتداء، میں پنساری کی دکان کرتے تھے لیکن تین پشتوں سے میرے دادا کے وقت سے وہ کاٹھیاوار کی مختلف ریاستوں میں دیوان رہے ہیں، معلوم ہوتا ہے کہ میرے دادا اُتم چند گاندھی عرف اوتا گاندھی اپنے اصول کے بڑے پکے تھے۔ ریاست کی سازشوں سے مجبور ہو کر انھیں پور بندر سے جہاں وہ دیوان تھے، جونا گڑھ جانا پڑا۔ وہاں انھوں نے نواب صاحب کو بائیں ہاتھ سے سلام کیا۔ کسی شخص کی نظر اس حرکت پر پڑ گئی جو بظاہر بے ادبی معلوم ہوتی تھی، اس نے اس کی وجہ پوچھی تو میرے دادا نے کہا، ''سیدھا ہاتھ پور بندر کے راجا کی خدمت کا پابند ہو چکا ہے۔'' اوتا گاندھی کی پہلی بیوی کا انتقال ہو گیا، اور انھوں نے دوسری شادی کی۔ پہلی بیوی سے ان کے چار لڑکے تھے اور دوسری سے دو لڑکے۔ جہاں تک مجھے یاد ہے بچپن میں مجھے کبھی یہ محسوس نہیں ہوا کہ اوتا گاندھی کے یہ سب لڑکے ایک ماں سے نہیں ہیں۔ ان چھ بھائیوں میں تلسی داس گاندھی سب سے چھوٹے تھے اور ان سے بڑے کرم چند گاندھی عرف کبا گاندھی تھے۔ یہ دونوں بھائی آگے پیچھے پور بندر کے دیوان رہے۔ کبا گاندھی میرے والد تھے۔ وہ راجستھان عدالت کے رکن بھی تھے۔ یہ عدالت اب ٹوٹ گئی ہے مگر ان دونوں والیان ریاست اور ان کی برادری والوں کے باہمی جھگڑوں کو نپٹانے کے لیے یہ ایک بڑی با اثر جماعت تھی۔ کبا گاندھی کچھ دن راج کوٹ میں دیوان رہے اور اس کے بعد ونکانیر میں بھی۔ جب ان کا انتقال ہوا اس زمانے میں وہ ریاست راجکوٹ سے پنشن پاتے تھے۔

انھوں نے یکے بعد دیگرے چار شادیاں کیں کیوں کہ ان کی تین بیویاں ایک ایک

کر کے مر گئیں۔ ان کی پہلی اور دوسری بیوی سے دو لڑکیاں ہوئیں، چوتھی بیوی سے ایک لڑکی اور تین لڑکے ہوئے جن میں سب سے چھوٹا میں ہوں۔

میرے والد اپنی برادری کے بڑے خیر خواہ، بہادر اور فیاض آدمی تھے لیکن نازک مزاج بھی بہت تھے۔ وہ رشوت نہیں لیتے تھے اور اپنوں اور بیگانوں میں ان کی منصف مزاجی کی دھوم تھی۔ ریاست کے ساتھ ان کی وفاداری تھی۔ کسی اسسٹنٹ پولٹیکل ایجنٹ نے ان کے سردار ٹھاکرے صاحب راجکوٹ کا ذکر توہین آمیز الفاظ میں کیا تو انھوں نے بھی ترکی بہ ترکی جواب دیا۔ ایجنٹ کو غصہ آ گیا اور اس نے کہا کہ معافی مانگو۔ کبا گاندھی نے صاف انکار کیا۔ اس لیے وہ چند گھنٹے تک حراست میں رکھے گئے لیکن جب ایجنٹ نے ان کی ثابت قدمی دیکھی تو اسے رہائی کا حکم دینا پڑا۔

میرے والد کو دولت جمع کرنے کی ہوس نہ تھی۔ انھوں نے ہمارے لیے بہت کم جائداد ترکے میں چھوڑی۔ انھوں نے سوائے تجربے کے مدرسے کے کہیں تعلیم نہیں پائی۔ زیادہ سے زیادہ ان کی لیاقت گجراتی کے پانچویں درجے کے برابر ہوگی، تاریخ اور جغرافیہ سے وہ بالکل ناواقف تھے لیکن عملی کاموں میں بہت وسیع تجربے رکھتے تھے جس سے انھیں بڑی بڑی پیچیدہ گتھیوں کو سلجھانے اور سیکڑوں آدمیوں سے نبٹنے میں بہت مدد ملتی تھی۔ ان کی مذہبی تعلیم بہت کم تھی ان میں وہ دینداری موجود تھی جو مندروں میں آنے جانے اور مذہبی تقریروں کے سننے سے بہت سے ہندوؤں میں پیدا ہو جاتی ہے۔ آخر عمر میں وہ ایک عالم برہمن کے کہنے سے جو ہمارے خاندان کے دوست تھے بھگوت گیتا کی تلاوت کرنے لگے تھے اور پوجا کے وقت اس کے چند اشلوک زور سے پڑھا کرتے تھے۔

والدہ صاحبہ کے متعلق میرے حافظہ میں سب سے گہرا نقش ان کی عبادت اور پرہیزگاری کا ہے۔ وہ بڑی پکی دیندار تھیں، ناممکن کہ وہ کبھی ان دعاؤں کے بغیر جو وہ روز پڑھا کرتی تھیں، کھانا کھا لیں۔ 'حویلی' یعنی وشنو مندر میں جانا ان کے روزانہ فرائض میں داخل تھا۔ جہاں تک میری یاد کام کرتی ہے، انھوں نے کبھی 'چتر ماس' (لفظی معنی چار

مہینے کا زمانہ،اس نذر کو کہتے ہیں جس کی رو سے برسات کے چار مہینوں میں برابر پورے یا آدھے روزے رکھے جاتے ہیں۔) قضا نہیں کیا، وہ سخت سے سخت ریاضتوں کی نذر مان لیتی تھیں اور اسے انتہائی ثابت قدمی سے پورا کرتی تھی۔ بیماری کے سبب سے وہ کبھی اس میں ڈھیل نہیں ڈالتی تھیں۔ بیمار ہونا ان کے لیے کوئی عذر نہ تھا، مجھے یاد ہے کہ ایک بار وہ 'چندریانہ' (ایک طرح کا روزہ جس میں کھانے کی مقدار چاند کے گھٹنے بڑھنے کے حساب سے گھٹتی بڑھتی ہے۔) کی نذر ماننے کے بعد بیمار ہوگئیں مگر انھوں نے اپنی نذر میں خلل نہ پڑنے دیا۔ دو تین دن روزے پر روزہ رکھنا ان کے نزدیک کوئی بات نہ تھی۔'چتر ماس' میں دن میں صرف ایک وقت کا کھانا ان کی عادت میں داخل تھا۔ایک 'چتر ماس' میں انھیں اس سے تسکین نہ ہوئی تو انھوں نے ایک دن بیچ پورا روزہ رکھنے کی نذر مان لی۔ ایک بار اسی زمانے میں انھوں نے یہ نذر مانی کہ جب تک سورج نہ دیکھ لوں گی کھانا نہیں کھاؤں گی۔ ہم سب بچے ان دنوں آسمان کی طرف ٹکٹکی باندھے اس انتظار میں کھڑے رہتے تھے کہ سورج دیکھیں تو والدہ کو خبر کردیں۔ سب جانتے کہ جب برسات کا موسم شباب پر ہوتا ہے تو سورج اکثر بے التفاتی سے منہ چھپا لیتا ہے مجھے یاد ہے کہ کئی بار ایسا ہوا کہ یک بیک سورج کو بادلوں سے نکلتے دیکھ کر ہم لوگوں نے دوڑ کر انھیں خبر دی۔ وہ دوڑی ہوئی آئیں کہ اپنی آنکھ سے دیکھیں مگر اتنی دیر میں سیماب وش سورج غائب ہوگیا اور انھیں کھانا نصیب نہ ہوا ،مگر وہ بیشہ خندہ پیشانی سے یہی کہتی تھیں ''کوئی ہرج کی بات نہیں'' خدا کی مرضی نہ تھی کہ میں آج کھانا کھاؤں'' اور جا کر روزمرہ کے دھندوں میں مصروف ہو جاتی تھیں۔

میری والدہ بڑی سمجھدار تھیں۔ انھیں ریاست کے معاملوں کے متعلق اچھی معلومات تھی اور محل کی خواتین ان کی ذہانت کو بہت مانتی تھیں۔ میں اکثر بچپن کے حقوق سے فائدہ اٹھا کر ان کے ساتھ محل میں جایا کرتا تھا اور مجھے اب تک یاد ہے کہ ان سے اور ٹھاکر صاحب کی والدہ سے بارہا خوب بحثیں ہوئیں۔

میں ان ماں باپ کے گھر میں ۲/اکتوبر ۱۸۶۹ء کو بہ مقام پور بندر جسے سدامیری بھی کہتے ہیں، پیدا ہوا۔ میرا بچپن کا زمانہ پور بندر ہی میں گزرا۔ مجھے یاد ہے کہ میں مدرسے میں بٹھایا گیا تھا۔ مجھے پہاڑے یاد کرنے میں کس قدر دقت ہوئی ، مجھے اس زمانے کے متعلق اس سے زیادہ کچھ یاد نہیں کہ میں دوسرے لڑکوں کے ساتھ اپنے استاد کو برا بھلا کہا کرتا تھا۔ اس سے ظاہر ہے کہ میرا ذہن کند تھا اور حافظہ کمزور۔ میری عمر سات برس کی ہوگی کہ میرے والد راجستھانی عدالت کے رکن ہوکر پور بندر سے راجکوٹ گئے۔ وہاں مجھے ایک ابتدائی مدرسے میں داخل کیا گیا۔ مجھے وہ دن اچھی طرح یاد ہیں اور استادوں کے نام اوران کی بہت سی باتیں بھی ذہن میں محفوظ ہیں۔ پور بندر کی طرح یہاں بھی میری پڑھائی کے متعلق کوئی بات قابل ذکر نہیں۔ اس سے یہی ثابت ہوتا ہے کہ میں معمولی سا طالب علم تھا۔ اس مدرسے سے میں مضافات کے ایک اسکول اور وہاں سے بارہ برس کی عمر میں ہائی اسکول گیا۔ جہاں تک مجھے یاد ہے اس قلیل عرصے میں، میں نے کبھی اپنے استادوں سے، اپنے ہم مکتبوں سے جھوٹ نہیں بولا۔ میں بہت شرمیلا تھا اور کسی سے ملتا جلتا نہ تھا سوائے میری کتابوں اور میرے کام کے کوئی میرا رفیق نہ تھا۔ گھنٹہ بجتے ہی اسکول پہنچ جانا اور چھٹی ہوتے ہی گھر بھاگنا میرا روز کا معمول تھا۔ میں سچ مچ بھاگتا ہوا جاتا تھا کیوں کہ مجھے کسی سے بات کرنے کی تاب نہ تھی۔ یہ بھی خوف رہتا تھا کہ کوئی میری ہنسی نہ اڑائے۔

ہائی اسکول میں پہلے سال امتحان کے موقع پر ایک واقعہ پیش آیا جو قابل ذکر ہے۔ مسٹر جائیس انسپکٹر اسکول معائنے کے لیے آئے تھے۔ انھوں نے ہمیں ہجے کی مشق کے لیے پانچ لفظ لکھوائے ان میں سے ایک لفظ KETTLE تھا۔ میں نے اس کے ہجے غلط کہہ تھے۔ استاد نے اپنے بوٹ کی نوک سے ٹھکرا کر آگاہ کرنا چاہا مگر میں باخبر نہ ہوا۔ یہ بات کسی طرح میری سمجھ میں نہیں آسکتی تھی کہ وہ چاہتے ہیں میں اپنے ساتھی کی سلیٹ سے ہجے نقل کرلوں کیوں کہ میرے خیال میں استاد وہاں تھے ہی اس لیے کہ ہمیں نقل نہ کرنے دیں۔ نتیجہ یہ ہوا کہ میرے سوا سب لڑکوں کے یہاں ہر لفظ کے ہجّے صحیح نکلے۔ ایک میں ہی

بیوقوف ثابت ہوا۔ بعد میں استاد نے میری یہ بیوقوفی سمجھانا چاہی مگر مجھ پر کچھ اثر نہ ہوا۔ مجھے نقل کرنے کا فن کبھی نہ آیا۔

تاہم استاذ کی جو عزت میرے دل میں تھی اس میں اس واقعے سے کوئی فرق نہ آیا۔ مجھ میں یہ قدرتی بات تھی کہ بڑوں کی برائی نظر نہ آتی تھی۔ آگے چل کر مجھے ان استاد کی اور کمزوریاں بھی معلوم ہوئیں مگر میں اسی طرح ان کا ادب کرتا رہا کیوں کہ میں نے بڑوں کی فرمانبرداری سیکھی تھی، ان کے کاموں پر نکتہ چینی کرنا نہیں سیکھا تھا۔

اس زمانے کے دو واقعات میرے حافظے میں ہمیشہ نقش رہے عام طور سے سوائے اسکول کی کتابوں کے اور کسی کتاب میں میرا جی نہ لگتا تھا۔ مجھے اپنا روزانہ سبق چار و ناچار یاد کرنا پڑتا تھا مجھے استاد کی خفگی بری لگتی تھی اور انھیں دھوکہ دینا بھی پسند نہ تھا اس لیے میں سبق یاد تو کر لیتا تھا لیکن بے دِلی سے۔ غرض جب سبق ہی جیسا چاہیے یاد نہ ہوتا تھا تو اور کتابوں کے پڑھنے کا ذکر کیا ہے۔ مگر خدا جانے کیوں کر میری نظر ایک کتاب پر پڑی جو میرے والد نے خریدی تھی۔ یہ شرون پتری بھگتی ناٹک (شرون کے محترم والدین کا ناٹک تھا۔) میں نے اسے بے حد شوق سے پڑھا۔ اس زمانے میں ہمارے یہاں سفری ناٹک والے آئے۔ میں نے جو سین دیکھے ان میں سے ایک یہ تھا کہ شرون اپنے کندھوں پر ایک بہنگی رکھے، اپنے اندھے ماں باپ کو جاترا کے لیے لے جا رہا ہے۔ یہ کتاب اور یہ منظر میرے دل پر ایسے نقش ہو گئے کہ مٹائے نہ مٹے۔ میں نے اپنے دل میں کہا: ''دیکھ یہ مثال ہے جس کی تجھے تقلید کرنا چاہیے۔'' شرون کے مرنے پر اس کے والدین نے جو دردناک بین کیے تھے ان کی یاد بھی میرے دل میں اب تک تازہ ہے۔ اس دل گداز لے نے مجھے تڑپا دیا اور میں اسے اپنے ارگن باجے پر جو مجھے میرے والد نے خرید دیا تھا بجایا کرتا تھا۔

اس قسم کا ایک واقعہ ایک اور ناٹک کا ہے۔ اس زمانے میں اپنے والد کی اجازت سے میں ایک ناٹک کی کمپنی کا تماشہ دیکھنے گیا۔ اس تماشے میں ''ہریش چندر'' نے میرے دل کو موہ لیا۔ میں اسے بار بار دیکھتا تھا اور نہ تھکتا تھا۔ مگر آخر مجھے کہاں تک جانے کی

اجازت ملا کرتی ؟ یہ تماشا میرے جی میں بس گیا تھا، اور خدا جانے کتنی بار میں نے دل ہی دل میں ہریش چندر کا پارٹ کیا ہوگا۔ ''سب لوگ ہریش چندر کی طرح سچے کیوں نہ ہو جائیں؟'' یہ سوال میں اپنے دل میں دن رات کیا کرتا۔ حق کی پیروی کرنا اور وہ سب کچھ سہنا جو ہریش چندر نے سہا تھا۔ بس یہی ایک نصب العین تھا جس کی لگن اس تماشے نے میرے دل کو لگا دی تھی۔ میں ہریش چندر کے قصے کو لفظ بہ لفظ سچ سمجھتا تھا۔ اس کا خیال کر کے میں رونے لگتا تھا۔ آج میری عقل مجھ سے کہتی ہے کہ ہریش چندر کوئی تاریخی شخص نہیں ہو سکتا مگر میرے لیے ہریش چندر اور شرون دونوں جیتی جاگتی حقیقت ہیں اور مجھے یقین ہے کہ اگر میں ان ناٹکوں کو پھر پڑھوں تو مجھ پر اتنا ہی اثر ہو جتنا پہلے ہوا تھا۔

***

مولانا محمد علی جوہر کی کہانی
مولانا شوکت علی کی زبانی

میری عمر پونے چھ برس کی تھی۔ موسم سردی کا تھا مگر بہت زیادہ سردی نہ تھی۔ میں اپنے گھر میں کہیں سے کھیلتا ہوا آیا تھا۔ یہ مکان ہمارا قدیم تھا اور دادا اس میں رہتے تھے۔ چاروں طرف دالان تھا اور اوپر کوٹھے پر چار کمرے تھے اور ان کے ساتھ چھتوں پر چار صحن تھے جس میں ہمارے دادا کی بہوئیں اور بیٹے رہتے تھے۔ نیچے دادی صاحبہ رہتی تھیں اور تمام گھر بھی نیچے تھا۔ یہ مکان میرے والد کے حصے میں آیا تھا اور اسی میں ہم سب بھائی پیدا ہوئے تھے۔ اور اسی میں بی اماں دلہن بن کر آئی تھیں ۔افسوس یہ مکان اب سب گر گیا ہے۔ زمین باقی ہے، جس پر خاندان کے بچے ہاکی کھیلتے ہیں ۔یہ زمین محمد علی کے حصے میں آئی تھی مگر اس پر مکان بنانا اس غریب کو نصیب نہیں ہوا تھا ۔جب میں زنانے دروازے سے اندر داخل ہو کر صحن میں آیا باہر کے دالان میں گیا تو کسی نے مجھ کو خبر دی کہ میرے بھیا پیدا ہوا۔ اس خبر کو سن کر مجھ کو خوب یاد ہے کہ بچوں کی طرح رانوں کو پیٹتا جیسے بچے گھوڑا بن کر دوڑتے ہیں، خوش خوش فوراً ننگے پیر صرف سفید کرتا پاجامہ پہنے باہر بھاگ گیا اور یہ خبر چلا کر ساتھیوں کو سنائی کہ ''میرے بھیا پیدا ہوا۔'' یہ بات مجھ کو آج بھی ویسی یاد ہے جیسے کہ اس دن تھی۔ شام کا وقت تھا، جاڑوں کا موسم اور قریب عصر کے۔ بعد کو بی اماں سے اس قدر معلوم ہوا تھا کہ بقرعید کا مہینہ تھا۔ محمد علی نے بڑی تلاش سے پتا لگایا تھا کہ اس کی پیدائش کی تاریخ ۹ر دسمبر ۱۸۷۸ء تھی۔ جو لوگ جنتری سے پرانی تاریخیں نکال سکتے ہیں ان سے درخواست ہے کہ وہ مجھے مطلع کریں کہ آیا اس سال بقرعید یعنی عیدالاضحیٰ دسمبر

میں ہوئی تھی۔ یہ ۱۸۷۸ء کی بات ہے۔ رام پور میں پیدا ہوا تھا اور افسوس مرا وطن سے دور لندن میں اور خدا نے مٹی دی حرم محترم بیت المقدس میں۔

ہم لوگ اپنے دادا کے خاندانی مکان میں رہتے تھے جب محمد علی پیدا ہوا تھا۔ اس کی پیدائش کے دن اس وقت تک کہ اس پرانے مکان کو چھوڑ کر ہم اس نئے محل کے سرائے میں گئے جو بہت عالیشان ہمارے والد نے شوق سے بنوایا تھا اور نہایت خوبصورتی کے ساتھ آراستہ کیا تھا۔ ہمارے والد مرحوم عبدالعلی خاں رامپور شہر میں اپنی خوشی مذاقی، مہمان نوازی اور فیاضی کے لیے مشہور تھے۔ مجھے چہرہ اور باتیں تھوڑی تھوڑی یاد ہیں جوان کے حالات کے سلسلے میں شائع ہو جائیں گی۔ بہترین کھانا پکانا مشہور رکابداروں سے سیکھا تھا اور ایک رکابدار ہمیشہ نوکر رہتا تھا اور والد مرحوم کو کھانا پکانا سکھاتا تھا اور ان سے بی اماں بہترین کھانے کے علاوہ معمولی کھانے پکانا سیکھتی تھیں جو اپنی بیوگی کے زمانے میں بچوں کو پکا پکا کر کھلاتی تھیں۔

اب جو سماں نظر آتا ہے وہ یہ ہے کہ چبوترے کے قریب باہر کے دالان میں نصف اندر اور نصف باہر دو پلنگ پڑے تھے، ایک والد مرحوم کا جن کو ہم سب میاں بھائی کہتے تھے اور دوسرا بی اماں کا جن کو ہم سب بچے ''بہو'' کہتے تھے۔ چوں کہ ہمارے دادا کی سب سے چھوٹی بہو تھیں، سب بہو بہو کہہ کر پکارتے تھے اور ہم بھی بہو ہی کہتے تھے۔ بی اماں کا نام 'بی اماں' تو میرے بیٹوں اور خلافت کے کام کرنے والوں نے رکھا تھا۔ یہ نام حامیان خلافت اور عام مسلمانوں کی خواہش کے مطابق رکھا تھا کہ انھوں نے ان کو اماں بنایا اور آج بھی وہ عزت اور محبت کے ساتھ ان کا نام لیتے ہیں۔

غالباً موسم سخت جاڑوں کا نہ تھا مگر سخت گرمی کا بھی نہ تھا۔ ہم کب پرانے مکان سے نئے مکان میں آئے، مجھے ذرا بھی یاد نہیں۔ اتنا یاد ہے کہ ہم چبوترے کے نیچے صحن میں اپنی پالنے والی اناؤں کے پاس رہتے تھے۔ اوپر چبوترے پر ایک کونے میں بڑی اکلوتی بہن کا پلنگ تھا، جہاں وہ اپنی پالنے والی کے ہمراہ جس کو ہم سب ''میّا'' کہتے تھے اور اس

کے نام کے ساتھ اس کو لگا کر پکارتے تھے۔

پیدائش کے بعد اب جو حافظہ یاد دلاتا ہے وہ یہ کہ ہمارے والد محمد علی کو گود میں لیے پلنگ کی پائینتی کھڑے ہیں، اس وقت محمد علی کی عمر کیا تھی میں نہیں کہہ سکتا مگر والد کے انتقال کے وقت جو کہ یکم اگست ۱۸۸۱ء کو ہوا تھا حساب لگا کر اب کہہ سکتا ہوں کہ دو سال سات مہینوں کا تھا۔ والد کے انتقال کا وقت بھی مجھے یاد نہیں آتا۔ بی اماں یہ بھی کہتی تھیں کہ ہمارے والد سب سے محبت کرتے تھے مگر محمد علی سے سب سے زیادہ۔

اب پھر دماغ خالی ہے اور کچھ تھوڑی یاد جو آتی ہے، وہ یہ ہے کہ میرے منجھلے بھائی ذوالفقار علی خاں صاحب بھی زیادہ سے زیادہ محمد علی سے محبت تھی۔ بلکہ ان کے شاعرانہ مزاج اور شاعری کا محمد علی پر بہت کچھ اثر تھا۔ ہلکی سی تصویر مجھے نظر آتی ہے کہ محمد علی بھائی کے پاس بیٹھا ہے اور بی اماں نے کوئی عمدہ حلوا وغیرہ پکایا ہے اور سب بچوں کو برابر برابر تقسیم کر دیا ہے۔ میں شاید اس کا تھوڑا حصہ چھین کر کھا گیا ہوں۔ میں اور میری بہن ایک پارٹ میں تھے اور وہ محمد علی کو 'منہ پھٹا' کہتی تھی۔ ہم محمد علی کو نوچ کر چھیڑ کر رُلاتے تھے اور وہ بہت جلد ہمارے دق کرنے سے رو دیتا تھا۔ اس موقع پر بھی حلوے کے چھن جانے پر اس نے کھول کر رونا شروع کر دیا اور بی اماں اور بھائی ناراض ہو گئے اور میں سب کا منہ چڑا کر بھاگ گیا۔

بی اماں کہا کرتی تھیں کہ بچپن میں میں بڑا شریر تھا اور جب شرارت کے بعد میں اپنے والد کے پاس بلایا جاتا تھا تو دور سے ہاتھ جوڑ کر، آنکھیں نیچی کر کے ہونٹ نکال کر بسورتا ہوا آتا تھا اور جب انھوں نے ڈانٹ کر میرے کان پکڑوائے میں حکم کی تعمیل کر کے جب رخصت ہوا تو ستون اور پردے کی آڑ میں، بی اماں کے سامنے مگر والد کی آنکھ چرا کر بسورتے ہونٹوں سے منہ چڑانا شروع کیا، ہاتھوں کے اشارے سے ان کی تحقیر کر کے، دل کی بھڑاس نکالی اور پھر بھاگ گیا۔ بچپن میں بی اماں اور گھر کے لوگ مجھ کو 'ہبوڑا' کہتے تھے جو کہ ایک جرائم پیشہ قوم باہر سرکیوں میں رہتی ہے اور بسا اوقات چوری اور ڈاکے بھی ڈالتی

رہتی ہے۔ مجھے یہ بھی یاد پڑتا ہے کہ اکثر اپنا حصہ کھانے کے بعد محمد علی کے حصے پر چھاپا مارتا تھا اور وہ غریب اکثر منہ پھاڑ کر روتا۔ مجھ پر سب ناراض ہوتے تھے مگر تیزی کے ساتھ اس کو مار کر گھر کے باہر بھاگ جاتا تھا۔اس کے علاوہ مجھے کوئی خاص بات یاد نہیں ہے۔

محمد علی کی کب بسم اللہ ہوئی کیا رسم ادا کی گئی ، مجھے ذرا بھی یاد نہیں۔کب قرآن شریف ختم کیا اور کب مکتب چھوڑا، مجھے ذرا بھی یاد نہیں۔ اسکول میں جانے کا سلسلہ جب شروع ہوا تب مجھے یاد پڑتا ہے کہ میں نے محمد علی کو رام پور کے اسکول میں دیکھا۔ رام پور میں انگریزی تعلیم کو اس زمانے میں کفر سمجھا جاتا تھا۔ میرے بڑے بھائی ہمیں 'کرشنان' کہا کرتے تھے۔ جب نواب کلب علی خاں بہادر کا انتقال ہوا تو رام پور میں انگریزی گردی شروع ہوئی اور اس کا پہلا نتیجہ یہ تھا کہ شہر کے ایک رئیس عبداللہ خاں صاحب کا بڑا مکان کرائے پر لیا گیا اور اس کے دالانوں میں بینچ وغیرہ لگا کر ابتدائی درجہ قائم کیے گئے محمد علی نے قرآن شریف اور مکتب کی تعلیم ختم کرنے کے بعد رام پور کے اس انگریزی اسکول میں نام لکھوایا۔

ہمارے خاندان میں یہ رسم تھی کہ جب لڑکے یا لڑکی کی عمر چار سال چار ماہ اور دس دن کی ہوتی تو اس کی بسم اللہ کی رسم ادا کی جاتی تھی۔ خوبصورت ریشمی کپڑوں کی پھاٹ کامدار جوتا کامدار ٹوپی، بہت سی مٹھائی ، زنانہ و مردانہ جلسہ، ریشم کا کام کیا ہوا قاعدے کا جزدان، چاندی کی تختی، قلم اور دوات غرض یہ کہ بچے کو ایسی رشوت دے کر تعلیم کی طرف رغبت دلائی جاتی تھی۔ غریب اس بسم اللہ کی اشتیاق میں بے قراری کے ساتھ دن گذارتا تھا اور بسم اللہ کے روز تو ہر طرف سے پیار کیا جاتا تھا اور جتنے خاندان کے بزرگ تھے ، وہ عید کے دن کی عیدی کی طرح روپے دیتے تھے۔غرض یہ کہ بڑی خوشی ہوتی تھی مگر جب دوسرے دن سے روز صبح کو ٹھنڈا گرم ہر موسم میں سیپارہ بغل میں دبائے مدرسہ جاتا اور وہاں اگر سستی سے کام لیا گیا تو مولوی صاحب نے قمچی سے گرما دیا۔ یہ ایک ایسا تلخ تجربہ ہوتا تھا کہ غریب بچہ بھی جانتا تھا کہ رشوت دے کر مجھ کو کس مصیبت میں ڈال دیا۔

بسم اللہ یاد ہے نہ اس کا مکتب میں پڑھنا نہ اس کا قرآن شریف ختم کرنا۔

ہمارے خاندان کے سب لڑکے اور اہل محلّہ بھی ہمارے کنبے کے دو تین مکتبوں میں پڑھتے تھے۔ ہر ایک کے گھر میں استانی لڑکیوں کی تعلیم کے لیے مقرر تھی۔ محمد علی کے مکتب کا زمانہ یاد نہیں۔ غالباً اس کی وجہ یہ ہوگی ۱۸۸۳ء میں اپنے بڑے بھائی ذوالفقار علی خاں کے ساتھ بریلی اسکول میں دو اور چچا زاد بھائیوں کے ہمراہ داخل ہو گیا اور صرف چھٹیوں میں یا ایک دو مرتبہ اور رام پور جانا ہوتا تھا۔ اس زمانے میں ریل نہ تھی۔ بریلی سے چھیالیس میل ہم لوگ اونٹ گاڑیوں میں جاتے تھے اور دو دن میں یہ سفر پورا کرتے تھے۔ غالباً یہی وجہ تھی کہ محمد علی کے مکتب کی زندگی کا حال زیادہ معلوم نہیں ہے۔

رام پور اسکول کے ہیڈ ماسٹر علی گڈھ کے اولڈ بوائے اور غالباً علی گڑھ ہی کے رہنے والے عبدالحق نامی تھے اور رام پور کی انگریزی تعلیم کے کولمبس یا واسکوڈی گاما نذیر خاں تھے۔ جن کا میں بھی شاگرد تھا اور تقریباً ہمارا خاندان۔ ان کو ہم سب ''ٹیچر صاحب'' کہہ کر پکارتے تھے۔ محمد علی بھی ان ہی سے پرائیوٹ طور پر اور اسکول میں پڑھتا تھا۔ مجھے خوب یاد پڑتا ہے کہ میں نے محمد علی کو اس اسکول میں ایک دو مرتبہ جا کر دیکھا تھا جب کہ میں بریلی کی چھٹیوں سے واپس آیا۔

اب چوتھا دور شروع ہوتا ہے، جب کہ بی اماں اور ہماری اکلوتی بہن میرے چچا زاد بھائی میجر یوسف علی خاں جو مہاراجہ ہلکر کی فوج میں افسر تھے اور جو ہمارے بہنوئی تھے، ان کے پاس ہم سب گئے تھے۔ رام پور کا قافلہ مع محمد علی کے اول چلا گیا تھا مگر میں اسکول کا امتحان دے کر اور اچھے نمبروں سے پاس ہو کر بعد کو جون کے مہینے میں اندور پہنچا۔ اس عرصے میں میں کشتی میں لڑتا تھا، ورزشیں بھی کرتا تھا، کرکٹ بھی کھیلتا تھا اور اپنے بڑے بھائی کے ہمراہ بریلی اسکول کے بورڈنگ ہاؤس میں رہتا تھا۔ اندور کے قیام کا مجھ کو ایک واقعہ خوب یاد آیا ہے۔ بی اماں اگرچہ اپنی اولاد میں سب سے زیادہ ہماری بہن سے محبت کرتی تھیں اور اس کے بعد اور اولاد سے مگر میں کسی گنتی میں نہ تھا۔ شرارت اور مذاق کی

وجہ سے مجھے 'بھانڈ' کہہ کر پکارتی تھیں اور چوں کہ میری بہن مجھ سے ازحد محبت کرتی تھیں اور آخر وقت میں ہم دونوں میں بے انتہا محبت ، دوستی اور بے تکلفی تھی۔اس لحاظ سے میں نے بی اماں کے دل میں گھر کرنا شروع کر دیا تھا اور بعض خانگی امور کی وجہ سے میں ان کا 'پہلوان' بن گیا تھا۔

اندور کا موسم گرمیوں میں خوش گوار ہوتا تھا، گرمی بھی کم ہوتی تھی اور راتیں تو لاجواب تھیں۔صبح بنارس، شام اودھ اور شب مالوہ ، ہندوستان میں اپنی خوبصورتی کے لحاظ سے ضرب المثل ہیں۔ رمضان آیا اور محمد علی نے پہلا روزہ اندور میں رکھا۔ غالباً اس وقت بی اماں کے پاس روپئے کی کمی تھی۔ روزہ تو رکھوایا مگر جوڑا نہیں بنوایا۔محمد علی بچپن سے ہی شاعرانہ مزاج رکھتے تھے اور خاص ٹن (ادا) کے آدمی تھے۔ بہت ناراض ہوئے اور دھمکی دی کہ روزہ توڑ دوں گا۔ جب اس پر منکر نکیر کی طرح دو گھر کے آدمی تعینات کر دیئے گئے تو غصے میں انھوں نے ایک اور احتجاج کی صورت نکالی۔

طفلی میں بھی ہم کھیل جو کھیلے تو صنم کا

بی اماں کو دھمکی دینے کے لیے اور غالباً ایک طرف کپڑوں کی مایوسی دوسری طرف بھوک اور پیاس کا زور، انھوں نے اعلان کر دیا کہ وہ مہاراجہ کے عطا کیے ہوئے مکان کے نیچے والی حوضوں میں جہاں سے عام مخلوق خاص کر ہندو پانی بھرتے تھے اور جس مکان میں ہم رہتے تھے ،اس کی کھڑکی سے کودنے کا ارادہ کیا۔بی اماں نے مجھے آواز دی تو میں نے دیکھا کہ وہ کھڑکی میں جھکے ہیں اور سب کو کودنے کی دھمکی دے رہے ہیں۔ میں اندور میں خوب کثرت کرتا تھا ،قد لانبا ہونا شروع ہوا تھا اور غالباً اندور کے قیام میں چار ماہ کے اندر میرا قد چار انچ بڑھ گیا تھا۔ میں نے ان کی پیٹھ میں ایک دو گھونسا رسید کیے اور کان پکڑ کر ان کو کھینچ لایا حسب معمول منھ پھاڑ کر رونا شروع کیا تو بی اماں نے گلے لگا لیا، پیار کیا۔ دوپہر کے بارہ بجے سے مٹھائیوں ، شامی کباب، تربوز، پھل پھلار، شربت کا سامان شروع کیا اور اس طرح ان کو رضا مند کیا گیا اور وعدہ کیا گیا کہ جلد ان کو جوڑا بھی ملے گا

اور غالباً کچھ نقدی بھی پیش کی گئی، اس کے بعد روزہ کشائی اور باتیں مجھے یاد نہیں۔ پڑھائی کا اندور میں کیا انتظام تھا مجھے یاد نہیں۔

کئی مہینے کے بعد میں بریلی اسکول میں واپس آیا۔ چار پانچ مہینے ضائع ہو چکے تھے مڈل میں داخل ہوا مگر داخلے سے قبل میرا امتحان لیا گیا میں بہت پیچھے تھا مگر کرکٹ کا کھلاڑی ہونے کی وجہ سے انگریز ہیڈ ماسٹر بوڈن نامی نے جو بعد کو نواب صاحب مرحوم رام پور کا استاد مقرر ہوا تھا اور پنشن لینے کے بعد بھی رام پور میں رہا تھا، اس نے مجھے داخل کرلیا۔ مگر میرے چار پانچ انچ قد بڑھ جانے کی وجہ سے اس کو بہت تعجب ہوا تھا۔ میں نے بھی پوری محنت سے تین ماہ میں ساری کمی کو پورا کرلیا اور اپریل کے مہینے میں مڈل کا امتحان دوسرے درجے میں پاس کیا اور پھر رام پور گیا۔ اب بھی مجھے کوئی خاص بات محمد علی کی یاد نہیں، الّا یہ کہ میرے بڑے بھائی ذوالفقار علی خاں سے اس کی خاص محبت تھی مگر جب جولائی میں میرا مدرسہ کھلا جہاں میں نے آخر درجے سے لے کر انٹرنس پاس کیا تھا۔ محمد علی بھی میری نگرانی میں غالباً دس برس کی عمر میں بریلی کے بورڈنگ ہاؤس میں داخل ہوا۔

محمد علی کا مثانہ کمزور تھا اور رات میں دو تین مرتبہ اٹھانے کی ضرورت پڑتی تھی۔ پہلے یہ کام اماں کرتی تھیں اور اب یہ کام میرے سپرد ہوا۔ گود میں اٹھا کر رات کو بورڈنگ کے باہر لے جایا کرتا تھا اور اپنے ہاتھ سے یہ خدمت سرانجام دیتا تھا۔ اگر اس میں کہیں تاخیر ہوئی تو پھر بستر اور پلنگ کی خیر نہ تھی۔ طالب علموں کے پاس بہت سے گدّے اور چادریں کہاں ہوتی ہیں، کثیف بستر کا قرب میرے لیے بھی باعث مصیبت ہوتا تھا اور ہمارے خادم کے لیے بھی۔ جو ہم سب کا کھانا پکاتا تھا اور اب اس کو بستر بھی دھونا پڑتا تھا، اس لیے ذرا کوشش سے اور مستعدی کے ساتھ اس خدمت کو انجام دیا کرتا تھا دو برس محمد علی میری نگرانی میں بریلی رہا، پڑھائی میں اچھا تھا لیکن وہ ذہانت ابھی شروع نہیں ہوئی تھی جو بعد کو نمایاں طور پر نظر آئی۔ میں اب عمدہ کرکٹ کھیلنے والا، ٹینس کھیلنے والا، تیرنے والا اور کشتی لڑنے والا ہو گیا تھا۔ پڑھنے میں میں اپنے درجے میں اچھا تھا، یہاں تک کہ انٹرنس میں

اول درجے میں پاس ہوا۔

میرے بڑے بھائی ذوالفقار علی خاں اور ان سے چھوٹے اور مجھ سے بڑے صادق علی کے والد حافظ نوازش علی خاں، یہ دونوں فتحپور اسکول میں پڑھتے تھے، جہاں علی گڑھ کے اولڈ بوائے اور ہمارے بریلی کے استاد مولوی سخاوت صاحب بی اے جو بعد کو سہارنپور کے ہیڈ ماسٹر اور اسسٹنٹ انسپکٹر مدارس ہو گئے۔ ان کے ساتھ پڑھتے اور رہتے تھے۔ ذوالفقار علی خاں ایک سال اول انٹرنس پاس کر کے علی گڑھ میں داخل ہو گئے تھے۔ وہاں کرکٹ اور فٹ بال میں بی شریک تھے۔

۱۸۹۰ء میں ہم تینوں بھائی یعنی حافظ نوازش علی خاں، میں اور محمد علی بھی علی گڑھ میں داخل ہو گئے، یہاں ہماری زندگی کا نیا دور شروع ہوتا ہے، جس کے واقعات مجھے بہت یاد ہیں۔ 'ہونہار بروا کے چکنے چکنے پات'۔ اب علی گڑھ کی قوت دینے والی ہوا میں نمودار ہونے شروع ہوئے اور غالباً بڑے بھائی کی محنت اور شاعرانہ تعلیم نے بھی کچھ رنگ دکھانا شروع کیا اور محمد علی کو ایک ہمدرد مربی مل گیا اور نظام سقہ کی طرح میری بادشاہی ختم ہوئی اور ہم سب بڑے بھائی کی نگرانی میں علی گڑھ میں تعلیم پانے لگے۔

۱۸۹۰ء میں غالباً جولائی کا مہینہ ہوگا، جب کہ مرحوم ہمارے ہمراہ علی گڑھ آیا اور غالباً پرانے فورتھ کلاس میں یعنی مڈل سے نیچے کے درجے میں داخل ہوا جس کو ساتواں درجہ کہتے ہیں یعنی میٹرک سے تین درجے نیچے۔ عمر قریب بارہ برس تھی۔ یہاں چوں کہ بڑے بھائی ذوالفقار علی خاں کی صحبت زیادہ ملی، شاعری کا ذوق بھی زیادہ ہوگیا، ہاں یہ لکھنا بھول گیا کہ بچپن میں جب کہ محمد علی بہت چھوٹا تھا تو بھائی کے ہمراہ داغؔ کے یہاں جاتا تھا اور ان کے بعض اشعار جو یاد کیے تھے، ان کو سناتا تھا اور وہ بہت محبت سے اس کو اپنی گود میں بٹھاتے تھے اور اس کے بھولے منھ سے اپنے شعر سن کر محفوظ ہوتے تھے۔ علی گڑھ اسکول میں مسٹر ہورسٹ ہیڈ ماسٹر تھے اور میر ولایت حسین صاحب سیکنڈ ماسٹر تھے۔ درجے کے ساتھیوں میں صفدر علی خاں صاحب رام پوری اور غالباً مسٹر احسان الحق اور بھی حضرات

تھے۔ یہاں آ کر پڑھنے میں اپنی قدرتی ذہانت کا مظاہرہ شروع کر دیا اور مجھے خوب یاد ہے کہ یونین کلب میں ایک نظم بھی بڑے زور وشور سے سنائی تھی مگر اس کی تصنیف میں ایک بڑا حصہ بھائی صاحب کا تھا یہ اندرونی خبر میں دیتا ہوں۔ مگر ہمت اتنی تھی کہ یونین کلب کے بڑے جلسے میں، جہاں علی گڑھ کے سب طالب علم ذہین اور شریر موجود تھے، ایک چھوٹے لڑکے کا ہمت کر کے نظم پڑھنا واقعی ایک عجیب او رانوکھی بات تھی۔ مرزا قسیم بیگ چغتائی صاحب جو بعد کو یوپی کے ڈپٹی کلکٹر ہوئے تھے اس زمانے میں کالج کے طلبہ میں بڑا مرتبہ رکھتے تھے۔ انھوں نے اس نظم کو سن کر محمد علی کا نام ''مسان'' چھوٹا بھتنا رکھ دیا اور بہت عرصے ، بڑے ہونے کے بعد بھی اسی نام سے یاد کرتے تھے۔ ہم لوگ کچی بارک میں رہتے تھے اور دو یا تین کمرے ہم چاروں بھائیوں کے پاس تھے جن میں سے ایک کمرے میں میری کسرت کا سامان تھا اور اسی میں ہمارا نوکر رہتا تھا۔ سامنے نیم کے پیڑ کی باڑ تھی اور اس کے نیچے میرا کشتی لڑنے کا اکھاڑا تھا۔ محمد علی نے میرے ساتھ تیرنا سیکھا تھا اور کشتی بھی لڑتا تھا۔ ہمارا نوکر بندھن خاں تھا جس سے سارا ہندوستان اور علی گڑھ واقف تھے اور جو میرے پاس ۳۶ برس رہا، اسی نے مجھے کشتی لڑنا سکھایا ، وہی محمد علی کا استاد تھا۔ غالباً چھوٹی ٹیم میں کرکٹ اور فٹ بال بھی کھیلتے تھے۔ ان ابتدائی ورزشوں کے حالات اپنے اپنے مواقع پر آئیں گے محمد علی کی وضع عجیب وغریب تھی۔ مثانہ کی بیماری آخر وقت تک رہی اور بعد میں وہی ذیابیطس کی صورت میں موت کا باعث بھی ہوئی۔

دوسرے سال مڈل بھی پاس کیا اور درجے میں صفدر علی صاحب جو رام پور میں انجینئر تھے، انھوں نے کلاس میں اول نہیں آنے دیا، اول وہ رہتے تھے اور دوم محمد علی کیوں کہ وہ اس قدر ذہین نہ تھے جس قدر کہ محنتی محمد علی آخر دم تک کھلنڈرے تھے اور امتحان میں اچھا نتیجہ لانے کی طرف زیادہ توجہ نہیں کرتے تھے۔

جس سال میں نے ۱۸۹۴ء میں بی اے کی ڈگری علی گڑھ سے حاصل کی، محمد علی نے انٹرنس کا امتحان الٰہ آباد یونیورسٹی کا علی گڑھ سے پاس کیا۔ ہمارے بڑے بھائی مجھ سے

ایک درجہ اونچے تھے، جب میں فرسٹ ایئر میں تھا وہ سیکنڈ ایئر میں تھے۔

بی اماں چاروں بیٹوں کا خرچ علی گڑھ میں برداشت نہیں کرسکتی تھیں، اپنا زیور اور گھر کا سامان بیچ بیچ کر پڑھاتی تھیں۔ خود پردے کے اندر رہ کر غریبوں کی زندگی بسر کرتی تھیں اور ہم کو باہر شہزادوں کی طرح رکھتی تھیں۔ خدا مسلم عورتوں اور اس اسلامی پردے کو قائم رکھے جس کی بدولت ہزاروں بگڑے گھر درست ہوگئے۔ اسلامی پردہ غربت پر پردہ ڈالتا ہے۔

ظاہری طمطراق کی ضرورت نہ ہونے کی وجہ سے شریف بیبیاں موٹا پہن کر اور موٹا کھا کر اپنے بچوں کی تعلیم پر حسب ضرورت روپے خرچ کرسکتی ہیں۔ ورنہ موجودہ فیشن کی وباء اگر موجود ہوتی تو خدا جانے غریبوں کا کیا حشر ہوتا۔ آج چند مسلمان تعلیم یافتہ اور سر برآوردہ ہندوستان میں نظر آتے ہیں، کہیں نام کو بھی موجود نہ رہتے۔ کاش ہم سب مسلمان اس پر توجہ کریں اور اسلامی پردے کا احترام کرتے ہوئے اس پر قائم رہیں اپنی اقتصادی اور ملکی ضروریات کے لحاظ سے اس پر ایسا اضافہ کریں جو خدا کے حکم کے خلاف نہ ہو، مگر ہماری مصلحت کے مطابق ہم کو عزت وآبرو کی زندگی بسر کرنے کا موقع دے۔

۱۸۹۰ء میں، میں اور محمد علی اور مجھ سے بڑے بھائی نوازش علی خاں مرحوم علی گڑھ میں داخل ہوئے اور ایک سال اپنے بڑے بھائی ذوالفقار علی خاں کی نگرانی میں ہم رہے محمد علی پر ان بھائی کا کچھ اثر نہیں پڑا تھا اور شاعری کا ذوق اسی وقت سے پیدا ہوا تھا بعد کو محمد علی مرحوم میں اور مجھ میں بہت محبت ہوگئی مگر ان بڑے بھائی سے ان کو بہت الفت تھی اور بڑے بھائی بھی سب سے زیادہ محمد علی کو ہی چاہتے تھے۔ ۱۸۹۱ء میں الہ آباد یونیورسٹی کے امتحان کے بعد ذوالفقار خاں نے کالج کو چھوڑا تا کہ وہ گورنمنٹ کی ملازمت کریں اور بی اماں کو مصارف سے سبکدوش کریں، جس کے معنی یہ ہوئے کہ وسط ۱۸۹۱ء سے محمد علی کی نگرانی میرے ذمہ آ گئی۔ میری طبیعت میں شاعری کا مادہ نہ تھا کرکٹ کھیلنے اور فٹ بال کھیلنے میں اور ورزش کرنے میں زیادہ وقت گزرتا تھا اور اتنا پڑھ لیتا تھا کہ امتحان آسانی

سے پاس کرلوں۔ ہمارے کچی بارک کے کمرے غالباً ۷۱، ۷۲، ۷۳ نمبر کے تھے اور مسجد اور گڑھ کپتان کے مکان والی لائن میں تھے۔ احمد سعید جو سر سیّد کے پرانے زمانے کے دوست وہ عمارت کی تعمیر کی نگرانی کرتے تھے اور ایک خاص رنگ کے آدمی تھے۔ ان کے مکان کے جو غالباً اب بھی نئی صورت میں قائم ہے، دو دروازے تھے، ایک اندر کی طرف اور ایک باہر کی سڑک پر۔ اندر والے رواز ے سے چوتھا کمرہ ہمارا تھا۔ ۱۸۹۱ء کے آخر میں ہم لوگوں نے یہ پہلے کمرے چھوڑ دیے اور نئ بارک جو کچی کرکٹ کے میدان کے مقابل میں بننا شروع ہوئی تھی اور جہاں اب اور کلاس کے کمرے ہیں اور جو توڑ کر پختہ بنا دی گئی ہے وہاں ہم نے رہنا اختیار کیا۔ اب محمد علی کا اور میرا پلنگ ایک ہی کمرے میں رہتا تھا۔ ایک سال کے بعد ۱۸۹۳ء میں جب میں ایف اے پاس کر کے کرکٹ کا کپتان مقرر ہوا تو ہم پکی بارک سر سیّد کورٹ کے گیارہ نمبر کے کمرے میں رہنے لگے اور بالآخر پکی بارک کے تیرہ نمبر کے کمرے میں، میں اور محمد علی رہتے تھے۔ محمد علی غریب کی وضع اس زمانے میں ایک خاص رنگ کی تھی۔

اگر کرتا پھٹا ہے تو پائجامہ میلا اور خاص وجوہ میں اکثر مجبوراً پاجامہ پھٹا ہوتا تھا اور کرتا میلا بیماری برابر جاری رہتی تھی اور ہم جولی مذاق بھی اڑاتے تھے غریب کو خرچ بھی کم ملتا تھا۔ بی اماں مشکل سے باقاعدہ روپے بھیج سکتی تھیں۔ مجھ کو بارہ روپئے ماہوار کا وظیفہ ملتا تھا جو رام پور سے روپے آتے تھے ان کا زیادہ حصہ میری ریشم کی قمیص، عمدہ فلالین کی پتلون اور عمدہ ربڑ کے تلے کے کرکٹ بوٹوں میں صرف ہوتا تھا۔ علی گڑھ کا بانکا ترچھا کپتان تھا اور سب کو انگریزی لباس پہننا عام طور پر کرکٹ کے لباس کے ذریعہ سے میں نے ہی سکھایا تھا۔ محمد علی کو تھوڑا بہت خرچ مل جاتا تھا اور جب کبھی اس نے احتجاج کی ہمت کی اور کچھ کہا تو میرے طاقتور سیدھے ہاتھ نے اس کے جسم سے ملاقات کی اور اس کے گوشت کو مضبوط بنایا اور غریب رو کر رہ گیا۔ یہ اسکول کے زمانے کا حال تھا لیکن جب اس نے ۱۸۹۴ء میں انٹرنس پاس کیا، اور فرسٹ ایئر میں داخل ہوا تو سانپ نے کینچلی بدلی اور محمد

علی میری آمدنی کے بڑے حصہ دار ہوگئے فیشن ایبل انگریزی لباس تھا اور ہر ہفتہ مجھ کو محبت کا خط لکھتے اور آخر میں روپیوں کی فرمائش۔

یہ حالت ۱۸۹۲ء تک رہی اور اس کے بعد ۱۸۹۲ء سے ۱۸۹۴ء تک اس کی تھوڑی بہت حالت سنبھلی اور کپڑوں کی طرف سے وہ ذرا خوش حال ہوا اور غالباً مثانے کی بیماری میں بھی قدرے کمی واقع ہوئی۔ کرکٹ بھی کھیلتا تھا، قواعد بھی کرتا تھا، شرارت میں بھی اچھا درجہ تھا۔ چنانچہ محمد علی کے خاص دوستوں میں مسٹر احسان الحق تھے جو کہ اب ڈھائی ہزار روپے ماہوار پر ضلع اٹک میں سیشن ججی کر رہے ہیں اور سنا ہے کہ پنشن لے کر علی گڑھ کے لڑکوں کو کرکٹ سکھانے کے لیے علی گڑھ ہی میں قیام کرنے والے ہیں، محمد علی سے روز لڑائی بھی رہتی تھی اور دوستی بھی۔ ایک دوپہر کے وقت احسان صاحب روتے ہوئے آئے مجھے سوتے سے جگا کر انھوں نے اپنا ہاتھ دکھایا جس میں خون بہہ رہا تھا۔ دریافت سے معلوم ہوا کہ دونوں دھوپ میں کچی بارک کے سامنے کرکٹ کھیل رہے تھے، احسان بہت اچھا کھیلتا تھا، محمد علی نے کھیلنے میں بے ایمانی کی، احسان نے آؤٹ نہ ہونے کی قسم کھائی تھی۔ محمد علی نے وکٹ لے کر اس زور سے ہاتھ مارا کہ ڈیڑھ دو انچ لمبا زخم ہو گیا اور احسان مجبوراً آؤٹ ہوگئے اور پھر مجھے امپائر بنا کر اپیل کی۔ میں نے محمد علی کی تلاش شروع کی اور احسان کو پیار کر کے تسلی دی۔ محمد علی باوجود تمام تلاش کے دن بھر نہیں ملا، شام کو دوستوں کے ذریعے معلوم ہوا کہ فرانسیسی جرنیل پیرو کے باغ کی کوٹھی میں جس کو صاحب باغ کہتے ہیں، پناہ لی تھی اور اب دوستوں کی سفارش سے معافی کے طلبگار ہیں۔ تعجب تو یہ ہے کہ سفارش کرنے والوں میں جہاں بہت سے میرے دوست تھے وہاں احسان بھی زخمی ہاتھ پر پٹی باندھے اور ہاتھ گلے میں لٹکائے ہوئے محمد علی کی سفارش کو موجود تھے۔ میں نے سب کی سفارش قبول کی، مگر تین چار چانٹے مذاق کے طور پر رسید کر دیے، جن سے اس کا چہرہ اور کان ضرور جھنجھنائے ہوں گے۔

احسان کرکٹ کے مداحوں میں تھے اور جب وہ انگلستان بیرسٹری کی تعلیم پانے

گئے تو وکٹوریہ اسٹیشن پر محمد علی نے ان کا خیر مقدم کیا تھا اور ان کے سڑے ہندوستان کے بنے ہوئے انگریزی کپڑے اتروا کر انسان بنایا تھا۔

کالج میں محمد علی کی پڑھائی بہت اچھی تھی، ایف، اے آسانی کے ساتھ پاس کرلیا اور بی اے میں یونیورسٹی میں اول آئے اور اقبال گولڈ میڈل حاصل کیا۔ مجھے اس کا الہ آباد سے امتحان دے کر واپس آنا خوب یاد ہے۔ میں ان دنوں اوپیم ڈیپارٹمنٹ میں اسسٹنٹ کلکٹر تھا اور ضلع رائے بریلی کی ڈیمو مقام پر افیون کی تول کا سامان کر رہا تھا۔ یہ جگہ گنگا کنارے پر واقع تھی اور اس کو عبور کر کے فتح پور سہسوا صرف چودہ میل تھا۔ اس لیے میں نے آدمی اور سواری فتح پور اسٹیشن پر بھیج دی تھی جو الہ آباد سے قریب تھا اور وہاں سے وہ سیدھا میرے پاس آیا۔ جو کچھ میں نے چار برس محمد علی کا حق کاٹ کے اس کی جیب خرچ میں سے کھایا، ۱۸۹۴ء سے لے کر ۱۸۹۸ء تک ان حضرت نے سود در سود کے حساب سے بنیے اور یہودی کو مات کر کے مجھ سے اتنا وصول کرلیا کہ شاید کسی بنیے اور یہودی نے بھی اتنا وصول نہیں کیا ہوگا۔

اب محمد علی بڑے ٹھاٹھ والے تھے۔ لباس کیا، اچکن کیا اور کیا انگریزی کپڑے! بہت شان کے تھے۔ یہاں تک کہ میں بھی ان کی قدر کرتا تھا اور اس عرصے میں بہت محبت بھی ہوگئی۔ ہر خط کی ابتداء پیار اور محبت سے ہوتی تھی، تعلیم میں ترقی کی وعدے کرتے تھے، بڑی اونچی اونچی لن ترانیاں کرتے تھے، شاعری کو بھی کام میں لاتے، انگریزی کے جوہر دکھاتے اور اس کے ذریعے میرے سخت دل کو موم کر کے روپے اور دو روپے کی فرمائش ہوتی تھی، ہل من مزید ہل من مزید کے نعرے میں کبھی کمی نہیں ہوتی تھی میں دل میں پشیمان ہوتا تھا کہ میں نے کیوں اس کا جیب خرچ کھایا کہ آج اس کا خمیازہ بھگت رہا ہوں۔ کسی استاد کا پرانا شعر کیا خوب ہے۔

کل چمن کی چار کلیاں چن کے مجرم بن گیا
آج صحرا میں مرا ہر خار دامن گیر ہے

میرے کالج چھوڑنے کے بعد جب محمد علی فرسٹ ایئر میں آ گیا تو اس کی زندگی میں بڑا فرق پیدا ہو گیا، کرکٹ بھی کھیلنا شروع کیا اور کھیلوں میں بھی حصہ لیا اور یقنین کلب کے مباحثوں میں بھی شریک ہونے لگا اب تک اسکول میں رہنے کی وجہ سے دائرہ محدود تھا، اب عمر بھی بڑھ گئی تھی اور میں ڈرانے دھمکانے والا بھی نہیں رہا تھا۔ جیب خرچ بھی پہلے سے بہت اچھا ملتا تھا، کچھ بی اماں سے لیتا تھا، کچھ بڑے بھائی ذوالفقار علی خاں صاحب سے اور تعلیم فیس وغیرہ اور دیگر اخراجات میرے ذمے تھے۔ مجھے معلوم نہیں کس سنہ میں یونین کیبنٹ میں شریک ہوا اور کب کالج کی کرکٹ کی سیکنڈ الیون میں بعد کو وہ فرسٹ الیون کے قریب آ گیا تھا مگر مجھے معلوم نہیں کہ باقاعدہ طور پر فرسٹ الیون کا ممبر ہوا تھا یا نہیں۔ دوپہر کو جب میں سو جاتا تھا تو یہ اپنے ساتھیوں کے ساتھ علی گڑھ کی گرم دھوپ میں فٹ بال اور کرکٹ کھیلتے تھے جس سے ان کی نکسیر پھوٹ جایا کرتی تھی اور رفتہ رفتہ اس وجہ سے نگاہ بھی کمزور ہو گئی اور اس کو عینک لگانے کی ضرورت پڑی۔ اس وجہ سے قدرتاً کرکٹ اور ٹینس میں وہ زیادہ مہارت حاصل نہ کر سکا۔ جو نگاہ کے اچھا ہونے کی حالت میں کرتا۔ کشتی رام پور اور علی گڑھ میرے ہی زمانے میں شروع کر دی تھی اور تیرنے میں تو کافی مہارت تھی جب بی اے کے امتحان کا وقت آیا تو میں نے اس سے وعدہ کیا کہ اگر وہ فرسٹ ڈیویژن میں پاس کرے گا تو ضرور اس کو انگلستان سوِل سروِس کے لیے بھیج دوں گا۔ روپے کہیں سے لاؤں گا۔ چنانچہ اس نے محنت کی اور یونیورسٹی میں اول آیا اور میں اس کو لے کر رام پور گیا اور نواب صاحب رام پور سے جو مجھ سے بہت محبت کرتے تھے، دس ہزار روپے اپنی ضمانت پر قرض لیا اور ہزار روپے سالانہ کی قسط ادائی کا وعدہ کیا۔ دس ہزار روپے دے کر اسے آکسفورڈ ڈگری اور سوِل سروِس کے امتحان کے لیے بھیج دیا۔ غالباً وہ ۸/جون ۱۸۹۸ء کو پی اینڈ کمپنی کے اورینٹل جہاز سے بمبئی سے لندن روانہ ہوا۔ میں اس زمانے میں رائے بریلی او پیم میں اسسٹنٹ کلکٹر تھا، اور میری تنخواہ ۱۴۳ ماہوار تھی اور سال میں نو ماہوار نوے روپے مہینے بھتّا ملتا تھا۔ سارے خاندان کا بوجھ تھا مگر ہمت مرداں مدد خدا۔ مجھے خوب یاد

ہے کہ گاڑی رائے بریلی سے رات کو چھوٹتی تھی، بی اماں اور میری مرحومہ اہلیہ برقعہ پہنے ہوئے اسٹیشن پر اسے پہنچانے گئی تھی، میں ہمراہ تھا۔ بی اماں نے گلے لگایا تھا اور صرف یہ نصیحت کی کہ بیٹا اسلام اور خاندان کی عزت کو دھبا نہ لگانا، جاؤ خدا حافظ۔'' ہم تینوں کا دل بھرا ہوا تھا۔ آنکھوں میں آنسو تھے، مگر خوشی بھی تھی کہ جس کام کا ارادہ کیا تھا، خدا نے اس کا سامان کر دیا۔ خدا کے سپرد کر کے اس کو چار پانچ برس کے لیے اجنبی ملک کو روانہ کر دیا۔

محمد علی، مجھے خوب یاد ہے، سیکنڈ کلاس کے دروازے میں کھڑا تھا، بھرّائی ہوئی آواز ہم سب کو خدا حافظ کہتا تھا۔ گاڑی چل دی اور ہم بادل نخواستہ اپنے بنگلے کو واپس آئے۔

محمد علی کے پاس پرانے انگریزی کپڑے علی گڑھ کے موجود تھے اور ہم سب نے یہی مشورہ دیا تھا کہ تم انگلستان جا کر نئے کپڑے بنوانا بمبئی میں دو تین روز ٹھہرا تھا اور غالباً کوئی ہوٹل تھا وکٹوریہ اسٹیشن کے قریب، جس کا نام یاد نہیں، میں اپنا فرض سمجھتا ہوں کہ شکریہ کے ساتھ ایک انگریز دوست مسٹر پرسی اوڈ ہم کا ذکر بھی کروں جو رائے بریلی میں ڈپٹی کمشنر تھے اور خود بھی آکسفورڈ کے پڑھے ہوئے تھے اور میرے بہت عزیز دوست تھے اور اب بھی کینیا سے مجھ کو برابر خط لکھا کرتے تھے۔ یوپی میں کمشنر کے درجے سے رِٹائر ہوئے، بڑے مشہور شیر کے شکاری تھے، مرزا پور اور کمایوں میں دو سو سے زائد شیر شکار کیے ہوں گے۔ انھوں نے محمد علی کو آکسفورڈ کے متعلق بہت مفید مشورے دیئے تھے اور یہاں تک محبت کا ثبوت دیا کہ جب وہ انگلستان رخصت پر گئے تو محمد علی سے ملنے کی خاطر آکسفورڈ گئے۔

لندن پہنچ کر مسٹر تھیوڈور بک کو جو علی گڑھ کے پرنسپل تھے اور ان کی چھوٹی بہن مس جے سی بک جواب نمبر ۲۱ کرامیویل روڈ ہندوستانی طلبہ کے مکان کی منتظمہ ہیں، وہ اس مہم اسٹیشن سے اپنے ہمراہ لے گئیں اور اس وقت تک اپنے مکان میں رکھا جب تک اس کی رہائش کا مناسب انتظام نہ ہوگیا۔ ان ہی کے خاندان کے مشورہ سے اس نے اپنے لیے کپڑے بنوائے اور اپنی تصویر مجھ کو بھیجی جو آج تک میرے پاس موجود ہے اور جس کو میں بہت ہی عزیز رکھتا ہوں۔

تقریباً ۱۸۹۵ء میں علی گڑھ چھوڑنے کے بعد محمد علی میرے عزیز دوست اور کرکٹ کی کپتانی میں میرے جانشین، کے ایم عبداللہ مرحوم کے ساتھ رہتے تھے۔ ان کے دونوں بھائی مسٹر اکرم بھوپال میں سپرنٹنڈنٹ پولس ہیں اور دوسرے چھوٹے بھائی مسٹر اسلم مدراس میں سپرنٹنڈنٹ ڈاک خانہ جات ہیں، یہ سب علی گڑھ میں اکٹھے رہتے ہیں اور محمد علی کی زندگی میں عبداللہ مرحوم کی صحبت کا اثر بھی پڑا تھا۔ اس زمانے میں مرحوم چچا (ضیاء اللہ خاں) رام پور جے پور کے بڑے مشہور کرکٹ کے کھلاڑی بھی کالج میں تھے اور محمد علی سے اپنے چھوٹے عزیزوں کا سا برتاؤ کرتے تھے۔ سیّد سجاد حیدر سے مرحوم کی بہت گہری دوستی تھی اور آخر وقت تک یہ دوستی قائم رہی۔ دونوں میں ادبیت مشترک تھی۔ لندن پہنچ کر تھوڑے دنوں مسٹر بک کے یہاں قیام کیا اور بعد کو لندن میں ایک یہودی مسٹر اور مسز بائیم کے ساتھ دو گنّی فی ہفتہ ادا کر کے رہنے لگے۔ نمبر ۶۸ برانڈس بری ولا کلبرن میں رہتے تھے اور جب آکسفورڈ میں داخل ہوئے تو لندن کے ایام کے زمانے میں وہیں رہتے تھے۔ فضل حسین، جواب سر میاں فضل حسین ہیں اور وائسرائے کی کونسل کے ممبر ہیں وہ بھی اس مکان میں ان کے ہمراہ رہتے تھے۔

میں نے جب آکسفورڈ بھیجنے کا ارادہ کیا اور اس لحاظ سے کہ وہ سول سروس کے امتحان کے لیے پوری کوشش کریں تو بعد میں شامل ہونے سے منع کیا۔ میرا خیال تھا کہ آکسفورڈ کی ڈگری اور سول سروس کے داخلے کے امتحان میں اسے ضرور کامیاب ہونا چاہیے۔ نہایت اچھا قانونی دماغ تھا اور غالباً بہت ہی کامیاب بیرسٹر ہوتا۔ مگر اسے پیشے سے نفرت تھی، بعد کو ہم دونوں کو اپنی غلطی کی پشیمانی ہوئی۔ محمد علی کی قسمت میں نہ سول سرونٹ ہونا لکھا تھا اور نہ بیرسٹر، اسلام کا سچا اور بہادر خادم ہونے کی عزت اس کے لیے مخصوص تھی اور افلاس بھی جو کام کرنے والوں کا حصہ ہے۔ ان کے لیے مخصوص تھا۔

❖❖❖

ڈاکٹر راجندر پرساد

میرے باپ کی پانچ اولاد میں سب سے بڑی بھگوتی دیوی ہیں۔ ان کا بیاہ میری پیدائش سے ہی ایک بڑے مالدار کائستھ خاندان میں ہوا۔ بچپن میں جب شاید چار پانچ برس کا تھا، وہاں گیا تھا اوران لوگوں کی شان وشوکت دیکھی تھی۔ میرے بہنوئی چھے بھائی تھے،سب کے لیے الگ الگ نوکراور سپاہی تھے۔ کئی ہاتھی گھوڑے تھےاورکئی قطعے کی بڑی حویلی تھی۔ نہ جانے کس طرح چار پانچ برسوں کے اندر دیکھتے ہی دیکھتے ساری زمینداری جس کی آمدنی سنتے ہیں ستر پچھتر ہزار روپے سالانہ تھی، بک گئی۔ میرے بہنوئی کی رحلت بھی انھیں دنوں زیرادیئی میں مشہور ہوگئی۔ میں چھوٹا تھا، پھر بھی اس وقت کا ہیجان اور دادا چچا، والداور گھر کی عورتوں کی قابل رحم حالت کا نقشہ ابھی تک نہیں بھولتا۔ میں نے اپنے ہوش میں موت کا نظارہ پہلے پہل یہیں دیکھا۔

ان سے چھوٹی کی شادی ان کے بعد ہوئی۔ بھائی صاحب کی بھی شادی ہوئی۔ ان دونوں شادیوں کو بھی میں نے دیکھا۔ بھائی کی شادی میں میں برات میں گیا تھا۔ اس وقت شاید میں چار برس کا تھا۔ وہاں جا کر ماں کے لیے رونے بھی لگا تھا۔ اس وقت تک شاید ہی ایک دودن کے لیے ماں سے بچھڑ کر کہیں گیا ہوں۔ بھائی صاحب مجھ سے آٹھ برس بڑے تھے اس لیے مجھ کو بہت باتوں کی سہولت ہوئی جوان کی تعلیم کا سلسلہ تھا، قدرتاً وہی میرے لیے بھی ہوگیا اور میں بغیر کسی خاص دشواری کے ان کے پیچھے پیچھے چلتا گیا۔

گھر میں چودھر لال جی رہتے تھے۔ مجھے اچھی طرح یاد ہے کہ میں اور میرے چچا کی لڑکی جو مجھ سے پانچ مہینے چھوٹی تھی، ان کے بدن پر لوٹ پوٹ کر کھیلا کرتے۔ میرے چچا صاحب زمینداری کا انتظام کرتے اوراکثر چھپرا آیا جایا کرتے۔ وہاں زمینداری کے مقدمے (جو ہمیشہ کچھ نہ کچھ لگے ہی رہتے ہیں) ہوا کرتے تھے۔ میرے بھائی صاحب

چھپرا انگریزی پڑھنے کے لیے بھیج دیئے گئے تھے۔ جب تب ان کو دیکھنے کے لیے بھی وہی جایا کرتے۔ جب کبھی ان کے چھپرا سے آنے کی خبر ملتی ہم بچے گھر سے کچھ دور جا کر ہی ان کا خیر مقدم کرتے اس خیر مقدم کا مطلب تھا۔ مٹھائی پھل وغیرہ کی طلب کرنا اور کچھ مل جائے تو اسے ان سے پہلے ہی دوڑ کر گھر پہنچ کر ماں کو دکھانا۔

میرے والد گھر پر رہا کرتے تھے۔ زمینداری کے انتظام سے ان کا سروکار رہتا ان کو باغ لگانے کا شوق تھا وہ بہت وقت باغ باغیچے لگانے ہی میں گذارتے۔ آج بھی ان کے لگائے ہوئے آم کے دو بڑے بڑے باغیچے ہم لوگوں کے قبضے میں ہیں جن میں اچھے اچھے آم پیدا ہوتے ہیں ۔ وہ فارسی کے اچھے عالم تھے۔ کچھ کچھ سنسکرت بھی جانتے تھے آیورویدک اور طب میں بھی ان کو دلچسپی تھی ، ان مضامین کی کتابوں کو انھوں نے جمع کر رکھا تھا اور ان کا مطالعہ بھی کیا کرتے تھے۔ وہ اس طرح بغیر باقاعدہ تعلیم پائے ہوئے ہوشیار وید یا حکیم ہوگئے تھے۔ ان کے پاس طرح طرح کے مریض آیا کرتے جو دوا خرید سکتے ، ان کو نسخے لکھ کر دیتے غریبوں کو اپنے پاس سے بھی دوا دیتے ۔ ان کے ساتھ ایک نوکر ہمیشہ دوا تیار کرنے کے لیے ہی رہتا۔ کبھی کسی کی نبض نہیں دیکھتے تھے، اور نہ کسی کے گھر جا کر مریض کو ہی دیکھتے تھے۔ حالت سن کر دوا دے دیتے اور بہتیروں کو آرام بھی ہو جاتا۔ اس سے ان کی نیک نامی پھیلی تھی۔ وہ جسم کے بھی توانا تھے۔ بچپن سے اکھاڑے میں انھوں نے کثرت کی تھی ۔ مجھے یاد ہے جب میں اسکول یا کالج میں پڑھتا تھا اور چھٹیوں میں گھر آیا کرتا تھا تو وہ خود مگدر گھمانا دکھاتے تھے اور ساتھ ساتھ مگدر گھما کر طرح طرح کے کھیل دِکھاتے تھے۔ گھوڑے کی سواری اچھی کرتے تھے اور ہمیشہ ایک اچھا گھوڑا رکھا کرتے ۔ بچپن میں مجھے اور بھائی صاحب کو گھوڑے کی سواری کرنا انھوں نے ہی سکھایا تھا۔ چھوٹی ہی عمر میں ہم دونوں بھائی دو گھوڑوں پر سوار ہو کر کبھی کبھی چھٹیوں میں زیرادیئی آنے پر گھومنے پھرنے آیا کرتے۔

لڑکپن میں ہم لوگ دیہاتی کھیل بھی کھیلا کرتے ، خاص کر وہاں کا مروج کھیل

کبڈی اور چکا تو ہم خوب کھیلتے، تقریباً کوئی دن بغیر کھیلے نہیں گزرتا ہوگا، یہ سلسلہ اس وقت تک جاری رہا جب تک کالج کی پڑھائی ختم نہیں ہوئی۔ جب کبھی چھٹیوں میں ہم زیرادیئی جاتے تھے کھیل ضرور کھیلتے، جس میں بھائی بھی شریک ہوتے۔ ایک اور کھیل گاؤں میں عام تھا اس کو دولہا پاتی کہتے ہیں اس پیڑوں پر چڑھنا ہوتا ہے۔ میں پیڑوں پر چڑھنے سے ڈرتا تھا اس لیے اس کھیل میں کبھی شریک نہیں ہوا۔ اسی طرح گاؤں میں بہتی ندی نہ ہونے سے تیرنا بھی نہیں سیکھ سکا۔

ماں اور دادی مجھے پیار کرتیں۔ بچپن سے ہی میری عادت تھی کہ میں شام کو بہت جلد سو جاتا تھا اور ادھر کچھ رات رہتے ہی بہت سویرے جاگ جاتا تھا گھر پکا تھا مگر بنا تھا پرانے طرز پر بیچ میں آنگن اور چاروں طرف دالان اور کمرے، کمرے میں ایک دروازہ اور چھپّر کے نزدیک ہر کمرے میں ایک یا دو چھوٹے روشن دان، جاڑوں میں خاص کر لمبی رات ہونے کی وجہ سے رات رہتے ہی نیند ٹوٹ جاتی اور اسی وقت سے ماں کو بھی سونے نہ دیتا، رضائی کے اندر ہی اندر ان کو جگاتا۔ وہ جاگ کر سویرے کے بھجن سناتیں۔ کبھی کبھی رامائن وغیرہ کی کتھائیں بھی سناتیں، ان بھجنوں اور کتھاؤں کا اثر میرے دل پر بہت پڑتا۔ اسی طرح جب تک روشندان سے باہر کی روشنی نظر نہ آتی میں پڑا رہتا اور ماں سے بھجن گواتا رہتا یا کتھا کہلاتا رہتا۔ جب روشنی خوب ہو جاتی تب گھر کے باہر نکلتا۔ شام کو اتنے پہلے شاید کبھی رات کا کھانا جاگتے جاگتے کھایا ہو، ان دنوں رات کا کھانا بھی بہت دیر کے بعد تیار ہوتا، بچے کیا بوڑھے بھی ایک نیند سو کر اٹھنے کے بعد ہی کھانا کھاتے۔ شاید ہی کسی رات کو بارہ ایک بجے سے پہلے کھانا پینا ہوتا ہو، پہلے گھر کے مرد کھاتے تب عورتیں کھاتیں اور تب نوکر کھاتے۔ گرمی کے دنوں میں تو نوکروں کو کھاتے کھاتے کبھی سویرا ہو جاتا۔ اس لیے اگر میں شام کو بغیر کھائے سو جاتا تو میں اپنا کوئی قصور ماننے کو تیار نہیں ہوں۔

گھر میں کھانا پکانے کے لیے ایک کائستھ تھے، اس لیے رسوئی کا بار میری چچی یا

ماں پر نہیں تھا، تو بھی انھیں ترکاری وغیرہ تو کچھ بنانی ہی پڑتی۔ شام ہوتے ہی میں ماں کو پکڑ لیتا اور ساتھ سونے کے لیے رونے لگتا، اگر وہ کسی کام میں لگی ہوتیں تو اسے چھوڑ میرے ساتھ انہیں سونا پڑتا۔ مگر میں سمجھتا ہوں کہ یہ عمل بہت دیر تک نہ چلتا کیوں کہ میں بہت جلد سو جاتا اور جب ایک بار سو گیا تو پھر اٹھ کر چلی جاتیں اور کام کرنے لگتیں۔ مجھے یاد ہے کہ ہمیشہ رات کو مجھے جگا کر کھلایا جاتا۔ آنکھیں کھلتی نہیں مگر بدن ہلا کر ماں طوطا مینا کے نام اور قصے کہہ کر منھ کھلوا دیتی اور اس میں غذا دے دیتی۔ ایک دائی تھی جس کو ہم کا کی کہا کرتے تھے اور وہ اس طرح کھلانے میں بڑی مشتاق تھی۔ جب کسی دوسرے کی ہزار کوشش پر بھی آنکھ اور منھ بند ہی رہتے تو بھی وہ کسی نہ کسی ترکیب سے منھ ضرور کھلوا دیتی اور بھات (چاول) کھلا دیتی شام کے بعد ہی سونے اور سویرا ہوتے ہی جاگنے کی میری عادت برابر بنی رہی یہاں تک کہ جب میں چھپرا اور پٹنہ پڑھنے کے لیے گیا تب بھی رات ہوتے ہی بہت جلد سو جاتا اور پانچویں کلاس میں پہنچنے کے وقت تک شاید ہی کبھی رات کو اپنے ہاتھوں کھایا ہو۔ ایک برہمن رسوئی دار تھے جو رات کو مجھے گود میں بٹھا کر اسی پرانے معمول سے آنکھیں بند رہنے پر بھی کھلے منھ میں چاول کے گولے رکھ دیا کرتے جن کو میں نگل جایا کرتا تھا۔

جب میں وکالت کرتا تھا تب تک شام کو ہی سو جانے کی عادت جاری رہی شام کے وقت مؤکلوں سے کاغذ لے کر دیکھنے بیٹھتا اور ان کے سامنے ساڑھے سات آٹھ بجے ہی اونگھنے لگتا تب کام بند کر دیتا۔ ۱۵-۱۹۱۴ء میں جب میں ایم ایل کے امتحان کے لیے تیاری کر رہا تھا ایک واقعہ گزرا۔ ان دنوں کلکتہ ہائی کورٹ میں میں وکالت کرتا تھا۔ لا کالج میں پروفیسری بھی مل گئی تھی، کچھ مقدمے بھی ہاتھ میں رہا کرتے تھے اس لیے سویرے کا وقت مقدموں کی بحث کی تیاری اور کالج کی پڑھائی کی تیاری میں چلا جاتا۔ دن کا وقت کچہری میں گزر جاتا صرف رات کا ہی وقت امتحان کی تیاری کے لیے ملتا۔ اسی لیے شام کو ہی کتابیں پڑھتا اور جب کتابیں ہاتھ میں آتیں نیند بھی آ جاتی۔ ایک دن سوچا کہ اس طرح

تو امتحان کی تیاری میں کامیابی نہیں ملے گی۔ کسی طرح شام کی نیند کو روکنا چاہیے اور کم سے کم نو بجے رات تک تو پڑھنا ہی چاہیے۔ جب نیند آنے لگی تو کتاب ہاتھ میں لے کر کھڑا ہو گیا۔ اس پر بھی جب نیند کا حملہ کم نہ ہوا تو کمرے کے اندر ٹہل کر پڑھنے لگا، معلوم نہیں کتنی دیر تک یہ عمل چلا۔ یک بارگی ہاتھ سے کتاب نیچے گری اور میں بھی ساتھ ہی ساتھ دھڑام سے کمرے کے فرش پر چت ہو رہا، نہ معلوم سر کیوں نہیں پھوٹا کچھ تو چوٹ ضرور آئی۔ تب سے اس طریقے کو خطرناک سمجھ کر چھوڑ دیا اور جو کچھ وقت بیٹھے بیٹھے پڑھ کر نکال سکتا اتنا ہی پڑھ کر صبر کرتا۔

پانچویں یا چھٹے سال میں میری تعلیم شروع ہوئی۔ اس وقت میرے بھائی انگریزی پڑھنے کے لیے چھپرا جا چکے تھے۔ اس زمانے کی مروجہ رسم کے مطابق بسم اللہ مولوی صاحب نے کرائی تھی جس دن تعلیم شروع ہوئی حرف شناسی کی ابتداء بسم اللہ سے ہوئی شیرینی بانٹی گئی اور ان کو روپئے بھی دیئے گئے، ہم تین طالب علم ان کے سپرد کیے گئے، ایک میں اور دو میرے چچیرے بھائی، ان میں سے ایک جمنا پرشاد جو سب سے بڑے اور مجھ سے دو برس بڑے ہیں، دوسرے اب نہیں رہے وہ بھی مجھ سے بڑے تھے۔ جمنا بھائی ہم سب کے لیڈر تھے،اور تمام کھیلوں اور لڑکپن کی چھل بازی میں پیش پیش رہا کرتے تھے۔ ان کے ایک چچا جو میرے بھی چچا ہوتے تھے بڑے مذاق پسند تھے۔ وہ میرے والد سے چھوٹے تھے، مگر والد کے کئی وصف انھوں نے بھی حاصل کیے تھے، وہ بھی گھوڑے کی اچھی سواری کرتے، دوا کرتے اور بانٹتے اور بندوق اور غلیل چلانا خوب جانتے تھے۔ فارسی بھی پڑھتے تھے اور شطرنج بھی کھیلتے تھے مگر ان سب باتوں میں وہ میرے والد کا لوہا مان لیتے تھے بڑے ہی ہنس مکھ اور پر مذاق آدمی تھے۔

مولوی صاحب جو ہم لوگوں کو پڑھانے آئے عجیب آدمی تھے، ان کا بہت باتوں پر دعویٰ تھا۔ بلدیو چچا کے مذاق کے لیے وہ ایک بہت ہی موزوں وسیلہ بن گئے چچا طرح طرح کی باتیں مولوی صاحب کو سناتے اور انھیں جوش دلا کر کہلا لیتے کہ کوئی بھی بات یا کام

ہو وہ بھی جانتے اور کر سکتے تھے۔ اس طرح مولوی صاحب کا دعویٰ تھا کہ وہ شطرنج کھیلنا جانتے تھے۔ بلدیو چچا شطرنج کھلاتے مگر باوجود دعوے کے مولوی صاحب کبھی جیتتے نہیں تھے۔ ہم چھوٹے چھوٹے بچے ان سارے مذاقوں کو خوف اور شوق سے دیکھتے۔ ہنسنے کا موقع آجائے تو بھی ہنسنا مشکل ہو جاتا۔ مذاق کی بات دادا صاحب چودھری لال جی تک پہنچ گئی۔ وہ بھی کبھی کبھی اس میں شریک ہو جاتے۔

ایک دن بلدیو چچا نے مولوی صاحب سے کہا کہ باغ میں ہنومان آگئے ہیں ان کو کسی طرح بھگانا چاہیے ۔ وہ غلیل سے مار کر بھگائے جاسکتے ہیں اتنا کہنا تھا کہ مولوی صاحب نے دعویٰ پیش کر دیا کہ وہ بھی غلیل چلانا خوب جانتے ہیں، بلدیو چچا تو سمجھ ہی گئے تھے کہ وہ کچھ نہیں جانتے مگر مذاق انھیں منظور تھا۔ وہ انھیں ساتھ لے کر باغیچہ میں گئے۔ غلیل اور گولی ان کے سپرد کر کے کہا کہ خوب کھینچ کر ایک بندر کو ماریئے، مولوی صاحب نے خوب کھینچ کر گولی چھوڑی اور دیکھنا چاہا کہ بندر کو کیسی چوٹ لگتی ہے کہ اتنے میں ان کے بائیں ہاتھ کے انگوٹھے سے ٹپ ٹپ خون ٹپکنے لگا اور چوٹ کے درد سے سہم کر بیٹھ گئے۔ گولی بندر کے لگنے کے بدلے مولوی صاحب کے ایک انگوٹھے پر ہی جا بیٹھی تھی۔

ایک دوسرے دن کا ذکر ہے کہ شام کو سب لوگ جن میں ہمارے دادا بھی شریک تھے ٹہلنے نکلے۔ مولوی صاحب اور بلدیو چچا بھی تھے۔ طرح طرح کی باتیں ہو رہی تھیں۔ اتنے میں ایک سانڈ نظر آیا۔ لوگوں نے کہا کہ وہ لوگوں کو مارتا ہے۔ بلدیو چچا کے اشارے پر مولوی صاحب اس سے کب ڈرنے والے تھے۔ بے خوف آگے بڑھے کہ اتنے میں سانڈ نے ان کو دے پٹکا۔ اس طرح کے مذاق برابر ہی ہوا کرتے۔

ایک دن بلدیو چچا نے مولوی صاحب کو بندوق چلانے کی صلاح دی۔ مولوی صاحب کسی چیز کو نہ جاننا قبول کرنا اپنی شان کے خلاف سمجھتے تھے اور انھوں نے صاف کہہ دیا کہ وہ اچھا نشانہ لگا سکتے ہیں، انھیں ساتھ لے کر بلدیو چچا بندوق لے کر گئے ۔ مولوی صاحب کے دو لڑکے تھے جو ہم لوگوں کے ساتھ ہی پڑھا کرتے تھے۔ ہم سب اور وہ

دونوں لڑکے بھی ساتھ ہولیے، کچھ دور پر اونچے درخت پر ایک گدھ بیٹھا نظر آیا۔ بلدیو چچا نے اسی پر نشانہ لگانے کو کہا۔ وہ کافی اونچائی پر تھا اور تقریباً کھڑی بندوق کر کے ہی نشانہ لگ سکتا تھا۔ مولوی صاحب کو جو بندوق دی گئی تھی وہ پرانے قسم کی تھی (جس میں بارود اوپر سے بھری جاتی تھی) اور بھاری بھی تھی، مولوی صاحب نے شاید پہلے کبھی بندوق نہیں چلائی تھی، انھوں نے تقریباً کھڑی بندوق اپنے سینے پر رکھ کر نشانہ لگایا۔ اُدھر بندوق کا گھوڑا چٹکا اور اِدھر گدھ کے بدلے مولوی صاحب زمین پر چت گرے۔ بلدیو چچا نے جھٹ سے انھیں اٹھایا اور لڑکوں کو پانی لانے کے لیے بھیجا۔ مولوی صاحب کسی طرح گھر پر لائے گئے۔ اس طرح کے مذاقوں کے بیچ ہم لوگ فارسی پڑھتے رہے۔ کچھ چھ آٹھ مہینوں کے بعد مولوی صاحب چلے گئے۔ ہم لوگ شاید حرف سیکھ چکے تھے اور کریما (پندنامہ سعدی) پڑھنے لگے تھے۔ پھر دوسرے مولوی بلائے گئے جو بہت متین تھے اور اچھا پڑھاتے بھی تھے۔ وہی دو برسوں تک رہے اور کریما (پندنامہ سعدی)، مامقیماں، خالق باری، خوش حال سیمیاں، دستور الصبیان، گلستاں، بوستاں تک ہم لوگوں کو پڑھا سکے۔

اسی زمانے میں ہم لوگوں نے کیتھی لکھنا اور گنتی کرنا سیکھ لیا۔ مگر یہ یاد نہیں کہ یہ کب اور کیسے سیکھا۔ ہفتہ میں ساڑھے پانچ دن فارسی پڑھتے تھے۔ جمعرات کی دوپہر کے بعد اور جمعہ کی دوپہر تک فارسی سے چھٹی رہتی تھی اور اسی میں کیتھی اور گنتی وغیرہ سیکھتے۔ اس کے سوا کچھ کھیلنے کودنے کے لیے بھی زیادہ وقت دیا جاتا۔ پڑھنے کا طریقہ تھا کہ خوب سویرے ہم لوگ اٹھ کر مکتب چلے جاتے۔ مکتب میرے پکے مکان سے الگ ایک دوسرے مکان کی دالان میں تھا۔ ایک کوٹھری تھی جس میں مولوی صاحب رہا کرتے اور سامنے دالان میں تخت پوش پر بیٹھ کر ہم لوگ پڑھا کرتے۔ مولوی صاحب کبھی اپنی چارپائی پر اور کبھی تخت پوش پر بیٹھ کر پڑھایا کرتے۔ سویرے آ کر پہلے کا پڑھا ہوا سبق ایک بار پکا کرنا پڑتا اور جو جتنا جلد پکا کر لیتا اس کو اتنی ہی جلد نیا سبق پڑھا دیا جاتا۔ میں اکثر اپنے دوستوں ساتھیوں سے پہلے مکتب پہنچ جاتا اور سبق کو پکا کرتا پہلے ختم کر کے آگے کا سبق لے لیا کرتا۔ یہ کرتے

کرتے سورج نکلنے کا وقت ہو جاتا، کچھ دن بھی نکل آتا تب نوکر آتا اور ساتھ لے جا کر منہ ہاتھ دھلا دیتا اور گھر ماں کے پاس کچھ کھانے کے لیے پہنچا دیتا اس کے لیے تقریباً آدھ پون گھنٹے کی چھٹی ملتی ناشتہ کر کے لوٹنے پر سبق یاد کرنا پڑتا اور سبق یاد کر کے سنا دینے کے بعد مولوی صاحب حکم دیتے، کتاب بند کرو، کتاب بند کر کے تختی نکالنی پڑتی۔ ان دونوں عملوں کے درمیان کچھ وقت کھیلنے کودنے کا بھی مل جاتا یا دوبارہ گھر جا کر کچھ کھا لینے کا بھی موقع مل جاتا۔ تختی پر لکھنا ہوتا اور جب تختی بھر جاتی اسے دھونا پڑتا۔ اس عمل میں بھی کچھ وقت آپس میں ہنسنے کھیلنے کا مل جاتا۔ دوپہر کو نہانے کھانے کے ایک ڈیڑھ گھنٹہ کی چھٹی ملتی اور کھا کر پھر مکتب میں ہی اسی تخت پوش پر سونا پڑتا۔ مولوی صاحب چارپائی پر سوتے، ہم لوگوں کو اکثر نیند نہ آتی اور تخت پوش پر لیٹے لیٹے شطرنج کھیلتے جب مولوی صاحب کے جاگنے کا وقت ہوتا تو اس سے پہلے ہی مہرے اٹھا کر رکھ دیتے اسی زمانے میں کبھی شطرنج کھیلنا آ گیا۔ مگر یہ یاد نہیں کہ کب کیسے اور کس سے سیکھا۔ دوپہر کے بعد دوسرا سبق ملتا اور اس کو کچھ حد تک یاد کر کے سنانے کے بعد گھنٹہ ڈیڑھ گھنٹہ دن رہے کھیلنے کے لیے چھٹی ملتی، اسی وقت گیند چکا وغیرہ کھیل کھیلتے، شام کو پھر چراغ جلے کتاب کھول کر پڑھنے کے لیے بیٹھنا پڑتا۔ دن کے دونوں سبق یاد کر کے پھر سنانے پڑتے اور تب حکم ہوتا، کتاب بند کرو۔ کتاب بند کر کے قاعدہ کے مطابق مولوی صاحب کو آداب عرض کر کے گھر جا کر سو جاتے۔

شام کو نیند جلد آتی۔ اس سے ہمیشہ ڈر تھا کہ کہیں اونگھتے دیکھ کر مولوی صاحب مار نہ بیٹھیں۔ جلد چھٹی ملنے کے لیے دو ترکیبیں تھیں؛ کھیل کود میں جمنا بھائی لیڈر تھے اور جلد چھٹی پانے کے جتن بھی وہی کرتے۔ پڑھنے کے لیے تیل کا چراغ جلایا جاتا تھا۔ جمنا بھائی دن کو ہی کپڑے میں راکھ یا دھول باندھ کر چھوٹی سی پوٹلی بنا کر چھپا کر رکھ دیتے جس دن چراغ میں تیل زیادہ دیکھنے میں آتا۔ چراغ کی لو اکسانے کے بہانے چھپا کر پوٹلی چراغ میں رکھ دیتے وہ دیکھتے ہی دیکھتے تیل جذب کر لیتی اور جلد ہی کتاب بند کرنے کا حکم دے

دیتے۔ کسی کسی دن جمنا بھائی پیشاب کے لیے چھٹی مانگ کر باہر جاتے اور پیشاب کرنے کے بدلے دوڑ کر کبھی میری ماں کے پاس، کبھی اپنی ماں کے پاس اور کبھی گنگا بھائی کی ماں کے پاس جاکر کہہ آتے کہ اب نیند لگ رہی ہے، جلد دائی کو ہمیں بلانے کے لیے بھیجو نہیں تو پٹ جائیں گے، ان کے پیشاب کر کے واپس ہونے کے تھوڑی ہی دیر بعد دائی پہنچ جاتی اور کہتی کہ اب چھٹی دے دیجئے۔ مولوی صاحب چھٹی دے دیتے۔

ایک دن جب اس طرح جمنا بھائی دوڑے جا رہے تھے۔ گاؤں کے ایک صاحب نے جو رشتے میں ہم لوگوں کے چچا ہوتے تھے انھیں دیکھ لیا اور جا کر مولوی صاحب سے کہہ دیا کہ جمنا کہیں دوڑے جا رہے تھے۔ تحقیقات ہوئی، جمنا بھائی نے صفائی دی کہ وہ پیشاب کرنے گئے تھے اور اندھیرے میں ڈر گئے ۔اس لیے بھاگے جا رہے تھے۔ اس طرح بچے۔

جو کچھ وہاں فارسی کا علم ہوا، انھیں مولوی صاحب نے دیا۔ ہم سب کو بھی ان سے اُنس ہو گیا تھا جب گھر چھوڑ کر چھپرا انگریزی پڑھنے کے لیے جانا پڑا، مولوی صاحب کو اور ہم لوگوں کو بھی بہت زیادہ دکھ ہوا۔

میں پہلے کہہ چکا ہوں کہ بھائی کی وجہ سے میرے لیے سب باتوں میں راستہ صاف ہو جاتا تھا، میری بہت چھوٹی عمر میں ہی بھائی کو پڑھنے کے پہلے سیوان بھیجا گیا۔ وہاں کچھ دنوں تک رہے مگر وہاں کوئی معقول انتظام نہیں ہوا، ایک تو ان دنوں سیوان میں کوئی ہائی اسکول نہیں تھا۔ دوسرا کوئی اسکول تھا کہ نہیں مجھے معلوم نہیں مگر ایک سبب یہ بھی ہوا کہ جن کے ساتھ انھیں رکھا گیا وہ انھیں سنبھال نہ سکے۔ ایک اگروال صاحب سیوان میں رہا کرتے تھے جن سے دادا صاحب کی بڑی دوستی تھی، ان کے پاس بھائی بھیجے گئے اور کچھ دنوں تک وہاں رہے ان کے مکان کے پاس ایک نیا کنواں کھودا جا رہا تھا اس میں پانی آ چکا تھا مگر اوپر کی جگہ تک ابھی بندش نہیں ہوئی تھی ۔ ایک دن پانی دیکھنے یا کھیلنے کے لیے بھائی وہاں گئے اور کنویں میں گر گئے۔ ڈوبتے ڈوبتے مشکل سے بچائے گئے، انھوں نے

لکھ کر بھیجا کہ ایسے شریر لڑکے کی دیکھ بھال ان سے نہیں ہو سکے گی، اس کے بعد ہی بھائی چھپرا بھیج دیئے گئے اور وہاں ضلع اسکول میں نام لکھا کر پڑھنے لگے۔ جب چھٹیوں میں وہ گھر آئے تو ہم لوگوں سے چھپرا اور اسکول کی باتیں کہتے۔ ہم بچے بہت شوق سے سنتے۔ شاید اس وقت تک میں اپنے ہوش میں قرب و جوار کے کچھ گاؤں کے سوا جہاں میں رام لیلا یا کوئی دوسرا میلہ دیکھنے گیا ہوں اور کہیں نہیں گیا تھا۔ ہاں سنتا ہوں کہ بہت بچپن ماں کے ساتھ ننیہال گیا تھا جو بلیا ضلع میں ہمارے گاؤں سے تقریباً اٹھارہ بیس کوس کی دوری پر ہے، مگر اس کی مجھے کچھ بھی یاد نہیں ہے۔

چھپرا میں میرے پڑھنے کی بات طے ہو جانے کے بعد نونو نے وہاں ایک بار لے جا کر مجھے سب کچھ دکھلا دینا اچھا سمجھا اور ساتھ لے گئے۔ میں چھپرا میں کچھ دنوں بھائی کے ساتھ ٹھہرا اور پھر واپس چلا آیا۔ مجھے جہاں تک یاد ہے یہی پہلا موقع تھا جب میں ریل پر چڑھا مگر اس سفر کے بعد میں اسکول میں داخل نہیں ہوا۔ زیرادیئی واپس آ کر مولوی صاحب کے پاس پھر پڑھنے لگا۔ اسی درمیان ایک حادثہ ہوا۔ نونو کی وفات ہوگئی۔ ہمارے خاندان سے گہرے تعلقات رکھنے والا ایک خاندان تھا جس میں آج کل بابو پھولن پرشاد ورما ہیں۔ ان کے والد ننیہال میں آ کر اپنے ماموں کے پاس رہتے تھے۔ ان کے نانا سے ہم لوگوں کا کچھ پرانا تعلق بھی تھا۔ مگر اس سے بھی زیادہ آپس کا میل جول تھا جو دونوں خاندانوں کے ہتھوا راج میں نوکری کرنے کے باعث بہت زمانے سے چلا آتا تھا۔ پھولن بابو کے والد کی شادی میں نونو برات میں گئے اور واپسی پر راستے میں ہیضہ ہو گیا۔ وہاں تو اچھے ہو گئے اور گھر آ گئے۔ مگر گاؤں میں بھی بہت زور سے ہیضہ پھیلا ہوا تھا اچھے ہو جانے کے تقریباً دو تین ہفتہ کے بعد ان کو دوبارہ ہیضہ ہو گیا۔ وہ دن مجھے آج بھی یاد ہے۔ دوپہر گیارہ بجے کے قریب بیماری شروع ہوئی اور رات کو ہی وہ چل بسے۔ بابو جی نے جو کچھ ہو سکی کی۔ درولی سے جو تقریباً چھ سو کوس کی دوری پر ہے ڈاکٹر بلائے گئے۔ پہلی بیماری میں اسی ڈاکٹر سے شفاء ہوئی تھی مگر ان دنوں تیز سواری تو ملتی نہ تھی۔ ہاتھی پر رات کو بارہ بجے

ڈاکٹر پہنچے لیکن ان کے پہنچنے سے پہلے ہی موت ہو چکی تھی۔ ان کی وفات سے گھر میں بہت کہرام مچا۔ دادا کے وہ ایک ہی بیٹے تھے، گھر کا تقریباً سب کاروبار اندر باہر وہ ہی سنبھالتے تھے۔ دادا صاحب کی عمر تقریباً ستر برس کی تھی۔ مگر وہ ابھی پینتالیس سال سے زیادہ کے نہ رہے ہوں گے۔ بابو جی گھر کے کاروبار میں کم ہی دلچسپی لیا کرتے تھے اس لیے اور بھی سب تتر بتر ہو چکا تھا۔ نتیجہ کے طور پر کچھ دنوں کے لیے میرا چھپرا جانا بھی رک گیا۔

تقریباً ایک ڈیڑھ سال کے بعد میں چھپرا بھیجا گیا۔ چھپرا میں ایک چھوٹا سا مکان تین یا چار روپے مہینے پر لے لیا گیا تھا۔ وہیں بھائی ایک نوکر اور کھانا پکانے والے ایک کائستھ کے ساتھ رہتے تھے۔ کچھ دنوں تک شروع میں انھیں پڑھانے کے لیے ایک ماسٹر بھی رکھے گئے تھے مگر جب میں پہنچا تو دوسرا کوئی نہیں تھا، میں بھی ان کے ساتھ رہنے لگا۔ میرے چھپرا پہنچنے کے کچھ ہی دنوں بعد ضلع اسکول کے آٹھویں درجے میں، جو ان دنوں سب سے ابتدائی درجہ تھا، (ان دنوں اسکول کے درجوں کا شمار نیچے سے اوپر کی طرف یوں ہوتا تھا کہ آٹھویں سے ترقی کر کے ساتویں پھر چھٹے میں اور بالآخر اول درجہ یعنی انٹرنس میں پہنچتے تھے۔) میرا نام لکھا دیا گیا۔ میں نے وہیں انگریزی اور ناگری کے حروف تہجی کی تعلیم ایک ساتھ شروع کی۔ بھائی صاحب اس وقت دوسرے درجہ سے ترقی پا کر اول درجہ یعنی انٹرنس کلاس میں پہنچے تھے، میرے لیے کوئی ماسٹر نہیں رکھا گیا۔ میں اسکول کی پڑھائی کے علاوہ گر کچھ پوچھنا ہوتا تو بھائی سے پوچھ لیتا۔ گھر پر مجھے پڑھنے کے لیے ماسٹر کا نہ رکھنا بہت اچھا ہوا۔ اسکول کی پڑھائی پر خوب توجہ دینے کی عادت پڑ گئی۔ شروع زمانے سے ہی خود اعتمادی بھی آ گئی سال کے آ کر میں بھائی انٹرنس کے امتحان میں تیاری کر رہے تھے اور میں اپنا سالانہ امتحان دے رہا تھا۔ امتحان میں میرا بہت اچھا نمبر آیا میں اپنے درجہ میں اول رہا اور نمبر بھی اتنے زیادہ آئے کہ ہیڈ ماسٹر نے مجھے ڈبل ترقی دینے کی بات سوچی۔

ان دنوں اسکول کے ہیڈ ماسٹر تھے شری رود چندر رائے چودھری وہ بہت نامی اور

عالم ہیڈ ماسٹر سمجھتے جاتے تھے۔ اسکول میں ان کا رعب بھی بہت تھا۔ صرف لڑکے ہی نہیں ماسٹر لوگ بھی ڈر کے مارے کانپتے تھے۔

امتحان کا نتیجہ سنایا گیا۔ مجھے آٹھویں سے ساتویں درجے میں ترقی ملی ۔ ہم سب لڑکے خوشیاں منا رہے تھے کہ چپراسی نے آ کر کلاس ماسٹر سے کہا کہ ہیڈ ماسٹر مجھے بلا رہے ہیں۔ ہیڈ ماسٹر ان لڑکوں کو ہی بلایا کرتے تھے جن کے خلاف کوئی شکایت ہوتی ، میں بہت ڈر گیا اور ڈرتے ڈرتے وہاں گیا۔ مگر وہاں جا کر ڈر دور ہو گیا۔ انھوں نے پوچھا کہ کیا تم ڈبل ترقی لے کر ساتویں کے بدلے چھٹے میں جاؤ گے ، میں اس وقت گھبرا سا گیا۔ کچھ خوشی ، کچھ ذہنی کش مکش اور کچھ اس بات کا خوف کہ ایک سال کی پڑھائی پر عبور کیسے ہو گا۔ میں نے جواب دیا کہ بھائی سے پوچھ کر بتاؤں گا۔ انھوں نے پوچھا کہ بھائی کون ہیں، میرے نام بتانے پر وہ ہنس پڑے۔ بھائی کو وہ جانتے تھے کیوں کہ بھائی کو بھی تو انھوں نے ہی پڑھا کر انٹرنس کا امتحان دینے کی منظوری دی تھی۔ جس کے لیے وہ ڈیرے پر تیاری کر رہے تھے۔ انھوں نے کہا کہ ''وہ کیا اس بات کو مجھ سے زیادہ سمجھ سکتا ہے جو تو اس سے پوچھنا چاہتا ہے ۔ خیر جا کر پوچھ آ'' میں وہاں سے دوڑتا ہوا بھائی کے پاس گیا، وہ بانکے بہاری لال (مرحوم) اور مولوی شفیع داؤدی تینوں ایک ساتھ امتحان کی تیاری کر رہے تھے۔ میں وہیں گیا اور تینوں نے یہ خبر بہت خوش ہو کر سنی ۔ آپس میں کچھ صلاح ہوئی بھائی کا خیال تھا کہ ایک درجہ عبور کرنے پر آئندہ میں کمزور پڑ جاؤں گا اور مستقبل کی پڑھائی ٹھیک نہیں ہوگی وہ میرے ساتھ ہیڈ ماسٹر کے پاس پہنچے اور ان سے اپنی رائے کہی۔ ہیڈ ماسٹر نے ہنس کر پھر وہی بات کہی۔ کیا تو مجھ سے اس بات کو زیادہ سمجھتا ہے ۔ نتیجے کے طور پر ساتواں درجہ کرا کے انھوں نے مجھے چھٹے درجے میں بھیج دیا۔

تھوڑے ہی دنوں بعد بھائی امتحان دینے پٹنہ گئے اور امتحان دے کر زیرادیئی چلے گئے اور اس وقت تک چھپرا کے ڈیرے میں اکیلے نوکر اور رسوئے کے ساتھ رہتا تھا۔ ہاں میرے مکتب کے ساتھی جمنا بھائی اور گنگا بھائی بھی چھپرا آ گئے تھے اور اسکول میں نام لکھا لیا

تھا۔ ہم تینوں وہاں بھی ساتھ ہی رہتے اور پڑھتے تھے۔ اس زمانے میں میری عمر شاید دس گیارہ سال کے درمیان ہوگی۔

بھائی انٹرنس پاس ہو گئے۔ پٹنہ میں کالج میں ان کے پڑھنے کی بات ہوئی اور وہ پٹنہ جانے کو ہوئے، رائے ٹھہری کہ میں بھی پٹنہ ان کے ساتھ ہی چلا جاؤں اور ایسا ہی ہوا، ہم تینوں ہم سبق بھائی کے ساتھ پٹنہ گئے اور بھائی نے پٹنہ کالج میں نام لکھایا اور ہم لوگوں کے نام ٹی کے گھوش اکادمی میں جو ان دنوں بہت اچھا اسکول سمجھا جاتا اور جس میں زیادہ لڑکے پڑھتے تھے لکھا دیئے گئے۔ اس اسکول میں جا کر میں نے محسوس کیا کہ ڈبل ترقی کے بارے میں بھائی صاحب کی رائے ہیڈ ماسٹر سے زیادہ ٹھیک تھی۔ میں روزانہ محسوس کرتا کہ دوسرے لڑکے کئی مضمون مجھ سے زیادہ جانتے ہیں، میں اس کوشش میں لگ گیا کہ اس کمی کو پورا کرلوں، وہاں بھی کوئی گھر پر پڑھانے کے لیے ماسٹر نہیں تھا جو کچھ پوچھنا ہوتا وہاں بھائی یا ان کے دوسرے ساتھیوں سے جو وہاں رہا کرتے پوچھ لیا کرتا۔ چھپرا میں ہی میری عادت پڑ گئی تھی کہ روز شام کو اسکول سے چھٹی ہونے پر ڈیرے آ کر کچھ کھا پی کر فٹ بال یا دوسرا کھیل کھیلنے کے لیے اسکول چلا جاتا۔ فٹ بال اور کرکٹ دو کھیل خاص طور پر کھیلے جاتے۔ اونچے درجے کے کچھ لڑکے اور ماسٹروں میں کچھ لوگ خاص کر ہیڈ ماسٹر ٹینس بھی کھیلا کرتے۔ پٹنہ میں اسکول میں کھیل کا انتظام نہیں تھا۔ ہم اس کمی کو بہت محسوس کرتے۔ اس کا احاطہ بھی بڑا نہیں تھا، مگر جو جگہ تھی اس میں اپنے لوگ گیند لے کر جاتے اور کچھ دوڑ دھوپ کر چلے آتے۔ بھائی کھیل میں بہت ہوشیار تھے، فٹ بال، کرکٹ اور دوسرے کھیلوں میں وہ بہت آگے رہتے تھے۔ پٹنہ کالج میں بھی ان کا نام تھا۔ ہم لوگ کبھی کبھی کھیل دیکھنے پٹنہ کے لان میں جایا کرتے تھے۔

پٹنہ میں سوموار ی میلہ ساون کے مہینے میں ہر سوموار (پیر) کو دھوم دھام سے ہوا کرتا تھا۔ اس میلے میں ہم لوگ بڑی خوشی سے جاتے اور چھوٹی موٹی چیزیں خریدنے کے لیے بھائی سے ضد کرتے۔ مجھے یاد ہے کہ ایک بار ایک مورت جو بہت خوبصورت تھی

خریدنے کے لیے میں نے بہت ضد کی تھی اور بھائی کو خریدنی پڑی۔ ایک بار اسی سوموار ی میلہ میں بابو بانکے بہاری کی جیب سے چور نے کچھ پیسے نکال لیے، بھائی بھی ساتھ تھے چور پکڑا گیا۔ اس پر مقدمہ بھی چلا جس میں بانکے جی کو اور بھائی کو بیان دینے پڑے۔ اسی مقدمہ کو دیکھنے کے لیے جہاں مجھے یاد ہے میں پہلے پہل کچہری گیا تھا۔

پٹنہ میں میرے گاؤں کے ایک صاحب، بھائی سے جن کی دوستی تھی نوکری کی تلاش میں ہم لوگوں کے ساتھ ڈیرے میں ٹھہرے تھے، وہاں بھی ایک مکان کرایہ پر لے کر بانکے بابو اور ہم لوگ ساتھ ہی رہا کرتے تھے، یہ صاحب چھوٹے موٹے پہلوان تھے کچھ کسرت وغیرہ جانتے تھے۔ انھوں نے صحن میں چھوٹا سا اکھاڑہ بنایا اور وہاں سب لوگوں کو کسرت کرانا اور کشتی سکھانا شروع کیا۔ ایک دن بابو بانکے جی کو کشتی سیکھنے میں کچھ چوٹ لگ گئی اور ان کا پیر کئی دنوں تک تکلیف دیتا رہا۔ اس کے بعد سے کشتی اور اکھاڑے سے دلچسپی کم ہو گئی۔

ہم لوگ پٹنہ میں تھے اسی زمانے میں ہم لوگوں نے پلیگ کی بیماری کا نام پہلے پہل سنا اس زمانے میں بمبئی سے ہی اس خوفناک بیماری کی خبر سنی گئی۔ مگر تھوڑے ہی دنوں بعد چھپرا ضلع میں بھی اس نے اڈا جما لیا اور کم وبیش ابھی تک کچھ نہ کچھ رہتا ہی ہے۔ ان ہی دنوں بڑا قحط بھی پڑا تھا۔ چھٹی میں گاؤں جا کر لوگوں نے دیکھا تھا کہ سرکاری افسر لوگوں کی امداد کے لیے آئے تھے اور ہمارگھر پر ٹھہرے ہیں۔

پٹنہ میں تقریباً دو سال گزر گئے اور بھائی نے ایف اے کا امتحان دیا اور میں چھٹے سے پانچویں اور پانچویں سے چوتھے درجے میں پہنچ گیا۔ امتحان دے کر بھائی گھر چلے گئے میں جمنا بھائی اور گنگا بھائی، پٹنہ میں نوکر کے ساتھ اکیلے ہی دو تین مہینہ تک رہے۔ جب گرمی کی چھٹی ہوئی ہم لوگ گھر آئے۔

❖❖❖

مولانا ابوالکلام آزادؒ

میرے خاندانی سلسلہ میں سب سے پہلے شیخ جمال الدین معروف بہ 'بہلول دہلوی' کا نام بہت ممتاز نظر آتا ہے جو دو واسطوں سے حافظ ابن حجر عسقلانی رحمۃ اللہ علیہ کے شاگرد تھے۔ ان کے لڑکے شیخ محمد تھے۔ ان کا تذکرہ جہانگیر نے تزک جہانگیری میں دو جگہ نہایت تعظیم وتکریم کے ساتھ کیا ہے، والد مرحوم کے نانا مولانا منورالدین قاضی سراج الدین ہرات کے مشہور خاندان قضاۃ سے تھے۔ احمد شاہ ابدالی کے ساتھ ہندوستان آئے انھوں نے بعض وجوہ سے مکہ معظّمہ ہجرت کی تو والد صاحب نے بھی وہیں اقامت اختیار کرلی، وہیں شادی کی اور حرم میں اپنی مجلس وعظ اور حلقۂ درس قائم کیا جسے شہرت حاصل ہوئی۔

میں مکہ معظّمہ میں باب السلام سے متصل محلّہ قدوہ میں ۸ یا ۹ ذی الحجہ کو ۱۳۰۵ھ مطابق ۱۸۸۸ء میں پیدا ہوا۔ مجھے اپنی زندگی کے ابتدائی واقعات ابتدائے طفولیت سے یاد ہیں۔ مجھے بارہا خیال ہوا کہ میں اپنی چار برس کی عمر کے چند نمایاں واقعات اچھی طرح یاد رکھتا ہوں۔ میری پیدائش مکے میں ہوئی اور مجھے اچھی طرح یاد ہے کہ میرے ماموں محمد ہاشم مرحوم مکان کی سیڑھیوں سے مجھے گود میں لیے ہوئے گرے اور اس کے بعد مجھے اٹھا کر نیچے منزل میں لائے اور جس پلنگ پر لٹایا اس پر زرد شال بچھی ہوئی تھی۔ میری عمر اس وقت جیسا کہ بعد کو مجھے بتایا گیا، تقریباً چار برس کی تھی۔ والد مرحوم نے جب آخری سفر ہندوستان کا کیا تو اس وقت میری عمر سات برس کی تھی، اور اسی زمانے میں والدہ مرحومہ کا انتقال ہوگیا۔ مجھے وہ دن اچھی طرح یاد ہیں جب حرم شریف میں بسم اللہ کی تقریب کرائی گئی، اس وقت میری عمر پانچ برس کی تھی عصر کا وقت تھا اور مرحوم شیخ عبداللہ مرداد سے والد مرحوم نے یہ رسم ادا کرائی تھی۔ انھوں نے مجھ سے تین مرتبہ یافتّاح کہلوایا اور رَبِّ

یَسِّــر وَ لَا تُعَسِّــر کہلوایااوراس کے بعد الف سے شین تک حروف شناخت کرائے۔ یہ تمام واقعات مجھے اچھی طرح یاد ہیں۔

اس کے بعد ہم لوگ گھر میں پڑھنے لگے۔ زیادہ تر میں اپنی خالہ سے پڑھتا تھا جو بڑی خوش آوازی سے قرآن تلاوت کرتی تھیں اوراچھی طرح لکھنا پڑھنا جانتی تھی۔

مکہ چھوڑنے سے پہلے ہم لوگوں نے قرآن ختم کرلیا تھااور سورہ یٰسین ،سورہ قاف وغیرہ زبانی حفظ بھی کرلی تھیں اور حرم شریف میں قرأت کے لیے جانا شروع کیا تھا۔ اس وقت حرم میں سب سے بڑے قاری شیخ حسن تھے میرے ماموں زاد بھائی محمد سعید محمد شفیع اور محمد مکی ان سے قرأت سیکھا کرتے تھے، چنانچہ ہم دونوں صبح کے وقت ان کے ساتھ جانے لگے۔ بھائی مرحوم نے اس وقت حرم شریف میں اجرومیہ بن مالک شروع کر دیا تھا اوراس کے ابھی چند ہی سبق ہوئے تھے کہ اتنے میں ہندوستان کا سفر پیش آیا۔

کلکتہ پہنچ کر ہم لوگوں نے اپنی دوقریب السن بہنوں کے ساتھ والد مرحوم سے پڑھنا شروع کیا۔ تعلیم کی صورت یہ تھی کہ اُردو جو اس وقت بالکل شروع نہ ہوئی تھی ، اس طرح شروع کی گئی کہ والد ہاتھ سے لکھ کر مرکب حروف دے دیتے تھے اور ان ہی کی مشق کی جاتی تھی۔ اس وقت نہیں معلوم اُردو کی پہلی دوسری کی جگہ کون سی کتابیں رائج تھیں اور اگر تھیں تو والد نے کیوں اختیار نہ کیں، چنانچہ اس حد تک کہ اُردو کی ابتدائی کتابیں پڑھ سکیں اسی طریقے سے تعلیم حاصل کی اور اس کے بعد خلاصہ ہندی اور مصدر فیوض رسالے ہم کو پڑھائے گئے۔ خلاصے میں نماز روزہ کے مسائل ہیں، اور مصدر فیوض فارسی قواعد کی کتاب ہے۔ عربی میں پہلے اجرومیہ کچھ دنوں تک پڑھی لیکن پھر میزان ومنشعب پڑھ کر نحو میر ،صرف میر پڑھائی گئی۔ اس کے بعد کافیہ شروع ہوگئی۔ فارسی میں مصدر فیوض کے بعد گلستان اور بوستان ایک ساتھ شروع کرائی گئی ساتھ ہی احمد نامہ کے مصادر حفظ کرائے۔

بچپن میں والد کی تربیت اس درجہ شدید اورسخت تھی کہ بہت کم لوگوں کواس کا تصور بھی ہوسکے گا۔ وہ سمجھتے تھے کہ باہر کی ذرا سی بھی آب و ہوا ہمیں گندہ کر دے گی

انھوں نے ابتداء ہی سے یہ اسلوب رکھا تھا کہ ہماری پوری دنیا کھیل کود کی سیر وتفریح کی تعلیم کی جو کچھ تھی صرف اپنا مکان یا ان کا حلقہ تربیت ۔ بغیر ان کی معیت یا اجازت کے جو بہت کم وقوع میں آتی تھی چوکھٹ کے باہر قدم نہ رکھ سکتے تھے۔ صرف جمعہ کے دن ان کے ہمراہ جامع مسجد جاتے تھے اور جب وہ منبر پر جاتے تو حافظ صاحب ہمیں لے کر مسجد کے بالائی ہال میں چلے جاتے تھے اور خود تو روزن سقف میں بیٹھ کر وعظ سنتے اور ہم وہاں کھیلتے ۔ کبھی کبھی انھیں اونگھتا یا سوتا پا کے سیڑھی سے اتر کر صحن مسجد میں بھی آ جاتے تھے، یہ ہماری انتہائی آزادی اور بچپن کا گویا سدرۃ المنتہیٰ تھا۔ سال میں صرف ایک دو مرتبہ اس کا موقع ملتا تھا کہ ہم حافظ ولی اللہ کے ساتھ شہر جاسکیں اس کے علاوہ گھر میں بھی کوئی بچپن کے کھیل کود کا سامان نہ تھا۔ وہ معمولی آلات ووسائل جن سے لڑکے عام طور پر کھیلا کرتے ہیں، نیز ہندوستانی کھیل کود کے اقسام اور ان کے طریقے بڑے ہو کر ہم نے بطور معلومات حاصل کیے ورنہ بچپن میں ان سے بالکل نا آشنا تھے۔

والد صاحب کی ہیبت ان کی شفقت پر غالب تھی۔ مجموعی طور پر ان کی زندگی چونکہ بزرگی، عظمت اور عوام پر اثر سے مرکب تھی اور گھر ماں سے خالی تھا اس لیے قدرتی طور پر ہم لوگوں کو گھر میں بھی ان کا وہی اثر غالب نظر آتا تھا اور قلب اس قدر مرعوب ہوگیا تھا کہ ان کی آواز سے ہم سب لوگ کانپا کرتے تھے۔

ان کو مجلسی آداب کا بہت خیال تھا اس بارے میں وہ اپنا بچپن جس طرح گزار چکے تھے پچاس ساٹھ برس بعد اپنی اولاد کو بھی اسی رنگ میں دیکھنا چاہتے تھے کھانے پینے چلنے پھرنے، لباس، نشست و برخاست ان ساری باتوں کے اس عمر میں آداب وقواعد تھے اور ہم مجبور تھے کہ ان سے سرمو بھی انحراف نہ کریں۔ بستر پر جانے صبح کو اٹھنے، نماز کے اوقات دسترخوان پر بروقت حاضری ان ساری باتوں میں انھوں نے جو ڈھنگ قرار دیا تھا ہم اس سانچے میں ڈھل چکے تھے ۔ یہ اس وقت کی بات ہے جب ہم دونوں بھائیوں کی عمر دس برس سے زیادہ نہ تھی لیکن ہم اس زندگی کے عادی ہو گئے تھے۔ طبعی طور پر کھیل کود کے

جذبات فنا تو نہیں ہو سکتے تھے مگر حد درجہ تشدد معیت و ہم صحبتی کے فقدان اور صرف ایک والد ہی کے نمونے کی موجودگی سے تمام اس طرح کے جذبات افسردہ ہو گئے تھے اور ان کی جگہ ایک قبل از وقت سنجیدگی پیدا ہو گئی تھی۔

بچپن ہی میں میں نے محسوس کرنا شروع کر دیا تھا کہ ذہن مجھے غیر معمولی کام دے رہا ہے، چنانچہ مجھے یاد نہیں کہ تعلیم کے زمانہ میں ابتداء سے لے کر آخر تک بھی میں نے سبق کے رٹنے میں یا ان کو بار بار دہرانے میں عام طالب علمانہ طریقہ اختیار کیا ہو عموماً سبق لیتے وقت یادداشت کفایت کرتی تھی اور آئندہ سبق کو اساتذہ کی ہدایت کے مطابق تیار کرنے میں جو کچھ بھی ذہن کام کر لیتا تھا اس پر میں قناعت کر لیتا تھا لیکن ایک مرتبہ بھی ایسا نہیں ہوا کہ گذشتہ سبق کے امتحان یا سوال میں کسی طرح کی لغزش ثابت ہوئی ہو، ایک مرتبہ مجھے یاد ہے کہ بڑے معرکے کی بحث جعل بسیط جو ہمارے معقولین کے لیے ایک بڑی ہی مغز پاش بحث ہے اور جس پر ذہن اور علم کے شارحین اور مدرّسین بڑی بڑی مجادلانہ قوتیں خرچ کرتے ہیں، مولوی نذیر الحسن مرحوم نے بھی اپنی عادت کے مطابق کئی گھنٹے مغز پاشی کی۔ دوسرے دن انھوں نے امتحاناً سوال کرنا چاہا تو میں نے انھیں روک دیا اور اس بارے میں بحث کا خلاصہ دونوں مذاہب، ان کے دلائل اور علامہ دوانی کی ترجیح اور اس پر اپنے اعتراضات سنا دیئے اعراضات کا وہ کوئی جواب نہ دے سکے اور باقی حصے کو سن کر مبہوت ہو گئے۔

اس دن سے کہا کرتے تھے کہ تمہیں اب پڑھانا چاہیے، پڑھنے کی کوئی ضرورت نہیں چنانچہ انھوں نے اصرار کر کے والد مرحوم کو مجبور کیا کہ ہمیں پڑھانے کی اجازت دے دیں جس کی اجازت دینے میں انھیں تامل تھا، اور کہتے تھے کہ اس میں وقت ضائع ہوگا چنانچہ مغرب کے بعد گھر پر درس دینا شروع کر دیا۔ کچھ طلباء مدرسہ عالیہ کے اور کچھ طلبہ اس مدرسہ کے جو حافظ رمضان مرحوم نے مولوی نور الحسن کے لیے قائم کیا تھا۔ باقاعدہ آنے لگے۔ میں نے صرف و نحو میں ہدایہ سے لے کر شرح ملا تک منطق میں شرح تہذیب،

میبذی سے قطبی بعض حواشی اورفقہ میں ہدایہ اور حدیث میں شرح نخبۃ فکراور مشکوٰۃ اور مختصر المعانی کا درس دیا، معقولات میں توسط کتابوں اور مختصر المعانی کا تقریباً تین مرتبہ اور کتابوں کا صرف ایک ہی مرتبہ دورہ ہوا۔

بچپن ہی سے میں اپنے اندر گویائی کا ایک سخت جوش پاتا تھا حتی کہ جب کوئی مخاطب نہ ملتا تو جو آدمی مل جاتا تو اسی کے آگے لمبی لمبی تقریر شروع کر دیتا۔ گھر میں مریدوں اور معتقدوں کی کمی نہ تھی جن میں اہل علم کم اور عوام زیادہ تھے لیکن پیرزادہ سمجھ کر ہماری ہر بات پر آمنّا وصدّقنا کرتے تھے اور مذہبی حسن اعتقاد کے کانوں سے سنتے تھے۔ میرے لیے ان کا سامعہ گویائی کی پہلی مشق تھا۔ مغرب کے بعد پچاس ساٹھ بالالتزام باہر کے دیوان خانہ میں بیٹھا کرتے تھے اور جب کبھی مجھے باہر بیٹھنے کا موقع ملتا تو وہ قدرتی طور پر کوئی نہ کوئی سوال کرتے اور پھر میری گویائی کو نمود کا موقع ملتا۔ میں دو دو گھنٹہ تک تقریر کرتا اور اس میں بڑی لذت محسوس کرتا۔ اس وقت میری عمر دس گیارہ برس سے زیادہ نہ تھی۔

یہ عجیب بات ہے منجملہ ان باتوں کے جنھوں نے مجھے گزشتہ سالوں میں نہایت عاجز کر دیا تھا۔ ایک چیز یہ مسئلہ بھی تھا کہ میری عمر کتنی ہے۔ اس وقت کے اساتذہ اور واقف کاروں سے لے کر اور بعد کی وسیع واقفیت اور ملاقاتوں اور مجامع کی شرکت تک ہمیشہ لوگوں نے پوری سنجیدگی کے ساتھ اس پر رشک کیا کہ میری عمر اتنی ہی ہے۔ جتنی میں بیان کرتا ہوں۔ عام طور لوگوں کا یہی خیال تھا کہ بعض لوگوں کا ہیکل ایسا ہوتا ہے کہ ان کی عمر زیادہ ہوتی ہے مگر دیکھنے میں معلوم نہیں ہوتی، میں بھی ان ہی لوگوں میں ہوں۔ جس زمانے کا میں حال بیان کرر ہا ہوں اس زمانے میں میرے اساتذہ تک نے جرأت کر کے والد مرحوم سے پوچھ لیا۔ انھوں نے یہ بھی کہہ دیا کہ اس کا نام 'فیروز بخت' تاریخی ہے لیکن مولوی نذیر الحسن ،مولوی محمد ابراہیم وغیرہ نے کبھی تسلیم نہیں کیا وہ ہمیشہ ہنستے اور کہتے تمھاری عمر کم سے کم اٹھارہ اُنیس برس کی ہے لیکن بونے ہو، دِکھائی نہیں دیتے۔ اس کے بعد یہ مصیبت برابر قائم رہی حتیٰ کہ میرے لیے ایک خلش بھی ہو گئی تھی اور اس خیال سے میں

بڑی اذیت محسوس کرتا تھا۔ پھر یہ ہوا کہ عمر کے سوال کا جواب دیناہی بند کر دیا۔

۱۹۰۱ء میں ندوۃ العلماء لکھنؤ کا کلکتے میں جلسہ ہوا اور بہت سے علماء جمع ہوئے میں اس وقت آخری کتابیں پڑھ رہا تھا اور ندوے کے معاملات اس کے جھگڑوں، مباحثوں میں پوری طرح دلچسپی لیتا تھا۔ میں اس زمانے میں مجامع عامہ میں تقریر کرنا شروع کر چکا تھا، مقامی مشاعروں میں اور ملک کے مشہور گلدستوں میں میرا کلام مقبول ہو چکا تھا اور اُردو مضامین نگاری بھی کرنے لگا تھا۔ دو چھوٹے چھوٹے رسالے بھی لکھے تھے۔ ایک ضخیم کتاب بھی لکھنی شروع کر دی تھی، ندوہ اور اس کے مخالفین کے جھگڑوں اور ندوہ کی حمایت میں متعدد تحریریں لکھی اور شائع کی تھیں۔

اس وقت میری عمر ۱۴/۱۵ برس سے زیادہ نہ تھی لیکن بڑی مصیبت یہ تھی کہ کوئی شخص اس بیان کو تسلیم نہیں کرتا تھا۔ مجھے یاد ہے کہ ایک مجمع میں مولوی نذیرالحسن بھی ساتھ تھے اور جب ان سے مرحوم عبدالحق نے میری عمر پوچھی اور انھوں نے اپنی عادت کے مطابق ہنس کر کہا کہ یہ تو ایک بہت ہی مابہ النزاع معاملہ ہے، تو مجھے بڑا غصہ آیا اور گو وہ میرے استاد تھے لیکن اس سختی سے اس وقت گفتگو کی کہ یہ سب لوگ دم بخود ہو کر رہ گئے انھیں میری صورت دیکھ کر ایسی رواں اور اونچے الفاظ اور ترکیبوں کی تقریر کی امید نہ تھی۔

اس زمانے میں شاہ سلیمان صاحب (مرحوم) سے ملاقات ہوا کرتی تھی اور وہ کہتے تھے کہ تمھاری عمر ۲۵ برس کی ہے۔ مولوی ظہیرالحسن مرحوم، جن سے میں نے شاعری میں اصلاح لینے کی مشق کی تھی۔ عرصے کی خط و کتابت و معائنہ کلام کے بعد جب کلکتہ آئے اور اسٹیشن پر میں ان سے ملا تو مکان تک راستے بھر وہ بالکل گم رہے، اور بار بار اس طرح پوچھتے رہے گویا جو کلام میں ان کو بھیجتا ہوں اس کے بارے میں ان کو ابھی بھی شک ہے کہ وہ میرا نہیں کسی اور کا کہا ہوا ہے۔

لیکن جب وہ چار دن رہے اور ہر طرح کے مباحث میرے اور گفتگو سنی اور اسی زمانے میں ایک مختصر مشاعرہ بھی ترتیب دیا جس میں خود انھوں نے دوپہر کے وقت مصرع

طرح مجھے دیا اور مغرب تک میں نے اکتالیس شعر لکھ کر انھیں دیئے تب ان کی بدگمانی تو دور ہوگئی استعجاب باقی رہا۔

مولانا شبلی نعمانی سے میں ۱۹۰۴ء میں سب سے پہلے بمبئی میں ملا جب میں نے اپنا نام ظاہر کیا تو اس کے بعد آدھ گھنٹے ادھر ادھر کی باتیں ہوتی رہیں اور چلتے وقت انھوں نے مجھ سے کہا تو ابوالکلام آپ کے والد ہیں، میں نے کہا نہیں میں خود ہوں۔ ۱۹۰۴ء میں جب یہ دقت پیش آتی تھی تو ۱۸۹۹ء سے لے کر ۱۹۰۱ء تک اس بارے میں میری پریشانی کا اندازہ کیا جاسکتا ہے۔

یہ عجیب بات ہے کہ درسیاست کے باہر جس چیز سے میں سب سے زیادہ آشنا ہوا وہ شاعری تھی۔ مجھے یہ ٹھیک یاد نہیں پڑتا کہ پہلے پہل کیوں کر میں اس چیز سے واقف ہوا لیکن یہ اچھی طرح یاد ہے کہ زیادہ شوق اس کا مولوی عبدالواحد خان سہسرامی، ایک شخص کی وجہ سے ہوا جو مولوی محمد فاروق چریا کوٹی کے ایک مستعد شاگرد تھے اور اُردو فارسی کا اچھا ذوق رکھتے تھے۔ وہ ایک غریب گھر کے آدمی تھے۔ ان کی بہن ہم لوگوں کے یہاں گھر کے اوپر کے کاموں کے لیے ملازم تھی، اس تعلق سے ان کی بھی آمدورفت شروع ہوگئی۔ اس وقت میری عمر دس گیارہ برس سے زیادہ نہیں تھی۔

اس زمانے میں بمبئی سے ایک نیا گلدستہ 'ارمغانِ فرخ' نکلا تھا اور کلکتے میں لوگ اس کی طرحوں پر ماہوار مشاعرہ بھی منعقد کیا کرتے تھے۔ سب سے پہلی غزل جو میں نے لکھ کر دوسروں کو سنائی وہ اس کی ایک طرح پر تھی۔ اس میں طرح ہوئی تھی ؏

پوچھی زمین کی تو کہی آسمان کی

کلکتے کے مشاعرے میں بھی یہی طرح قرار پائی، عبدالواحد نے اپنے چند اشعار اس میں سنائے اور مجھ کو اس درجہ شوق ہوا کہ بڑی کوشش وجانکاہی سے تقریباً تیس شعر لکھ کر ان میں سے سترہ شعر منتخب کیے تاہم طبیعت مطمئن نہ تھی اور کسی کو سناتے ہوئے ہچکچاتی تھی۔ باربار اصلاح کے بعد جب اپنے خیال میں تیار ہوگئی تو میں نے عبدالواحد کو مطلع

سنایا۔ وہ سنتے ہی چیخ اُٹھے اور اس قدر تعریف کی کہ میں اپنے جامے میں نہ سمایا اور طبیعت کو ایک عجیب قسم کی فرحت حاصل ہوئی ایک ایسا نشہ چڑھ گیا کہ معلوم ہوتا تھا گویا ایک غیر معمولی فتح مندی حاصل ہوئی ہے۔

جب شعر سنائے تو ہر شعر پر کھڑے ہو ہو کر انھوں نے تحسین کی اور بھائی مرحوم جو اس وقت تک اس میدان میں نہیں آئے تھے، میری اس کامیابی سے بچپنے کے رقیبانہ رشک میں مبتلا ہو گئے۔ اس سے مجھے اپنی کامیابی پر اور مسرت ہوئی اور عبدالواحد خاں کے بار بار جرأت دلانے سے میں تیار ہو گیا کہ اپنی غزل اشاعت کے لیے بھیجوں۔

اس وقت تک کوئی تخلص نہیں رکھا گیا۔ انھوں نے ہی 'آزاد' تخلص تجویز کیا۔ بچپنے کے خیالات بھی عجیب ہوتے ہیں، من جملہ اور وجوہ انتخاب کے میرے لیے سب سے قوی تر وجہ یہ ہوئی تھی کہ گلدستوں میں غزلیں حروف تہجی کی ترتیب سے درج ہوتی ہیں اور الف والے تخلص کو یہ فوقیت حاصل ہوتی ہے کہ سب سے پہلے جگہ ملتی ہے یہ گویا ایک بڑی ضروری بات معلوم ہوئی تھی کہ گلدستہ کے ابتدائی اوراق میں کلام جگہ پا لے۔ اس غزل کے دو تین شعر یاد ہیں، مطلع یہ تھا:

نشتر بدل ہے آہ کسی سخت جان کی
نکلی صدا تو فصد کھلے گی زبان کی
گنبد ہے گرد باد تو ہے شامیانہ دیکھ
شرمندہ میری قبر نہیں سائبان کی
آزاد بے خودی کے نشیب و فراز دیکھ
پوچھی زمین کی تو کہی آسمان کی

اس کے دوسرے ہی دن مشاعرہ تھا۔ خود تو جانے کی جرأت نہ ہوئی لیکن انہی کو غزل دے دی اور انھوں نے مشاعرے میں پڑھی۔ وہاں کی تعریف، خصوصاً مصرع طرح کی تضمین کی ترجیح پر مشاعرے کا اتفاق جب صبح سنایا گیا تو میں بالکل مخمور ہو گیا تھا۔ بھائی

مرحوم کواسی دن کے بعد سے شوق ہوااور چند دنوں کے بعد وہ بھی پورے شاعر بن گئے۔

مولانا آزاد کی بہن فاطمہ بیگم نے ان کے بچپن کے بعض واقعات یوں بیان کیے ہیں۔

مولانا اپنے والد کی پگڑی سر پر باندھ لیتے اور بہنوں سے کہتے پیچھے ہٹو، دہلی کے مولانا آرہے ہیں، وہ دیکھو وہ آ گئے۔

اس وقت مولانا کی عمر آٹھ سال کی تھی ، وہ ایک بکس پر کھڑے ہو جاتے اور تقریر کرنے لگتے۔ پھر بہنوں سے کہتے تم فرض کرلو کہ میرا استقبال کرنے کے لیے بہت سے لوگ آئے ہیں، دوسرے ہی لمحہ پھر حکم دیتے ،تم سب لوگ میرے آس پاس جمع ہو جاؤ اور میرے لیے زندہ باد کے نعرے لگاؤ۔اس پر بہنیں احتجاج کرتیں کہ یہاں پر تو ہم تین چار ہی ہیں کیسے مان لیں کہ ہزاروں آدمی جمع ہیں۔

مولانا کہتے ، ارے یہ تو کھیل ہے کھیل میں ایسا ماننا ہی پڑتا ہے۔مولانا آزاد نے ایک مرتبہ 'شریفوں' کی بھری ٹوکریوں کو کنویں میں پھینک دی تھی۔ اس واقعے کا ذکر کرتے ہوئے محترمہ نے بتایا۔ بات یوں ہوئی مولانا شریفے لائے ،لیکن ایک بہن نے کہہ دیا کہ تم یہ شریفے پاس کے باغ سے چرالائے ہو۔اس بات پر مولانا تلملا گئے اور شریفوں کو کنویں میں پھینک کر چیخ پڑے، کیا میں چور ہوں؟

پھر کچھ ٹھنڈے ہوکر بولے ، میں نے شریفے خریدے تھے۔تم نے یہ کیسے سوچ لیا کہ میں نے یہ شریفے باغ سے چُرائے تھے۔!

فاطمہ بیگم کے الفاظ میں مولانا کے بچپن کا ایک اور واقعہ یوں انھوں نے بتایا۔ ہماری بڑی ہمشیرہ کو جلد غصہ آ جایا کرتا تھا ۔ ایک دن انھوں نے سب بچوں کے ساتھ والدصاحب سے کہا ، یہ سب بچے سڑے ہوئے انڈے کی طرح بالکل بیکار ہیں۔اس پر مولانا نے اس طرح چوں چوں کی آواز نکالی جیسے ابھی ابھی بچہ انڈے سے باہر آیا ہو اور پھر فوراً ہی بولے ،اگر ہم سڑے ہوئے انڈے کی طرح ہوتے تو چوں چوں کس طرح کرتے ؟ یقیناً ہم بیکار نہیں ہیں ۔

مولانا مطالعہ کے دوران اتنے محو ہو جاتے کہ دنیا و مافیہا سے بے خبر ہو جاتے۔ ایک بار مولانا مطالعہ میں مصروف تھے کہ کمرے میں ایک چور گھس آیا اور چھ ہزار روپے لے کر فرار ہو گیا۔ اگر چہ یہ چوری مولانا کی موجودگی میں ہوئی لیکن انھیں اس بات کا پتا نہ چلا۔

سحر خیزی کی عادت کے لیے والد مرحوم کا منت گذار ہوں، ان کا معمول تھا کہ رات کا پچھلا پہر ہمیشہ بیداری میں بسر کرتے بیماری کی حالت بھی اس معمول میں فرق نہیں ڈال سکتی تھی۔ فرمایا کرتے تھے کہ رات کو جلد سونا اور صبح جلد اٹھنا زندگی کی سعادت کی پہلی علامت ہے۔ اپنی طالب علمی کے زمانے کے حالات سناتے کہ دہلی میں مفتی صدرالدین مرحوم سے صبح کی سنت وفرض کے درمیان سبق لیا کرتا تھا اور اس امتیاز پر نازاں رہتا تھا کیوں کہ وہ چاہتے تھے مجھے خصوصیت کے ساتھ اوروں سے علیحدہ سبق دیں اور اس کے لیے صرف وہی وقت نکل سکتا تھا۔ یہ بھی فرمایا کرتے تھے کہ یہ فیض مجھے اپنے نانا رکن المدرسین سے ملا وہ بھی شاہ عبدالعزیز سے علی الصباح سبق لیا کرتے تھے اور پچھلے پہرے اٹھ کر اس کی تیاری میں لگ جاتے۔

میری ابھی دس گیارہ برس کی عمر ہوگی کہ یہ باتیں کام کر گئی تھیں۔ بچپنے کی نیند سر پر سوار رہتی تھی مگر میں اس سے لڑتا رہتا تھا۔ صبح اندھیرے میں اٹھتا اور شمع دان روشن کر کے اپنا سبق یاد کرتا بہنوں سے منتیں کیا کرتا تھا کہ صبح آنکھ کھلے تو مجھے جگا دینا۔ کہتی تھیں، یہ نئی شرارت کیا سوجھی ہے۔ اس خیال سے کہ میری صحت کو کوئی نقصان نہ پہنچے والد مرحوم روکتے لیکن مجھے کچھ ایسا شوق پڑ گیا تھا کہ جس دن دیر سے آنکھ کھلتی دن بھر پشیمان سا رہتا۔

آنے والی زندگی میں جو معاملات پیش آنے والے تھے یہ ان سے میرا پہلا سابقہ تھا۔

سوچتا ہوں کہ زندگی کی بہت سی باتوں کی طرح اس معاملے میں بھی ساری دنیا سے الٹی ہی چال میرے حصہ میں آئی۔ دنیا کے لیے سونے کا جو وقت سب سے بہتر ہوا وہی میرے لیے بیداری کی اصلی پونجی ہوتی ہے لوگ ان گھڑیوں کو اس لیے عزیز رکھتے ہیں کہ میٹھی نیند کے مزے لیں میں اس لیے عزیز رکھتا ہوں کہ بیداری کی تلخ کامیوں سے عزت

یاب ہوتا رہوں۔

ایک بڑا فائدہ اس عادت سے یہ ہوا کہ میری تنہائی میں اب کوئی خلل نہیں ڈال سکتا۔ میں نے دنیا کو ایسی جرأتوں کا سرے سے موقع ہی نہیں دیا۔ وہ جب جاگتی ہے تو میں سوئے رہتا ہوں جب سو جاتی ہے تو اٹھ بیٹھتا ہوں۔

خلائق کے کتنے ہی ہجوم میں ہوں لیکن اپنا وقت صاف بچا لیتا ہوں کیوں کہ میری خلوت در انجمن پر کوئی ہاتھ ڈال ہی نہیں سکتا۔ میرے عیش وطرب کی بزم اس وقت آراستہ ہوتی ہے جب نہ کوئی آنکھ دیکھنے والی ہوتی ہے نہ کوئی کان سننے والا۔

ایک بڑا فائدہ یہ ہوا کہ دل کی انگیٹھی ہمیشہ گرم رہنے لگی۔ صبح کی اس مہلت میں تھوڑی سی آگ سلگ جاتی تھی، اس کی چنگاریاں بجھنے نہیں پاتیں۔ راکھ کے تلے دبی کام کرتی رہتی ہیں۔

دن بھر اگر سوز و تپش کا سامان بھی نہ ملے تب بھی چولہے کے ٹھنڈے پڑ جانے کا اندیشہ نہ رہا۔

میری پیدائش ایک ایسے خاندان میں ہوئی جو علم و مشیخیت کی بزرگی اور مرجعیت رکھتا تھا اس لیے خلقت کا جو ہجوم واحترام آج کل سیاسی لیڈری کے عروج کا کمال مرتبہ سمجھا جاتا ہے۔ وہ مجھے مذہبی عقیدت مندوں کی شکل میں بغیر طلب وسعی کے مل گیا تھا، میں نے ابھی ہوش بھی نہیں سنبھالا تھا کہ لوگ پیرزادہ سمجھ کر میرے ہاتھ پاؤں چومتے تھے اور ہاتھ باندھ کر سامنے کھڑے رہتے تھے۔ خاندانی پیشوائی و مشیخیت کی اس حالت میں نوعمر طبیعتوں کے لیے بڑی ہی آزمائش ہوتی ہے اکثر حالتوں میں ایسا ہوتا ہے کہ ابتدا ہی سے طبیعتیں برخود غلط ہوتی جاتی ہیں اور نسلی غرور اور پیدائش خود پرستی کا وہی روگ لگ جاتا ہے جو خاندانی امیرزادوں کی تباہی کا باعث ہوا کرتا ہے۔ ممکن ہے اس کے کچھ نہ کچھ اثرات میرے حصہ میں آئے ہوں کیوں کہ اپنی چوریاں پکڑنے کے لیے خود اپنے کمین میں بیٹھنا آسان نہیں۔

لیکن جہاں تک اپنی حالت کا جائزہ لے سکتا ہوں مجھے یہ کہنے میں تامل نہیں کہ میری

طبیعت کی قدرتی افتاد مجھے بالکل ہی دوسری طرف لے جا رہی تھی۔ میں خاندانی مریدوں کی ان عقیدت مندانہ پرستاریوں سے خوش نہیں ہوتا تھا۔ میں چاہتا تھا کہ کوئی ایسی راہ نکل آئے کہ اس فضاء سے بالکل الگ ہو جاؤں اور کوئی آدمی آکر میرے ہاتھ پاؤں نہ چومے۔لوگ یہ کمیاب جنس ڈھونڈتے ہیں ملتی نہیں مجھے گھر بیٹھے ملی اور اس کا قدرشناس نہ ہوسکا۔

دونوں جہاں دے کہ وہ مجھے خوش رہا
یاں آ پڑی یہ شرم کہ تکرار کیا کریں

البتہ یہ سوچتا ہوں تو یہ معاملہ بھی فائدہ سے خالی نہ تھا اور یہاں کون سا معاملہ ہے جو فائدہ سے خالی ہوتا ہے؟ یہی فائدہ کیا کم ہے کہ جس غذا کے لیے دنیا کی طبیعت للچائی رہتی ہیں اس سے پہلے ہی اپنا جی سیر ہو گیا اور طبیعت میں للچاہٹ باقی نہ رہی۔

طبیعت کی اس افتاد نے ایک بڑا کام یہ دیا کہ زمانے کے بہت سے حربے میرے لیے بیکار ہو گئے۔لوگ اگر میری طرف سے رخ پھیرتے ہیں تو بجائے اس کے کہ دل گلہ مند ہو، اور زیادہ منت گذار ہونے لگتا ہے کیوں کہ ان کا ہجوم لوگوں کو خوش حال کرتا ہے۔میرے لیے بسا اوقات ناقابل برداشت ہو جاتا ہے۔ میں اگر عوام کا رجوع و ہجوم گوارا کرتا ہوں تو یہ میرے اختیار کی پسند نہیں ہوتی۔ اضطرار و تکلیف کی مجبوری ہوتی ہے۔ میں نے سیاسی زندگی کے ہنگاموں کو نہیں ڈھونڈا تھا۔ سیاسی زندگی کے ہنگاموں نے مجھے ڈھونڈ نکالا۔

انگریزی تعلیم کی ضرورت کا تو کسی کو وہم و گمان بھی نہیں گزر سکتا تھا لیکن کم از کم یہ تو ہوسکتا تھا کہ قدیم تعلیم کے مدرسوں میں سے کسی مدرسہ سے واسطہ پڑتا۔مدرسہ کی تعلیمی زندگی ہر حال گھر کی چار دیواری کے گوشۂ تنگ سے زیادہ وسعت رکھتی ہے اور اس لیے طبیعت کو کچھ نہ کچھ ہاتھ پاؤں پھیلانے کا موقع مل جاتا ہے لیکن والد مرحوم یہ بھی گوارہ نہ کر سکتے تھے۔کلکتہ کے سرکاری مدرسہ یعنی مدرسہ عالیہ کی تعلیم ان کی نظروں میں کوئی وقعت نہیں رکھتی تھی اور فی الحقیقت قابل وقعت تھی بھی نہیں اور کلکتہ سے باہر بھیجنا انھیں گوارا نہ

تھا۔ انھوں نے یہی طریقہ اختیار کیا کہ خود تعلیم دی یا بعض خاص اساتذہ کے قیام کا انتظام کر کے ان سے تعلیم دلوائی۔ نتیجہ یہ نکلا کہ جہاں تک تعلیمی زمانہ کا تعلق ہے، گھر کی چار دیواری سے باہر قدم نکالنے کا موقع بھی نہیں ملا۔ بلا شبہ اس کے بعد قدم کھلے اور ہندوستان سے باہر تک پہنچے لیکن یہ بعد کے واقعات ہیں جب کہ طالب علمی کا زمانہ کہا جاسکتا ہے چودہ پندرہ برس کی عمر سے آگے نہیں اور خود اس تعلیم کا حال کیا تھا جس کی تحصیل میں تمام ابتدائی زمانہ بسر ہوا؟ اس کا جواب اگر اختصار کے ساتھ بھی دیا جائے تو صفحوں کے صفحے سیاہ ہو جائیں اور آپ کے لیے تفصیل ضروری نہیں۔ ایک ایسا فرسودہ نظام تعلیم جسے فن تعلیم جس زاویہ نگاہ سے بھی دیکھا جائے سرتا سر بانجھ ہو چکا ہے۔ طریقہ تعلیم کے اعتبار سے ناقص، مضامین کے اعتبار سے ناقص، انتخاب کتب کے اعتبار سے ناقص، درس واملاء کے اسلوب کے اعتبار سے ناقص، فرض کیجئے میرے قدم اسی منزل میں رک گئے ہوتے اور علم ونظر کی جو راہیں آگے چل کر ڈھونڈی گئیں ان کی لگن پیدا نہ ہوتی تو میرا کیا حال ہوتا؟ ظاہر ہے کہ تعلیم کا یہ ابتدائی سرمایہ مجھے ایک جامد اور ناآشنائے حقیقت دماغ سے زیادہ کچھ نہیں دے سکتا تھا۔

تعلیم کی جو رفتار عام طور پر رہا کرتی ہے، میرا معاملہ اس سے مختلف رہا۔ مجھے اچھی طرح یاد ہے کہ ۱۹۰۰ء میں جب میری عمر بارہ تیرہ برس سے زیادہ نہ تھی میں فارسی کی تعلیم سے فارغ اور عربی کی مبادیات سے گزر چکا تھا اور شرح ملا اور قطبی وغیرہ کے دور میں تھا۔ میرے ساتھیوں میں میرے مرحوم بھائی مجھ سے عمر میں دو برس بڑے تھے، باقی اور جتنے تھے ان کی عمر میں بیس اکیس برس سے کم نہ ہوں گی۔ والد مرحوم کا طریق تعلیم یہ تھا کہ ہر علم میں پہلے کوئی مختصر متن حفظ کر لینا ضروری سمجھتے تھے۔ فرماتے تھے کہ شاہ ولی اللہ رحمۃ اللہ علیہ کے خاندان کا طریق تعلیم ایسا ہی تھا۔ چنانچہ اس زمانے میں میں نے فقہ اکبر، تہذی، خلاصہ کیدانی وغیرہ بر زبان یاد کر لی تھیں اور اپنے بروقت استحضار اور اقتباسات سے نہ صرف طالب علموں بلکہ مولوی صاحب کو بھی حیران کر دیا تھا، وہ مجھے بارہ برس کا لڑکا سمجھ کر

بہت اڑتے تو میزان و منشعب کے سوالات کرتے، میں انھیں منطق کے قضیوں اور اصول کی تعریف میں لے جا کر ہکا بکا کر دیتا۔ اس طریقہ کے فائدہ میں کلام نہیں۔ آج کل ان متنوں کا ایک ایک لفظ حافظہ میں محفوظ ہے۔ خلاصہ کیدانی کی لوح کا شعر تک بھولا نہیں، کسی افغانی ملا نے ''کے دانی'' اور کیدانی کی تک بندی کی تھی۔

تو طریق صلوٰہ کے دانی
گر نہ خوانی خلاصہ کیدانی

کتابوں کی درسی تحصیل کی مدت بھی عام رفتار سے بہت کم رہا کرتی تھی ،اساتذہ میری تیز رفتاریوں سے پہلے جھنجھلاتے پھر پریشان ہوتے پھر مہربان ہو کر جرات افزائی کرنے لگتے۔ جب کسی کتاب کا نیا دور شروع ہوتا تو باہر کے چند طلباء بھی شریک ہو جاتے لیکن ابھی چند دن بھی گزرنے نہ پاتے کہ میرا سبق دوسروں سے الگ ہو جاتا کیوں کہ وہ میری رفتار کا ساتھ نہیں دے سکتے تھے، میرے معقولات کے استاذ لوگوں سے کہا کرتے تھے یہ چھوٹے حضرت مجھے آج کل صدرا سنایا کرتے ہیں اور غلط فہمی میں مبتلا ہیں کہ مجھ سے درس لیتے ہیں۔

۱۹۰۳ء میں کہ عمر کا پندرہواں سال شروع ہوا تھا، میں درس نظامیہ کی تعلیم سے فارغ ہو چکا تھا اور والد مرحوم کی ایماء سے چند مزید کتابیں بھی نکالی تھیں چوں کہ تعلیم کے باب میں قدیم خیال تھا کہ جب تک پڑھا ہوا پڑھایا نہ جائے استعداد پختہ نہیں ہوتی اس لیے فاتحۂ فراغ کی مجلس میں ہی طلباء کا ایک حلقہ میرے سپرد کر دیا گیا اور ان کے مصارف قیام کے والد مرحوم کفیل ہوئے۔ میں نے تکمیل فنون کے لیے طب شروع کر دی تھی خود قانون پڑھتا اور طلباء کو مطول میر زاہد اور ہدایہ وغیرہ کا درس دیتا تھا۔

بچوں کا مٹھاس کا شوق ضرب المثل ہے مگر آپ کو سن کر تعجب ہوگا کہ میں بچپنے میں مٹھاس کا شائق نہ تھا، میرے ساتھی مجھے چھیڑا کرتے تھے کہ تجھے نیم کی پتیاں چبانی چاہئیں اور ایک مرتبہ پسی ہوئی پتیاں کھلا بھی دی تھیں۔

اسی باعث سے دایہ طفل افیون دیتی ہے
کہ تا ہو جائے لذت آشنا تلخی دوراں سے

میں نے یہ دیکھ کر مٹھاس کا شائق نہ ہونا نقص سمجھا جاتا ہے کئی بار یہ تکلیف کوشش کی کہ اپنے آپ کو شائق بناؤں مگر ہر مرتبہ ناکام رہا۔

نہ صرف چائے میں بلکہ کسی چیز میں بھی زیادہ مٹھاس گوارا نہیں کرسکتا، دنیا کے لیے جو چیز مٹھاس ہوئی وہی میرے لیے بدمزگی ہوگئی۔ کھاتا ہوں تو منہ کا مزہ بگڑ جاتا ہے۔ لوگوں کو جو لذت مٹھاس میں ملتی ہے مجھے نمک میں ملتی ہے۔ کھانے میں نمک پڑا ہو مگر میں ادھر سے اور چھڑک دوں گا میں صباحت کا نہیں ملاحت کا قتیل ہوں۔

شاید آپ کو معلوم نہیں کہ اوائل عمر میں میری طبیعت کا اس بارے میں کچھ عجیب حال رہا ہے، گرمی کتنی ہی معتدل ہو مگر مجھے بہت جلد پریشان کر دیتی ہے اور ہمیشہ سرد موسم کا خواستگار رہتا ہوں۔ موسم کی خنکی میرے لیے زندگی کا اصلی سرمایہ ہے یہ پونجی ختم ہوئی اور گویا زندگی کی ساری کیفیتیں ختم ہوگئیں۔

آپ سن کر ہنسیں گے، بارہا ایسا ہوا کہ اس خیال سے کہ سردی کا زیادہ سے زیادہ احساس پیدا کروں، جنوری کی راتوں میں آسمان کے نیچے بیٹھ کر صبح کی چائے پیتا رہا اور اپنے آپ کو اس دھوکے میں ڈالتا رہا کہ آج سردی خوب پڑ رہی ہے۔

میری طبیعت کا بھی عجیب حال ہے، دوسروں سے پہلے خود اپنی حالت پر ہنستا ہوں، بچپنے میں چند مہینے چنسورہ میں بسر کیے تھے، کیوں کہ کلکتہ میں طاعون پھیل رہا تھا۔ یہ جگہ عین دریائے ہوگلی پر واقع ہے۔ میں نے یہیں سب سے پہلے تیرنا سیکھا۔ صبح شام گھنٹوں میں دریا میں تیرتا رہتا پھر بھی جی سیر نہ ہوتا، اب بھی تیراکی کے لیے طبیعت ہمیشہ ترستی رہتی ہے۔ سبحان اللہ طبع بوقلموں کی نیرنگ آرائیاں دیکھیے! ایک طرف دریا سے ہم عنانی کا ذوق وشوق دوسری طرف آگ کے شعلوں سے سیراب ہونے کی یہ تشنگی! شاید یہ اس لیے ہو کہ اقلیم زندگی ہو کہ اقلیم زندگی کی سطح پر پانی بہتا ہے تہہ میں آگ بھڑکتی رہتی ہے۔

پنڈت جواہر لال نہرو

الہ آباد میں موتی لال نہرو کے گھر ۱۴رنومبر ۱۸۸۹ء کو ایک لڑکا پیدا ہوا جس کا نام جواہر لال نہرو رکھا گیا۔ اس وقت موتی لال نہرو ۲۸ برس کے تھے۔ جواہر لال نہرو کی ماں سروپ رانی موتی لال کی دوسری بیوی تھیں۔ ان کی پہلی بیوی بھی کشمیری ہی تھیں جو ایک بچہ کے پیدا ہونے کے بعد ہی چل بسیں اور کچھ دنوں بعد وہ بچہ بھی خدا کو پیارا ہو گیا۔ شادی کے وقت سروپ رانی کی عمر ۱۵ سال تھی۔

موتی لال، جواہر لال کی پیدائش پر بہت خوش ہوئے۔ بڑے بڑے جلسے ہوئے۔ اسی خوشی میں کئی روز تک دن رات دوستوں اور رشتہ داروں کی خوب خوب دعوتیں کی گئیں۔

بچپن میں جواہر لال کو سب پیار سے ننھے پکارتے تھے۔ اکلوتے ہونے کی وجہ سے وہ سب کی آنکھ کا تارا تھے۔ ان کی دیکھ بھال کے لیے نہ صرف کئی نوکر چاکر بلکہ انگریز آیا بھی رکھی گئی تھی اور ان کی پرورش بالکل انگریزوں کے بچوں کی طرح ہونے لگی۔ گھر میں روپے پیسے کی کوئی کمی نہ تھی۔ ننھے جواہر کے سامنے طرح طرح کے رنگ برنگی کھلونے ہر طرف بکھرے رہتے جو بڑے بڑے راجکماروں اور شہزادوں کو بھی نہ مل سکتے تھے۔ یہ سب کچھ ہونے کے باوجود ننھے جواہر لال خود کو اکیلا ہی محسوس کرتے تھے کیوں کہ گھر میں ان کی عمر کا کوئی بچہ نہ تھا جس کے ساتھ وہ کھیل سکتے اور گھل مل کر باتیں کر سکتے۔ رشتہ کے دوسرے بھائی بہن ان سے عمر میں کافی بڑے تھے اور وہ سب اس وقت اسکولوں اور کالجوں میں پڑھتے تھے اور اسی لیے وہ ہمیشہ جواہر لال کو بچہ سمجھ کر اپنے کام اور کھیل کود میں شریک نہیں کرتے تھے۔ رشتے کے سارے بھائی بہن اور ان کے دوسرے قریبی رشتہ دار سب ایک ہی جگہ رہتے تھے، جس کی وجہ سے گھر میں خوب چہل پہل رہتی تھی اس کے باوجود وہ ہمیشہ کہیں الگ بیٹھ کر اکیلے ہی کھیلا کرتے تھے۔

ہر شام گھر پر موتی لال کے دوستوں کا جمگھٹا سا رہتا تھا۔ وہ بہت زندہ دل آدمی تھے۔ وہ ایک کامیاب وکیل تھے اور دولت ان کے قدموں میں کھیلتی تھی۔ عدالت میں دن بھر جان توڑ کام کر کے جب شام گھر لوٹتے تو سارے دوست اکٹھا ہو جاتے اور موتی لال کے قہقہوں سے گھر کی چھتیں اڑتی معلوم ہوتیں۔ ان کی ہنسی تو سارے الہ آباد میں مشہور تھی ! گویا وہ بہت خوش مزاج تھے لیکن غصہ ہمیشہ ان کی ناک پر ہی رہتا تھا۔ اگر ان کے مزاج کے خلاف کوئی بات ہو جاتی تو وہ ایک دم آگ بگولہ ہو جاتے۔ اس میں کوئی شک نہیں کہ جواہر لال کو بھی غصہ اپنے والد ہی سے ملا تھا۔ ویسے وہ بھی موتی لال کی طرح بہت ہنس مکھ تھے مگر جب کبھی کوئی بات ناگوار ہو جاتی تو وہ فوراً بپھر جاتے۔

جواہر لال نہرو نے کئی مرتبہ اپنے والد کو گھر کے نوکروں پر غصہ ہوتے دیکھا تھا، لیکن پانچ چھے برس کی عمر میں ایک دن وہ خود بھی ان کے غصہ کا شکار ہو گئے۔

موتی لال کے کام کی میز پر ہمیشہ دو فونٹین پن رکھے ہوتے جو انھیں بہت عزیز تھے کیوں کہ فونٹین پن ان دنوں نئے نئے آئے تھے۔ جواہر لال کو بھی یہ فونٹین پن بے حد پسند تھے اور ان میں سے ایک پر آنکھ لگائے ہوئے تھے۔ ہوا یہ کہ ایک دن جواہر لال کی شامت جو آئی تو انھوں نے بالکل سادہ دلی سے یہ سوچ کر کہ والد کا کام ایک فونٹین پین سے بھی چل سکتا ہے۔ میز پر سے دوسرا فونٹین پین اٹھا لیا اور چلتے بنے۔ جیسے ہی موتی لال کو پتا چلا کہ ان کی میز سے ایک فونٹین پین غائب ہو گیا ہے تو انھوں نے سارا گھر چھان مارا لیکن کہیں پتا نہ چلا آخر تنگ آ کر جواہر لال سے بھی پوچھا گیا تو انھوں نے صاف انکار کر دیا لیکن جب ان کی تلاشی لی گئی تو چور پکڑا گیا! موتی لال نے غصے میں آؤ دیکھا نہ تاؤ اور ننھے جواہر لال کی ایسی درگت بنائی کہ وہ مار کی تاب نہ لا کر روتے کراہتے اپنی ماں کے پاس گئے اسی واقعہ کے بعد کئی روز تک ان کے جسم پر تیل کی مالش ہوتی رہی۔

جواہر لال نہرو کی والدہ موتی لال کی طرح غصہ والی نہیں بلکہ پیار محبت کی دیوی تھیں۔ وہ کبھی ڈانٹ ڈپٹ نہ کرتیں حتیٰ کہ بلند آواز سے بات بھی نہ کرتی تھیں اسی لیے

جواہر لال نہرو اپنی ماں کے بہت دلارے تھے۔ جو بات والد سے کہنے کی وہ ہمت نہ کر سکتے تھے بے خوف اپنی ماں سے کہہ دیتے۔

جواہر لال کی ماں اور چچی انھیں اکثر رامائن اور مہا بھارت کی کتھائیں سنایا کرتی تھیں۔ بچپن میں وہ جب گھر کی عورتوں کو پوجا پاٹھ کرتے دیکھتے تو انھیں بہت بھلا لگتا۔ کبھی کبھی وہ اپنی والدہ کے ساتھ گنگا اشنان کو جاتے تھے۔ بعض مرتبہ ان کی والدہ جواہر لال کو الہ آباد، بنارس اور دوسرے مقدس شہروں کے مندروں میں لے جاتی تھیں۔

جواہر لال نہرو کو ہولی اور دیوالی کے تہوار بچپن ہی سے پسند تھے۔ ہولی میں سارا شہر رنگ رلیاں مناتا۔ سب بچے ایک دوسرے پر خوب رنگ پھینکتے جس میں جواہر لال بھی بڑھ چڑھ کر حصہ لیتے۔ وہ پچکاری میں ہرے، پیلے، لال، اودے رنگ بھر کر گھر کے لوگوں پر ڈالتے اور باغ میں دوسروں کا پیچھا کر کے ان پر پچکاریاں خالی کرتے۔

دیوالی پر جب مکانوں پر دیئے جلائے جاتے تو جواہر لال بھی خوشی خوشی اپنے گھر دیئے جلاتے۔ سارے شہر میں لاکھوں چھوٹے چھوٹے چراغ دیکھ کر ان کا دل جگمگا اٹھتا اور یہ دھرتی انھیں جنت نظر آتی۔

محرم میں دوسرے بچوں کے ساتھ جواہر لال بھی جلوس دیکھنے جایا کرتے۔ مسلمانوں کی دونوں عیدوں میں وہ اپنے والد کے منشی مبارک علی کے گھر جا کر سوئیاں اور دوسرے مزیدار کھانے اڑاتے۔ مگر ان سب تہواروں سے زیادہ جواہر لال اپنی سالگرہ کا بڑی بے چینی سے انتظار کرتے جو بڑی دھوم دھام سے منائی جاتی۔

اس دن سویرے ہی انھیں ایک بڑی ترازو میں گیہوں اور دوسرے اناج میں تولا جاتا، جس کو غریبوں میں بانٹ دیا جاتا، اس کے بعد ماں انھیں نہلا کر نئے کپڑے پہناتیں اور اب وہ تحفے لینے کے لیے تیار ہو جاتے۔ اس وقت خوشی کے مارے ان کا دل بلیوں اچھلنے لگتا۔ ہر ایک تحفہ کاغذ پر لپیٹ کر دیا جاتا تھا جسے جواہر لال نہرو چھو کر یہ سمجھنے کی کوشش کرتے کہ آخر اس کے اندر کیا چیز ہو گی؟ لیکن ان کی عقل کچھ کام نہ کرتی اور اکثر ان

کااندازہ غلط ہوتا کیوں کہ اس میں سے ہر مرتبہ کوئی ایسی چیز نکل آتی جس کے بارے میں وہ سوچ بھی نہ سکتے تھے۔ رات میں ایک شان دار دعوت ہوتی جس میں بہت سارے لوگ لائے جاتے ۔ اس طرح ہر سال بڑے زور شور سے جواہر لال کی سالگرہ منائی جاتی ۔ اس کے باوجود ان کو سب سے بڑی شکایت تو اس بات کی رہتی کہ سال گرہ سال میں صرف ایک مرتبہ کیوں آتی ہے ؟ انھوں نے لکھ جتن کیے اور بہت شور مچایا کہ ان کی سالگرہ سال میں کئی بار ہوا کرے لیکن یہ کیسے ہوسکتا تھا؟

جواہر لال نہرو کو بچپن ہی سے گھوڑے کی سواری کا بہت شوق تھا۔ وہ ہر روز شام کو ایک چھوٹے ٹٹو پر سیر کے لیے جایا کرتے اس وقت وہ مشکل سے سات آٹھ سال کے ہوں گے ۔ جواہر لال نے اپنے اس گھوڑے کا نام رخش رکھا وہ اور رخش بہت جلد ایک دوسرے کے اچھے دوست بن گئے جس کی وجہ سے اب وہ اپنے آپ کو اکیلا محسوس نہیں کرتے تھے۔ وہ رخش پر سوار ہو کر ہر روز سیر کا لطف تو اٹھاتے مگر رخش نے موج میں آ کر ایک دن اپنی تیز رفتاری جو دکھانی چاہی تو اسے یہ بھی پتا چلا کہ اس کا سوار کب اور کہاں اس کی پیٹھ سے کھسک کر زمین پر آ رہا؟ اور رخش اکیلا ہی گھر پہنچ گیا۔ اس وقت موتی لال ٹینس کھیل رہے تھے۔ جب انھوں نے دیکھا کہ رخش اکیلا ہی چلا آ رہا ہے تو ان کے ہوش اڑ گئے ۔ گھر میں ایک ہلچل مچ گئی ادھر موتی لال اور ان کے ساتھی جواہر لال کی تلاش میں نکل پڑے اور ادھر جواہر لال کافی دیر تک رخش کے کچھ ہی دور پر جواہر لال صحیح سلامت راستے میں مل گئے تو موتی لال نے ایسا محسوس کیا کہ جیسے انھیں سارے جہاں کی دولت مل گئی ہو۔ انھوں نے اپنی جان سے پیارے بیٹے کو اس طرح ہاتھوں ہاتھ لیا جیسے اس نے بڑی بہادری کا کام کیا ہو۔ اس دن گھر میں بہت خوشیاں منائی گئیں ۔ جواہر لال کو تو شاباشی ملی لیکن بے چارا رخش اصطبل میں منہ چھپائے بیٹھا تھا جیسے اس نے اپنے مالک سے بڑی بے وفائی کی ہو۔ چوں کہ جواہر لال جانوروں کو بہت عزیز رکھتے تھے اسی لیے اس واقعے کے بعد بھی کئی مرتبہ وہ اس گھوڑے کے ساتھ سیر کے لیے جاتے رہے۔

جب خاندان میں کوئی شادی ہوتی تو جواہر لال خوشی سے ناچ اٹھتے کیونکہ ہر طرف شادیانے بجتے، آتش بازی ہوتی اور روشنی کی جاتی اور پھر دوسری بات یہ تھی کہ انھیں اپنی عمر کے دوسرے بچوں کے ساتھ کھیل کود کا موقع ملتا۔ بعض دفعہ کسی رشتہ دار کی شادی میں شریک ہونے کے لیے دوسرے شہروں کو بھی جانا پڑتا۔ جواہر لال کو ایسے سفر سے بڑی خوشی ہوتی۔

گو جواہر لال کے رشتے کے سارے بھائی بہن اگر چہ ان سے عمر میں بڑے تھے پھر بھی وہ ان کے ساتھ بیٹھے گفتگو سنا کرتے کہ کس طرح آئے دن انگریز ہندوستانیوں کی بے عزتی کرتے ہیں۔ اگرچہ اس وقت جواہر لال کم عمر تھے لیکن وہ اتنا جانتے تھے کہ ہندوستان پر ایک غیر ملکی قوم 'انگریز' حکومت کرتی ہے اور ہندوستانی لوگ آزاد نہیں بلکہ غلام ہیں۔ انگریزوں کے ظلم کے قصے سن کر جواہر لال کا ننھا سال دل بھی بغاوت کرنا چاہتا تھا۔

بچپن میں ماں باپ کے بعد جواہر لال اگر کسی کو بے حد چاہتے تھے تو وہ ان کے والد کے منشی مبارک علی تھے۔ منشی جی کی سفید لمبی سی داڑھی کی وجہ سے جواہر لال انھیں سب سے سمجھدار اور بہت ہی بزرگ آدمی سمجھتے تھے اور جب بھی وہ اپنے کو کسی مصیبت میں پاتے تو منشی جی ہی سے مشورہ کرتے، وہ گھنٹوں ان کی گود میں بیٹھے کہانیاں سنا کرتے۔ منشی مبارک علی ننھے جواہر لال کو ۱۸۵۷ء کی پہلی جنگ آزادی کے سورماؤں کی بہادری کے قصے سناتے جسے سن کر ان کا جی چاہتا کہ وہ بھی اپنے وطن کی خاطر لڑیں۔

جب جواہر لال دس سال کے ہوئے تو موتی لال نے ایک محل جیسا مکان خرید جس کا نام 'آنند بھون' رکھا گیا اور پورا خاندان اسی میں چلا آیا۔ آنند بھون میں ایک بہت بڑا باغ اور تیراکی کا حوض بھی تھا۔ جواہر لال نے جلد ہی تیرنا سیکھ لیا اور اب ان کا زیادہ تر وقت اسی حوض پر گزرتا۔ گرمی میں وہ وقت بے وقت حوض پر جا کر ڈبکیاں لگاتے۔ یہ ان کے لیے ایک نیا کھیل تھا، کبھی کبھی سب کے ساتھ مل کر نہاتے اور جو لوگ تیرنا نہیں جانتے ، انھیں پانی میں ڈھکیلنے یا ہاتھ پیر کھینچ کر ڈرانے میں جواہر لال کو بڑا مزہ آتا تھا۔

سارے شہر میں تیراکی کا یہی پہلا حوض تھا جو سب کے لیے ایک اور دلچسپ چیز تھی

اسی لیے شام کو ان کے والد کے بہت سارے دوست تیرنے کے لیے آ جاتے حالانکہ ان میں بہت کم لوگ تیرنا جانتے تھے۔ موتی لال کو بھی تیرنا کچھ یوں ہی سا آتا تھا مگر وہ ہمت سے کام لے کر ہاتھ پاؤں کا زور لگا کر کسی نہ کسی طرح حوض پار کر ہی لیتے۔

جواہر لال تیراکی کا خوب مظاہرہ کرتے انھیں شام کو سب کے ساتھ تیرنا بہت پسند تھا اور پھر اس طرح پانی میں بڑوں سے چھیڑ چھاڑ بھی ہو جاتی۔ وہ چپکے دبے پاؤں پیچھے سے آ جاتے اور ان کے سر پانی میں ڈبو دیتے یا اگر کوئی حوض کے کنارے کھڑا ہوتا اور پانی میں جانے سے ہچکچاتا تو چپکے سے جا کر اسے پانی میں ڈھکیل دیتے۔ اس طرح تیراکی کے حوض پر وہ چھوٹے بڑے سب کے لیے ایک دردِ سر بنے رہتے۔

آنند بھون میں دوسری خاص بات یہ تھی کہ یہاں بجلی کی روشنی تھی، ننھے جواہر کو یہ ایک انوکھا سا تماشا لگتا اور اسی لیے وہ کئی کئی گھنٹے بجلی کی روشنی کا راز معلوم کرنے کی کوشش میں گزار دیتے۔

جواہر لال نے گیارہویں سال میں قدم رکھا تو ان کے گھر ایک نیا مہمان آیا یعنی اسی سال ان کی بہن وجے لکشمی پیدا ہوئیں، بہن کے پیدا ہونے سے پہلے وہ دل ہی دل میں کڑھتے کہ دوسروں کے تو کئی بھائی بہن ہیں لیکن ان کے ایک بھی نہیں! اکثر بھائیوں کی طرح ان کی بھی یہ آرزو تھی کہ کاش انھیں کوئی بھائی کہہ کر پکارتا! جب وجے لکشمی پیدا ہوئیں تو موتی لال یورپ گئے ہوئے تھے۔ جس دن بہن پیدا ہونے والی تھی جواہر لال برآمدے میں بڑی بے چینی سے نئے مہمان کا انتظار کر رہے تھے کہ اتنے میں ایک ڈاکٹر نے آ کر خبر دی کہ لڑکی پیدا ہوئی ہے، یہ سن کر جواہر لال خوشی کے مارے پھولے نہیں سما رہے تھے۔ کیوں کہ گیارہ سال کے بعد کھیلنے کو ایک بہن مل گئی تھی۔

بچپن میں جواہر لال کی تعلیم گھر ہی پر ہوئی۔ شروع میں تو ان کے لیے ایک انگریز عورت ملازم رکھی گئی جو پڑھانے کے ساتھ ساتھ ایک عرصے تک ان کی دیکھ بھال بھی کرتی رہی البتہ جب وہ گیارہ سال کے ہوئے تو موتی لال ان کی تعلیم کی طرف خاص توجہ دینے لگے۔

ان ہی دنوں ایک قابل انگریز استاد بروکس ہندوستان آئے ہوئے تھے۔ جنھیں ہندوستان سے ایک خاص لگاؤ تھا۔ اسی وجہ سے انھیں جواہر لال کا استاد مقرر کیا گیا ۔ بروکس تین سال تک آنند بھون ہی میں رہے ان کی سادہ زندگی اور ہندوستان سے بے پناہ محبت کا جواہر لال پر بڑا اثر پڑا۔ اسی قابل استاد کی نگرانی میں جواہر لال بہت سی مشہور انگریزی کتابوں کے ساتھ ساتھ شعر و شاعری کی کتابیں بھی بہت شوق سے پڑھتے رہے۔ گو جواہر لال کی زندگی نے بہت سے پلٹے کھائے مگر آخری وقت تک انھیں شاعری سے ویسی ہی دلچسپی رہی۔ بروکس کی وجہ سے جواہر لال کو سائنس سے بھی شوق پیدا ہو گیا۔ اسی لیے آنند بھون میں استاد اور شاگرد دونوں کے لیے ایک چھوٹا سا تجربہ خانہ بنایا گیا جہاں جواہر لال استاد کی مدد سے سائنس کے چھوٹے چھوٹے تجربے بھی کرنے لگے اور عمر کے ساتھ ساتھ سائنس سے ان کا یہ لگاؤ بڑھتا ہی گیا۔ بروکس نے انھیں تھیوسونی کی بھی تعلیم دی۔

تین سال بعد جب بروکس یوروپ واپس چلے گئے تو گورنمنٹ ہائی اسکول کے ہیڈ ماسٹر گارڈن کو جواہر لال کا استاد مقرر کیا گیا۔ ان ہی دنوں ایک نیک دل بوڑھے پنڈت کو ہندی اور سنسکرت پڑھانے کے لیے رکھا گیا تھا۔

اسی زمانہ میں روس ایشیا کے ایک چھوٹے سے ملک جاپان سے لڑ رہا تھا۔ جواہر لال جنگ کی خبریں پڑھنے کے لیے ہر روز بے چینی سے اخباروں کا انتظار کرتے ۔ وہ جاپانیوں کی بہادری کے قصے پڑھ چکے تھے اس لیے اس جنگ میں وہ جاپان کے طرف دار تھے اور اس کی کامیابی کی خبریں پڑھ کر بہت خوش ہوتے۔ ان دنوں وہ اکثر خواب دیکھا کرتے کہ کس طرح وہ ایک دن تلوار ہاتھ میں لے کر اپنے ملک ہندوستان کی خاطر لڑیں گے اور اسے انگریزوں کی غلامی سے آزاد کرائیں گے۔

موتی لال چونکہ خود ایک پڑھے لکھے آدمی تھے اور انگریزوں کے رکھ رکھاؤ کے قائل تھے لہٰذا انھوں نے اپنے بیٹے کو اعلیٰ تعلیم حاصل کرنے کے لیے انگلستان بھیجنے کا فیصلہ کیا۔

❖❖❖

خان عبدالغفار خان (سرحدی گاندھی)

میں ہشت نگر کے جو اَب اشتنغر کے نام سے مشہور ہے، 'اُتمان زئی' گاؤں میں خان بہرام خان کے یہاں پیدا ہوا تھا۔ اس وقت ہمارے وطن میں اوّل تو یہ رواج نہیں تھا کہ جب بچہ پیدا ہو اس وقت اس کے والدین اس کی تاریخ و سنہ پیدائش اپنے پاس لکھ لیں اور دوسری بات یہ بھی تھی کہ لوگ لکھنا پڑھنا نہیں جانتے تھے اسی وجہ سے میری پیدائش کی تاریخ کسی نے نہیں لکھی تھی لیکن میری ماں مجھ سے کہا کرتی تھیں کہ میرے بھائی ڈاکٹر خان کی جب شادی ہوئی تھی تب میں گیارہ سال کا تھا۔ چوں کہ ان کی شادی ۱۹۰۱ء میں ہوئی تھی اس لیے میں بجا طور پر کہہ سکتا ہوں کہ میں ۱۸۹۰ء میں پیدا ہوا تھا۔

میرے والد صاحب گاؤں کے ایک بہت بڑے خان تھے لیکن ان میں خانیت کے غرور و نخوت کا شائبہ تک نہ تھا۔ وہ نہایت منکسر المزاج، خدا پرست، متقی اورر پرہیز گار انسان تھے۔ وہ ظالم کے بمقابلہ مظلوم کے حمایتی تھے۔ فراخ دلی اور رحم و کرم ان کی فطرت کا خاصہ تھے۔ کوئی ان کا برا بھی کرتا تو ان کا بدلہ چکانے کے اہل ہونے کے باوجود وہ در گزر کر دیتے۔ بردباری سے کام لیتے اور ہمیشہ برائی کا جواب بھلائی سے دیتے۔

ایسی ہی فیاض طبع میری والدہ بھی تھیں۔ وہ ہمیشہ ایک ہانڈی سالن اپنے گلی محلے کے غریبوں کے لیے پکایا کرتی تھیں اور ان میں سب تھوڑا تھوڑا بانٹ دیا کرتی تھیں۔ اسی طرح ہمارے حجرے میں جو مسافر آ کر ٹھہرتے تھے اور جنہیں کوئی بھی نہیں جانتا پہچانتا اور نہ ہی اس قسم کے مسافر کسی کے مہمان ہوتے تھے، ایسے مسافروں کے لیے میرے والد صاحب خود روٹی لے جایا کرتے تھے، حالانکہ اس قسم کے کاموں کے لیے گھر میں نوکر چاکر موجود ہوتے تھے۔ والد صاحب روٹیوں کی ٹوکری اپنے سر پر اور سالن کا برتن ہاتھوں میں اٹھا لیتے۔ حجرے میں پہنچ کر اجنبی مسافروں کو کھلاتے پلاتے، وہ کہا کرتے تھے کہ یہ

مسافر جنہیں نہ کوئی جانتا اور نہ پہچانتا ہے، خدا کی طرف سے بھیجے ہوئے مہمان ہیں اس لیے میں خود ان کے لیے کھانا لے جاتا ہوں۔

دوسرے خوانین کی مانند میرے والد صاحب حاکم پرست نہیں تھے نہ ہی دوسرے خوانین کی طرح وہ حکام سے تعلقات قائم کرتے تھے، ان کی خدمت یا خوشامد قائم کرنے کا تو سوال پیدا ہی نہیں ہوتا تھا۔ میرے والد صاحب کو خودداری کی یہ خوبی میرے دادا محترم سے ورثہ میں ملی تھی، میرے دادا کا نام سیف اللہ خان تھا۔ اس زمانے میں جب سرکادے پر جنگ جاری تھی اور انگریز بونیر کے علاقہ پر قبضہ کرنا چاہتے تھے، اس وقت ہمارے ملک کے خوانین انگریزوں کی امداد اور حمایت کرنے لگے تھے لیکن میرے دادا سیف اللہ خان نے اپنی مظلوم قوم کا ساتھ دیا تھا۔ جس طرح غازی ان فرنگیوں کا مقابلہ کر رہے تھے اسی طرح میرے دادا نے بھی غازیوں میں شریک ہو کر مورچہ سنبھال رکھا تھا اور اسی طرح انگریز جب بھی صوبہ سرحد کے لوگوں سے لڑائیاں لڑتے ان پر چھاپے مارتے اور انھیں غلام بنانے کی کوشش کرتے تو میرے دادا سیف اللہ خان ہمیشہ قوم کے ساتھ کھڑے ہو جاتے اور فرنگیوں کے ظلم کے خلاف مظلوموں اور مظلوم قوم کے ساتھ شانہ بشانہ ہو کر کھڑے ہو کر لڑتے۔

میرے دادا عبید اللہ خان اپنی روشن دماغی اور قوم پروری کی بناء پر دُرّانیوں کے ہاتھوں تختہ دار پر لٹکائے گئے تھے کیونکہ اس وقت ہمارے ملک پر دُرانیوں کا تسلط تھا، اور میرے پردادا اپنی قوم میں ایک بارسوخ، طاقتور اور ہر دلعزیز رہنما کی حیثیت رکھتے تھے۔

درانیوں کے بعد جب انگریزوں کی حکومت قائم ہوئی تو ہمارا علاقہ اس وقت پنجاب سے ملا ہوا تھا، پنجاب میں تو انگریزوں نے پنجابیوں کی تعلیم کے لیے بہت سے مدرسے کھول رکھے تھے لیکن ہمارے ملک میں تعلیم کا کوئی انتظام نہیں تھا۔ پٹھانوں کے ساتھ انگریزوں کی کوئی ہمدردی نہ تھی اور نہ ہی پنجابیوں کی ہم سے کوئی ہمدردی تھی ہمارے ہاں محکمہ تعلیم کے تمام افسر پنجابی تھے اور اسی وجہ سے ہمارے وطن میں باقاعدہ طور پر تعلیم کا بندوبست نہیں تھا، کہیں کہیں بعض بڑے بڑے گاؤں میں گرا کا دُکا پرائمری اسکول تھے

بھی، ان میں کہیں کہیں ایک استاد بیٹھا ہوتا تھا۔ یہ بات بھی قابل ذکر ہے کہ انگریزوں نے ہندوستان میں ہر ایک قوم کو اپنی اپنی مادری زبان میں تعلیم دینے کا طریقہ رائج کر رکھا تھا لیکن ہم ہی واحد بدقسمت قوم تھے کہ اول تو ہمارے ملک میں تعلیم کا بندوبست نہیں تھا اور کچھ تھا بھی تو یہ کہ ہمارے بچوں کو پرائی زبان میں تعلیم دی جاتی تھی۔ اس سے بھی زیادہ افسوس ناک بات یہ تھی انگریزوں نے ایک طرف تو ہمارے لیے خال خال ہی مدرسے قائم کیے تھے اور دوسری طرف ایسے نام نہاد عالموں کو ہمارے پیچھے لگا رکھا تھا، جو یہی فتویٰ صادر کیا کرتے تھے کہ ''ان مدرسوں میں سبق پڑھنا کفر ہے۔'' ان لوگوں کے پروپیگنڈے کا محور یہ عجیب وغریب خیال تھا کہ۔

سبق چہ مدرسے مائی پارہ دَ پیسے وائی
جنت کے بہ زائے نہ وی دوزخ کے بہ گھسے دہی

''جو لوگ مدرسے میں سبق پڑھتے ہیں، وہ پیسوں کی خاطر ایسا کرتے ہیں ان کو جنت میں جگہ نہیں ملے گی۔ وہ دوزخ میں دھکے کھاتے رہیں گے۔'' اس پروپیگنڈہ کا اصل مطلب یہ تھا کہ پٹھان بے علم اور جاہل رہ جائیں اور یہی وجہ تھی کہ پٹھان ہندوستان بھر میں تعلیم کے لحاظ سے سب سے پسماندہ تھے۔

پٹھان بچوں کے لیے تحصیل علم کا اور کوئی ذریعہ نہیں تھا۔ مسجدوں میں کسی قدر مذہبی تعلیم کے نام پر درس و تدریس کا تھوڑا بہت انتظام تھا لیکن وہ ملا لوگوں کے لیے تھا اور اکثر لوگ یہ تعلیم امامت کرنے کے لیے حاصل کیا کرتے تھے۔ عام پختونوں کی اس میں کوئی دلچسپی نہیں تھی۔

چونکہ اسلام سے پہلے پختون ہندو تھے اور ہمارے سماج میں بھی وہ غلط دستور رائج تھا کہ ''علم (وِدّیا) صرف برہمنوں کے لیے ہے۔'' اس دستور کے تحت ہم بھی اسی طرح تقسیم ہو چکے تھے جیسا کہ ہندو الگ الگ ٹکڑوں میں تھے۔

میرے والد صاحب نے خود تو تعلیم حاصل نہیں کی تھی لیکن علم سے ان کا بہت پیار

اور شغف تھا۔ میں پانچ چھ سال کا تھا کہ مجھے تعلیم حاصل کرنے کے لیے مسجد میں ملا کے پاس بٹھا دیا گیا، ملا بے چارا تو خود ہی علم و ادب سے بے بہرہ اور لکھنے پڑھنے سے عاری تھا وہ بھلا مجھے کیا پڑھاتا اور لکھاتا، اسے قرآن شریف کی چند ایک سورتیں یاد تھیں۔ نیز وہ قرآن شریف پڑھ ضرور سکتا تھا لیکن معنی و مطلب بالکل نہیں سمجھتا تھا۔ ملا صاحب نے مجھے سپارہ پڑھانا شروع کر دیا۔ سپارہ خوانی شروع کرتے وقت میرے ماں باپ نے مٹھائی بانٹی اور میرے اس آغازِ تعلیم پر بہت خوشیاں منائیں۔

عجیب بات تھی کہ ملا صاحب مجھے الف ب پ اور ت تو نہیں پڑھا سکے تھے لیکن سپارہ پڑھانا شروع کر دیا۔ غور فرمایئے، جب ایک آدمی حروف تہجی سے واقف نہیں وہ سپارہ کیسے پڑھ سکے گا؟ لیکن اس میں بے چارے ملا کا بھی کوئی قصور نہیں تھا۔ اس زمانے میں پڑھانے کا یہی طریقہ ہمارے دیس میں مروّج تھا۔

ہمارا استاد بڑا ظالم تھا اور ہمیں بڑی بے دردی سے پیٹا کرتا تھا۔ کچھ عرصہ میں میں نے قرآن شریف ختم کر لیا، میرے ماں باپ نے قرآن شریف کے ختم کرنے پر بڑی خوشیاں منائیں۔ بڑی بھاری خیرات بھی کی اور ملا کو بھی بہت سے روپئے دیئے۔

پٹھانوں میں علم حاصل کرنے کا شوق تھا اور لوگ اپنے بچوں کو تعلیم کے لیے مسجدوں میں بھیجتے تھے کیونکہ بچوں کے درس تدریس کے لیے کوئی اور ادارہ یا مدرسہ نہیں ہوتا تھا۔ بفرضِ محال ملک کے بڑے شہروں میں کہیں مدرسے تھے بھی تو ان میں پڑھنے کے لیے لوگوں کو جانے نہیں دیا جاتا تھا اور کہا جاتا تھا کہ ''دنیا کا یہ علم کفر ہے۔'' لوگوں کو یہ شعر یاد کرا دیا گیا تھا جو وہ گلی کوچوں اور بازاروں میں بڑے جوش اور اونچی آواز سے گاتے پھرتے تھے ۔

سبق چہ مدرسے مائی پارہ دَ پیسے وائی
جنت کے بہ زائے نہ وی دوزخ کے بہ گھسے دہی

(جو مدرسے میں سبق پڑھتے ہیں وہ پیسوں کی خاطر ایسا کرتے ہیں، انھیں جنت میں جگہ نہیں ملے گی اور دوزخ میں رگڑے کھاتے رہیں گے)

لیکن میں خوش نصیب تھا کہ خدا نے مجھے ایک دلاور، پاکباز اور ایمان دار باپ اور نیک طینت ماں دی تھی جو اِردگرد کے لوگوں کے واویلا اور آوازوں کی پروا نہیں کرتے تھے۔ انھوں نے میرے بھائی ڈاکٹر خان صاحب کو مدرسہ بھیج دیا اور میرے خیال میں ہشت نگر بھر میں یہ سب سے پہلا لڑکا تھا جسے مدرسے بھیجا گیا تھا۔ جب میں نے قرآن شریف ختم کرلیا تو مجھے بھی ماں باپ نے مدرسہ بھیج دیا۔ یہ کس قدر افسوس ناک بات ہے کہ ہمارا دیش جو تاریخ کے مختلف دوروں میں علم و ادب اور تہذیب و تمدن یا ثقافت کا گہوارہ رہا تھا، تاریخ کے نا مساعد حالات، جہالت اور گراوٹ کی وجہ سے اس حالت تک گر گیا کہ اس میں تعلیم جیسے نیک کاموں کے لیے بھی کوئی گنجائش نہ رہی۔

ہمارے اس دیش میں مختلف ثقافتیں اور تمدن گزر چکے ہیں۔ ایک وقت تھا کہ یہ علاقہ آرین تہذیب کا گہوارہ تھا۔ پھر اس ملک میں بدھ مت کا دور دورہ ہوا۔ اس دور میں ہمارے ملک نے بڑی ترقی کی اور یہ دور ایک عظیم معاشرے کے آثار اپنے پیچھے چھوڑ گیا۔ آج بھی گوتم بدھ کے دو عظیم مجسّمے بامیان میں موجود ہیں جو دنیا بھر میں بدھ کے سب سے بڑے مجسّمے ہیں اور یہ پہاڑ کے دامن میں فنِ اصنام کے کمال کی بے مثل نظیر پیش کر رہے ہیں۔

بامیان کے دامن کوہ میں مہاتما گوتم بدھ کے مجسّموں کے چاروں طرف سارے پہاڑ میں جگہ جگہ غاریں بنی ہوئی ہیں، ان غاروں میں بدھ مذہب کے راہب پیشوا روحانی معلم اور طالب علم رہا کرتے تھے۔ بامیان کے علاوہ جلال آباد کے گرد و نواح کے ہڈہ کے مقام پر بدھ مذہب کی عظیم یونیورسٹی تھے، جس کے آثار ابھی تک موجود ہیں۔ یہی حال ٹیکسلا کا تھا، ان مقامات پر سنگ تراشی، صنم گری، تعمیرات کے نمونوں، پتھر و لکڑی سے متعلقہ فنون لطیفہ کے پائے گئے آثار سے معلوم ہوتا ہے کہ اس وقت ہم پٹھان لوگ ایک بلند تمدن اور کلچر کے مالک تھے اور ہم نے اس قدر ترقی کی تھی کہ اپنے ملک سے باہر چین اور مشرق بعید تک ہمارے بازو پھیلے ہوئے تھے۔ اس طرح ہم نے اپنے کلچر اور مہاتما گوتم بدھ کے پیغام سے دنیا کو بھی روشناس کرادیا۔

دوتین سال قبل ہمارے گاؤں کے قریب آثارِ قدیمہ کے محکمہ خانوں نے کھدائی کی تھی۔ اس کھدائی سے زمین کے نیچے سے ایک بڑا شہر برآمد ہوا۔ کہا جاتا ہے کہ یہ شہر گندھار کے شاہی خاندان کا مرکز تھا۔ اور اگر ہم تاریخ کے دھندلکے میں تھوڑا سا اور بھی پیچھے چلے جائیں تو پٹھانوں کا یہ ملک جو اس وقت افغانستان اور پشتونستان کے نام سے مشہور ہے۔ نوعِ انسان کے ایک عظیم خاندان کا گہوارہ رہ چکا ہے۔

تاریخ دانوں کی تحقیق سے معلوم ہوتا ہے کہ آرین نسل نے سب سے پہلے اسی ملک میں دریائے آمو کے کنارے اپنی آنکھیں کھولی تھیں اور پھر اسی دھرتی پر اس نے تمدن کا عروج حاصل کیا تھا۔ بعد میں جب اس قوم کی تعداد بڑھ گئی اور ملک میں بھیڑوں کے ریوڑ رکھنے کی جگہ نہ رہی تو آہستہ آہستہ اس کے افراد نے نئے نئے ملکوں کی طرف کوچ کرنا شروع کر دیا، یہ لوگ ایک طرف تو ایران کی سمت سے یورپ کو چلے گئے اور دوسری جانب ہندوستان کی طرف بڑھ گئے اور جدا جدا قوموں میں تقسیم ہو گئے! جہاں بھی وہ گئے انھوں نے جغرافیائی حالات اور ملکی اثرات کے تحت جدا جدا تمدن اور زبانیں اختیار کر لیں لیکن آریہ نسل کے یہ لوگ جب اس سے پہلے اپنے ابتدائی وطن 'اریاناویجو' (موجودہ افغانستان اور پختونستان) میں رہتے تھے تو ان کی ایک ہی بولی (زبان) تھی جسے اب 'آریک زبان' کا فرضی نام دیا گیا ہے۔ اسی 'آریک زبان' کی قربت 'پشتو' زبان کو حاصل ہے۔

پٹھان اونچے اونچے ناقابلِ عبور پہاڑوں اور درّوں میں آباد تھے اور بیرونی اثرات سے نسبتاً محفوظ تھے۔ پہاڑوں سے گھرا ہوا یہی ملک 'اریانا ویجو' تھا جس میں تاریخ کے اوّلین دَور کے پیغمبر 'زرتشت' بلخ کے رہنے والے تھے مگر بعد میں ایران چلے گئے لیکن ان کی کتابیں اب بھی بلخ کی تعریف و توصیف سے بھرپور ہیں جن سے اس امر کی شہادت ملتی ہے کہ یہی وہ سرزمین تھی جہاں ہندو دھرم کے مقدس وید کے گیتوں نے جنم لیا اور یہی وہ ملک ہے جس کے ایک فرزند پانِنی نے سنسکرت زبان کی گرامر لکھی اور اسے ایک ادبی زبان کے طور پر دنیا سے متعارف کیا۔ یہ پانِنی رشی دریائے سندھ کے کنارے حالیہ تحصیل صوابی کا

ایک باشندہ تھا۔

اسی طرح اس ملک کے ایک دریا اور پشتو کے ایک لفظ جس سے ہندو نام بنا ہے، یہ سندھ سے اخذ کیا گیا ہے جسے سندھ بھی کہا جاتا ہے۔ یاد رہے کہ پشتو میں ایک دریا کو سندھ کہا جاتا ہے۔ آریاؤں کے خاندان میں، جس سے بہت سے آریہ دوسرے علاقوں میں چلے گئے، دو بڑے گھرانے باقی رہ گئے جن میں سے ایک 'پشتون' اور دوسرا 'بلوچ' نام سے مشہور ہے۔ یہ دونوں اب بھی اپنے اسی پرانے وطن میں رہ رہے ہیں۔ اس کی حفاظت اس کی تعمیر و ترقی کا کام خدا نے انھی کے سپرد کر رکھا ہے۔

ہمارے اس دیش میں بعد میں اسلام آیا لیکن اسلام جس وقت اس ملک میں آ رہا ہے اس وقت عربوں میں وہ روحانی روشنی، خدائی جذبہ اور تقویٰ باقی نہیں رہا تھا، جو پیغمبر اسلام لائے تھے یا جس سے ابو بکرؓ اور عمر رضی اللہ عنہ جیسی عظیم شخصیتوں نے اپنی زندگی اور بلند کردار کے ذریعہ عوام کو متعارف کرایا، اس وقت جبکہ اسلام ہمارے ملک میں وارد ہوا عرب شہنشاہیت اور مطلق العنانی میں مست ہو چکے تھے اور انھیں ملک گیری کی ہوس نے اندھا کر رکھا تھا۔ ان میں تبلیغ کا جذبہ اور نیکی پھیلانے کی اسپرٹ مفقود ہو چکی تھی۔ اس کا نتیجہ یہ ہوا کہ ہم سے ہمارے شاندار تمدن اور شائستہ کلچر تو لے لیے گئے لیکن اس کے بدلے۔ ہمیں اسلام کی وہ اصلی شکل نہ دی گئی جو پیغمبر اسلام لے کر آئے تھے۔ اس کے باوجود ہمارے بعض علم دوست اور خدا رسیدہ لوگ اسلام کی تلاش میں اسلامی دنیا میں گھومے اور انھوں نے اسلامی فلسفہ علم و دانش اور تصوّف میں اپنے لیے ایک بلند مقام پیدا کرلیا۔ جس پر ہم لوگ بجا طور پر فخر کر سکتے ہیں اور برصغیر ہند کا ایک بڑا حصہ مسلمان ہو گیا۔

میں ابتدائی تعلیم پشاور کے میونسپل بورڈ ہائی اسکول میں حاصل کی۔ اس کے بعد پشاور کے مشن ہائی اسکول میں داخل ہو گیا۔ کچھ عرصے کے بعد میرا بھائی اسی اسکول کا کورس ختم کر کے ڈاکٹری کی تعلیم حاصل کرنے لیے بمبئی چلا گیا اور میں مشن ہائی اسکول میں اپنے ایک نوکر 'بارانی کاکا' کے ساتھ رہ گیا۔ بارانی کاکا مجھے فوج کے قصے کہانیاں سناتا اور

کہا کرتا تھا کہ فوج کی نوکری بڑی باعزت اور بہت اچھی ہے۔ اگر کوئی آدمی فوج میں سالار کی وردی میں ملبوس ہو اور ورکرس وغیرہ فوجی اسلحہ سے لیس ہو کر اپنی کمپنی کے آگے آگے چل رہا ہو تو اس کی شخصیت سے عجیب رعب داب اور تمکنت و حشمت ٹپکتی ہے۔

بارانی کاکا کی باتوں نے میرے اندر بھی فوجی نوکری کے لیے زبردست شوق پیدا کر دیا اور میں نے ماں باپ سے صلاح مشورہ کیے اور اجازت لیے بغیر ایک درخواست برائے ڈائریکٹ کمیشن ہندوستان کے کمانڈر اِن چیف کو بھیج دی، اس کے بعد میں اس درخواست کے جواب کا انتظار کرنے لگا۔ دستور کے مطابق کمیشن عطا کرنے سے پہلے سرکار امیدوار کے متعلق ضروری تحقیقات عمل میں لاتی ہے، اور اس کے لیے کچھ عرصہ درکار ہوتا ہے۔ اس دوران میں نویں جماعت پاس کر کے دسویں میں داخل ہو چکا تھا، اب جب میٹرک کا امتحان شروع ہوا اور میں لگ بھگ آدھے پرچے دے چکا اور آدھے پرچے ابھی دینے باقی تھے کہ مجھے ایک سرکاری حکم نامہ ملا کہ ''تمھارا ڈائریکٹ کمیشن منظور کیا جا چکا ہے، اور بھرتی کے دفتر میں حاضر ہو جاؤ۔'' یہ حکم نامہ میرے لیے غیر معمولی خوشی کا باعث تھا، کیونکہ اس زمانے میں ڈائریکٹ کمیشن کا حصول بہت اہم بات تھی، میں نے اس خوشی میں امتحان دینا چھوڑ دیا اور بھرتی افسر کے دفتر میں چلا گیا۔ میرا معائنہ ہوا اور میرا نام ڈائریکٹ کمیشن میں درج ہو گیا۔

انھی دنوں میرے بھائی ڈاکٹر خان صاحب سے انگلینڈ روانہ ہو گئے اور وہاں پہنچ کر ایک میڈیکل کالج میں داخل ہو گئے۔

مجھے ڈائریکٹ کمیشن میں لے لیے جانے کی منظوری ملنے پر میرے والد صاحب بہت مسرور ہوئے۔ ان دنوں مردان میں گائیڈ کے نام سے ایک رسالہ اور پلٹن مقیم تھی۔ یہ پلٹن تمام ہندوستان کی فوج میں بڑی شہرت اور عزت کا مقام رکھتی تھی۔ اس میں بڑے بڑے لوگوں کے لڑکے بھی بڑی مشکل سے سپاہی بھرتی کیے جاتے تھے اور پنجاب کے بڑے بڑے لوگوں کے لڑکے اس میں لیس نائک تھے۔ میں اس پلٹن میں ڈائرکٹ کمیشن

پر اس لیے لیا جا رہا تھا کہ میں ایک نہایت خوبصورت نوجوان تھا؛ چھے فٹ اور تین انچ میرا قد تھا اور میٹرک تک میری تعلیم تھی۔ انہی وجوہات سے اس پلٹن کے انگریزوں کو مجھ سے محبت اور رغبت تھی اور ان کی یہ خواہش تھی کہ میں اس پلٹن میں شامل ہو جاؤں۔ میرے والد صاحب بھی اس میں رضا مند اور بہت خوش تھے لیکن ایک دن میں پشاور میں ایک دوست سے ملنے گیا جو اس رسالہ میں رسالدار تھا، میں اور وہ دونوں کھڑے تھے کہ اس دوران ایک فرنگی جو اس رسالہ میں لیفٹیننٹ تھا آیا، رسال دار صاحب ننگے سر کھڑے تھے اور سر کے بال فیشن ایبل تھے (سر کے اگلے حصہ میں تراشے ہوئے بالوں کا گچھا تھا) اس انگریز نے جب رسالدار کے سر کے بالوں کا یہ فیشن دیکھا تو بڑا غضب ناک ہو کر بولا ''ویل ! ڈیم سردار صاحب تو بھی انگریز بننا چاہتا ہے؟'' یہ سن کر رسالدار کا رنگ فق ہو گیا اور اس میں اتنی بھی جرأت نہ رہی کہ اس بات کا اسے کوئی جواب دیتا، میں نے جب یہ نظارہ دیکھا تو اس کا مجھ پر بڑا سخت اثر ہوا، مجھے تو بارانی کاکا فوجیوں کی عزت کی باتیں سنایا کرتا تھا، لیکن یہاں مجھے ذلت ہی ذلت نظر آئی، پھر کیا تھا، میں نے اسی دن سے انگریزوں کی نوکری کا خیال ہی چھوڑ دیا لیکن میرے ابا جان نے میرے اس خیال کی سخت مخالفت کی۔ وہ مجھ سے ناراض بھی ہو گئے کیوں کہ ان دنوں ڈائریکٹ کمیشن حاصل ہونا ایک بہت بڑی چیز تھی لیکن مجھے وہ بڑی چیز نہیں دکھائی دی اور نہ ہی مجھے اس میں کسی قسم کی کوئی عزت نظر آئی بلکہ مجھے تو وہ ایک حقیر ہلکی اور گری ہوئی چیز دکھائی دی۔

ڈائریکٹ کمیشن ٹھکرا دینے کی وجہ سے بابا جی مجھ سے سخت ناراض تھے لہٰذا میں نے اس کے متعلق اپنے بھائی ڈاکٹر خان صاحب کو ایک خط بھیجا اور اس میں میں نے یہ لکھا کہ ''میں نے انگریزوں کی نوکری کا خیال ترک کر دیا ہے کیوں کہ اس میں کوئی عزت نہیں ہے بلکہ غلامی اور ذلت ہے۔'' ڈاکٹر خان صاحب میرے اس فیصلہ سے بہت خوش ہوئے اور انھوں نے ابا جان کو لکھ دیا کہ میں نے جو فیصلہ کیا ہے وہ صحیح ہے اور شائستہ فیصلہ ہے۔ لہٰذا وہ مجھے مجبور نہ کریں اور نہ ہی ناراض ہوں۔

میں نے پھر تعلیم کی طرف رجوع کیا۔ انہی دنوں میں اپنے ایک اور ساتھی کے ہمراہ کیمبل پور چلا گیا، اور کیمبل پور کے ہائی اسکول میں از سرِ نو داخل ہوگیا لیکن اس جگہ بڑی سخت گرمی تھی اور میری طبیعت وہاں نہ لگ سکی۔ میں اس جگہ سے قادیان چلا گیا لیکن یہاں کی فضا بھی مجھے پسند نہ آئی، وہاں رات کو میں نے ایک خواب دیکھا کہ میں ایک خوبصورت گہرے کنویں میں گر پڑا ہوں، اسی اثناء میں ایک آدمی وہاں آتا ہے اور کنویں کے اندر میری جانب اپنا لمبا ہاتھ بڑھاتا ہے اور میں اس کے ہاتھ کو پکڑ لیتا ہوں اور وہ شخص مجھے کنویں سے باہر نکال لیتا ہے۔ اس کے بعد وہ حیرت سے میری طرف دیکھ کر کہتا ہے۔ ''کیا تم کو یہ کنواں نظر نہیں آتا، آخر اس میں اپنے آپ کو کیوں پھینکتے ہو۔'' علی الصباح جاگا تو یہ قصہ میں نے اپنے ساتھی کو سنایا اور ہم دونوں اس بات پر متفق ہوگئے کہ اس جگہ سے نکل جائیں۔ چنانچہ ہم وہاں سے واپس اپنے گاؤں آ گئے۔

میرا وہ ساتھی پشاور کے ایک ہائی اسکول میں داخل ہوگیا اور میں اپنے گاؤں سے علی گڑھ چلا آیا۔ وہاں کالج میں داخل ہوگیا لیکن مجھے رہائش کے لیے بورڈنگ میں جگہ نہ ملی۔ چنانچہ میں نے علی گڑھ کے ایک ہوٹل میں رہائش اور خورد و نوش کا انتظام کرلیا۔ یہ کالج علی گڑھ شہر سے، جہاں وہ ہوٹل تھا، دور تھا۔ دن کا وقت میں کالج میں گذارتا اور رات کو شہر چلا آتا۔ گاؤں آ کر مجھے معلوم ہوا کہ ولایت سے میرے بھائی کا ایک خط میرے بابا جی کے نام آیا ہے، اس خط میں میرے متعلق لکھا تھا کہ بہتر یہ ہوگا کہ میں انجینئرنگ کی تعلیم حاصل کرنے کے لے ولایت چلا جاؤں اور انہی کے پاس ٹھہروں، وہاں بھائی صاحب ڈاکٹری پڑھ رہے تھے اور میرے لیے انھوں نے انجینئرنگ کا موضوع تجویز کیا تھا۔ اس کی وجہ یہ تھی کہ میں جیومیٹری میں بہت لائق تھا، بھائی صاحب کی اس تجویز کے پیش نظر ابا جان نے میرے ساتھ صلاح مشورے کے بعد یہ فیصلہ کیا کہ میں بھی لندن چلا جاؤں۔ اس فیصلہ کی اطلاع ڈاکٹر خان صاحب کو بھجوادی، ڈاکٹر صاحب نے میرے لیے پی این او جہاز میں جگہ ریزرو کروالی، اور بابا نے مجھے تین ہزار روپئے بھی دے دیئے، اور میں جانے

کے لیے بالکل تیار ہو گیا لیکن جب میں رخصت لینے کے لیے اپنی والدہ صاحبہ کے پاس گیا اور جانے کے لیے ان سے اجازت مانگی تو وہ رونے لگیں، مجھے انھوں نے جانے کی اجازت نہ دی میں نے انھیں سمجھانے کی انتہائی کوشش کی لیکن میں انھیں قائل نہ کر سکا میں نے ان سے یہ بھی کہا کہ وہ ذرا اپنے دیش کو تو دیکھیں کہ اس کی کیا حالت ہے، انگریزوں نے یہاں کے لوگوں میں پھوٹ، پارٹی بازی اور طرح طرح کے نفاق پیدا کر رکھے ہیں، یہاں بے گناہ لوگ موت کے گھاٹ اتارے جاتے ہیں پھر بے گناہ لوگوں پر ہی مقدمے اور دعوے دائر ہوتے ہیں، آپس کی پارٹی بازی اور بغض وعناد کی وجہ سے اکثر گناہ گار بری ہو جاتے ہیں اور بے گناہ قید کی اذیتیں جھلتے ہیں۔ یہاں تو کسی بھی انسان کی زندگی محفوظ نہیں ہے، یہاں سیکھنے کو کیا رکھا ہے، میری ان باتوں کا والدہ صاحبہ پر کچھ اثر نہ ہوا، وہ میرے ساتھ متفق نہ ہوئیں لوگوں نے ان کے دماغ میں یہ بات بٹھلا دی تھی کہ ایک دفعہ اگر کوئی اس ملک سے ولایت چلا جاتا ہے تو وہ ایسا ملک ہے کہ اس سے کوئی بھی واپس نہیں آتا۔ ان کا ایک بیٹا پہلے ہی ولایت جا چکا ہے، وہ تو واپس آنے سے رہا اور اب یہ دوسرا بھی ان کے پیچھے چلا گیا تو ان کی بھی یہی حالت ہوگی جو لاوارث اور اولاد نرینہ سے محروم ماں کی ہوتی ہے۔ مطلب یہ کہ ان کا بھی کوئی نام لیوا اور پانی دیوا نہیں رہے گا۔

چونکہ ہم دو ہی بھائی تھے، ایک تو پہلے ہی ولایت جا چکا تھا اور اب میں ہی ان کی دلجمعی کے لیے پاس تھا۔ بھائی صاحب کی عدم موجودگی میں وہ مجھے ہی دیکھ کر دل کو تسکین دے لیا کرتی تھیں۔ انھیں میری جدائی گوارا نہیں تھی اس لیے وہ مجھے دیس جانے کی اجازت نہیں دیتی تھیں۔

دراصل ماں سے مجھے بھی بہت محبت تھی اور وہ بھی مجھ سے بے حد پیار کیا کرتی تھیں۔ میں ان کی اجازت کے بغیر انگلینڈ نہیں جانا چاہتا تھا اور جب انھوں نے مجھے جانے کی اجازت نہ دی تو میں انگلینڈ جانے سے رہ گیا اور ولایت کا خیال ہی میں نے ترک کر دیا، اب میں نے ملک وملت اور خدا کی مخلوق کی خدمت کرنے کا ارادہ کر لیا۔

مولانا عبدالماجد دریابادیؒ

۱۸۹۲ء میں والد ماجد ضلع لکھیم پور کھیری میں ڈپٹی کلکٹر تھے اور والدہ ماجدہ دریاباد آئی ہوئی تھی کہ میری پیدائش یہیں ہوئی۔ شب کا وقت تھا اور شعبان کی ۱۶ویں کو میری پیدائش ہوئی۔ بڑے ہو کر میں نے منشی رحمت اللہ رعد مرحوم کانپوری (بڑی جنتری والے سے ٹھیک انگریزی تاریخ دریافت کی جواب آیا کہ ۱۶/شعبان ۱۳۱۰ھ کو مارچ ۱۸۹۲ء کی بھی ۱۶ ہی تھی۔ واللہ اعلم! لیکن ایک روایت کان میں پڑی ہوئی ۱۵/مارچ کی بھی ہے۔ دھوم دھام، مسرت و شادمانی جیسی سب گھرانوں میں ہوتی تھی، میرے لیے بھی ہوئی اور ان کا علم تو عالم الغیب ہی کو ہو سکتا تھا کہ کون نصیبہ کیسا لے کر آیا ہے۔

مسلمان کے گھر میں اس وقت تک یہ دستور تھا کہ اِدھر بچہ پیدا ہوا اور ادھر جلدی جلدی نہلا دھلا کر اذان اس کے کان میں دے دی گئی کہ جس طرح روح کو اس عالم میں روانگی کے وقت لوری کلمہ طیبہ کی دی جائے گی اسی طرح اس عالم آب و گل میں آمد پر بھی اولین لوری کلمۂ پاک کی سنادی جائے۔ رضاعت کے لیے علاوہ والدہ ماجدہ کے ایک انّا کی خدمات بھی حاصل کر لی گئیں اور اتفاق پیش آ جانے پر ایک آدھ دن کے لیے بستی کی ایک سیدانی نے بھی میری رضاعت کی۔ بس اس سے زیادہ کوئی بات اس منزل کی قابل ذکر نہیں۔

ابھی پوری بے ہوشی کا زمانہ تھا کہ والدہ ماجدہ کے ساتھ لکھیم پور آ گیا۔ بھائی صاحب کو پڑھانے کے لیے دریاباد ہی کے ایک صاحب علم و عمل مولوی صاحب مقرر تھے۔ اس وقت کے معیار کے مطابق ایک معقول مشاہرہ اور کھانے پر گھر ہی میں رہتے تھے۔ اور گویا چوبیسوں گھنٹے اتالیقی کا فرض انجام دیتے تھے۔ میں ابھی پانچویں سال میں بھی نہیں

بلکہ چوتھے ہی سال میں تھا کہ والدین نے میری بسم اللہ انھیں مولوی صاحب سے کرادی۔ سنا ہے کہ میری صحت بچپن میں بہت اچھی تھی، چار سال میں پانچ سال کا معلوم ہونے لگا اس لیے بسم اللہ کرادینے میں کچھ ایسی عجلت معلوم بھی نہیں ہوئی ہوگی۔

'بسم اللہ' اب کیا بتایا جائے کہ یہ متبرک رسم اس وقت تھی کیا! ان اوراق کی رسم کے جاننے والے اور سمجھنے والے رہ جائیں گے!

اُنیسویں صدی کے آخر بلکہ بیسویں صدی کے بھی رُبع اول تک دستور ہر پڑھے لکھے گھرانے میں تھا کہ بچہ ادھر پانچ سال کا ہوا کہ ادھر عام پڑھائی شروع کرانے سے قبل ایک چھوٹے سے مجمع میں اسے بٹھا اور قواعد بغدادی نامی ایک پرانی دھرانی کتاب اس کے ہاتھ میں دے لفظ بسم اللہ پر اس کی ننھی سی انگلی رکھا، کسی متبرک شخص کی زبان سے، پوری بسم اللہ الرحمٰن الرحیم اس سے دہروادی جاتی تھی۔ مولوی صاحب ایک ایک ٹکڑا الگ الگ کہہ کر کہتے جاتے اور بچہ اسے دہراتا جاتا اور تبرکاً ایک آدھ دعا اور بھی پڑھادی جاتی۔ بسم اللہ کرانے والے کی خدمت میں حسب توفیق کچھ نذرانہ پیش کیا جاتا۔ حاضرینِ محفل کو شیرینی تقسیم کردی جاتی اور سب لوگ والدین کو مبارکباد دیتے اور بسم اللہ کی اس تقریب کے بغیر تعلیم شروع ہی نہ ہوسکتی۔ اس اسلامی تہذیب و ثقافت کی ایک جھلک جو اس کی بھی تاکید رکھتی ہے کہ ہر صبح سونے سے اُٹھنے والا کیا بچہ اور کیا بوڑھا، کلمہ ہی پڑھتا ہوا اُٹھے!

زمانہ یہی کوئی اخیر ۱۸۹۵ء کا ہوگا کہ ایک سہ پہر کو بعد عصر وہیں لکھیم پور میں زنانہ مکان کے صحن میں تخت پر فرش بچھا دیا گیا، گھر والے جمع ہوئے اور میں انھیں مولوی صاحب کے سامنے بسم اللہ پڑھنے بٹھا دیا گیا اور رسوائی زندگی کی پہلی رسوائی کا تماشہ اب شروع ہونے کو ہوا۔ اردگرد عزیز، دوست ملازمین کچھ کھڑے ہوئے کچھ بیٹھے ہوئے، والدہ و ہمشیرہ وغیرہ چلمنوں کی آڑ سے ادھر آنکھیں لڑائے ہوئے ہے۔ سب کے چہروں سے مسرت ٹپکتی ہوئی، لیکن یہ کیا دیر ہوتی چلی جاتی ہے اور ضدی لڑکے کی زبان پر بسم اللہ نہیں آتی! مزاج میں شرمیلا پن پیدائشی تھا، وہ اس وقت اور کیسی بری گھڑی رنگ لایا جھٹ سے

فر فر سنا دینا الگ رہا، یہ بھی نصیب نہ ہوا کہ اٹک ہی اٹک کر کچھ تو زبان سے نکالتا ایک دم چپ ہو گیا، اڑ گیا! اب مولوی صاحب بچارے ہزار چمکار رہے ہیں، بڑھاوا دے رہے ہیں، دلاسا دے رہے ہیں اور کھڑے بیٹھے جتنے ہیں سب ہی اپنی والی شاباشی کی تھپکیاں دے رہے ہیں لیکن چاروں طرف سے جتنا اصرار ہو رہا ہے اسی قدر اپنی زبان گنگ سے گنگ تر ہوتی جا رہی ہے۔ والد صاحب مرحوم بڑے ہی حلیم المزاج تھے لیکن آخر انسان تھے، غصہ کب تک نہ آتا، بھرے مجمع کے سامنے یہ منظر بالکل خلاف توقع، خلاف امید دیکھ کر اور زیادہ جھنجھلا اٹھے، بالآخر ایک پتلی چھڑی اٹھا کر میرے جمادی، ضدی بچہ نے مار گوارا کر لی، لیکن زبان نہ کھلنا تھا نہ کھلی، لوگوں نے سمجھا بجھا کر الگ کیا اور کچھ دیر کے لیے مجھے مہلت دلا دی، اور خوش دلی و مسرت کی تقریب ایک عجیب قسم کی بے لطفی و اداسی پر ختم ہو گئی۔

کچھ دیر بعد وہی اَن پڑھ کھلائی بالآخر کام آئیں اور مجھے گود میں اٹھایا، خوب باتوں میں لگایا، خوب بہلایا اور جب دیکھ لیا کہ بھوت سر سے پوری طرح اتر چکا ہے تو آخری تیر یہ چلایا کہ ''شابش، کیا کیا ہمارے بھیا کو بسم اللہ کہنا نہیں آتی! اچھا ذرا پکار کر مولوی صاحب کو تو سنا دے۔'' اب کیا تھا، شرم کا بند ٹوٹ چکا تھا۔ مولوی صاحب مکان میں تھے۔ کڑک کے پوری بسم اللہ انھیں دروازے ہی سے سنا دی۔ اب کیا تھا! اداس چہرے بحال ہو گئے، خوشی کی لہر گھر بھر میں دوڑ گئی۔ مٹھائی کی تقسیم دھوم دھام سے ہوئی۔

اس سن کی باتیں یاد کس کو رہ سکتی ہیں۔ سب اتنا یاد ہے کہ گھر بھر میں چھوٹے بڑے ہر کام کے لیے کوئی ملازم موجود تھا یا ملازمہ، اپنے ہاتھ سے پانی انڈیل کر پینے کی نوبت بھی مشکل ہی سے آ پاتی۔ بڑے ہو کر بھی یہ نہ جانا کہ بستر تہہ کیوں کر کیا جاتا ہے، بستر بند (ہولڈال) کے اندر رکھا کیوں کر جاتا ہے، کپڑے پر برش کیسے کیا جاتا ہے، لالٹین جلائی کیوں کر جاتی ہے، جوتے کی ڈوریاں کسی کیوں کر جاتی ہیں، گلاس اور لوٹا صاف کیوں کر کیا جاتا ہے، نوکر چاکر آخر تھے کاہے کے لیے! نقشہ تنہا اپنے گھر کا نہیں، اوسط درجہ کے ہر

مسلم خوش حال گھرانے خصوصاً ہر زمین دار خاندان کا تھا، اپنے ہاتھ سے اپنا ادنیٰ کام بھی نہ کرنا عیب میں نہیں، ہنر میں داخل اور عین دلیل شرافت! ۱۹۶۷ء میں بھی یہ خال خال موجود۔

مسلم شریف گھرانوں میں اس وقت عام نصاب درسی کیا تھا؟ یہی کہ سب سے پہلے قواعد بغدادی، پھر قرآن مجید ناظرہ اور ساتھ ساتھ اُردو اور فارسی، اور کچھ تھوڑی بہت عربی بھی۔ اس گھریلو تعلیم کے بعد انگریزی اسکول میں داخلہ اور حساب جغرافیہ، انگریزی وغیرہ کی سرکاری تعلیم! جو معاش کے لیے ناگزیر تھی۔ مسلمانوں میں اپنے کلچر اپنی تہذیب اخلاق اپنے شعار ملی کے تحفظ کا جذبہ بہر حال زندہ و بیدار تھا، گو بڑی ہی پست سطح پر اور تحفظ کے طریقے بھی فرسودہ اور نرے رسمی ہو کر رہ گئے تھے۔ زندگی عملی اور شعوری اعتبار سے جیسی بھی ہو، بہر حال قرآن ہی کی چھوٹی سورتوں کو شروع ہی میں حفظ کر لینا، شیخ سعدی کے پند نامہ (کریما) اور گلستاں، بوستاں کو بغیر زیادہ سمجھے بوجھے پڑھ ڈالنا، بچوں کے لیے عام تھا اور عقیدے میں باعث برکت و وسیلۂ نجات! اب ۷۰، ۷۵ سال کے بعد یہ سب محض افسانہ ہے یا خواب!

ایک ایک کر کے سب تنکے
ہوئے برباد آشیانے کے

اسلامیت سے بیزاری کی فضا، خود انگریزی ہی حکومت میں کیا کم تھی کہ اس میں جو کمی تھی وہ آزاد ہند کی سیکولر حکومت نے پوری کر دی! انا للہ ثم انا للہ۔

گھریلو تعلیم اس عام و متداول نصاب کے مطابق شروع ہوئی۔ مولوی حکیم محمد علی اطہر دہلوی ثم دریابادی، بھائی صاحب کو پڑھانے پر پہلے سے ہی مقرر تھے، وہی میرے پڑھانے کے لیے بھی رہے، بسم اللہ انھیں نے کرائی اور تعلیم ابھی بالکل ہی ابتدائی منزلوں میں تھی کہ وہ اپنے ذاتی وجوہ سے وطن واپس چلے گئے اور میں ان کے فیض صحبت سے محروم ہو گیا۔ وہ آدمی پڑھے لکھے بھی تھے اور خوش عمل بھی۔ اب ان کی جگہ جو دوسرے دریابادی

صاحب آئے، وہ ان سے کوئی نسبت نہ علم میں رکھتے تھے، نہ عمل میں۔ بہر حال میرے پڑھانے بھر کو تو وہ بھی بہت تھے اور میری مشرقی گھریلو تعلیم کا بڑا حصہ انھیں سے طے ہوا۔

والد ماجد کا تبادلہ اب گونڈے اور بستی کے مختصر قیام کے بعد گورکھپور ہو گیا تھا اور اب ۱۸۹۷ء تھا۔ اس وقت کی باتیں کچھ کچھ حافظہ میں محفوظ ہیں، درس کے اوقات صبح اور سہ پہر کے تھے۔ دوپہر کو چھٹی رہتی، قرآن مجید کا خاص سبق لینا، پرانا آموختہ سنانا اور کتاب پڑھنا، تختی لکھنا، یہ روزمرہ کا معمول تھا۔ ایک شریفانہ مزاج کے ہندو ماسٹر بھائی صاحب کو انگریزی پڑھانے آتے، کچھ دیر ان کے پاس بھی بیٹھنے لگا اور انگریزی کا حرف شناش ہوگیا۔ اب یہ سب استاد گمنام و بے نشان ہیں، کوئی صورت ان کے احسان کا معاوضہ کسی درجہ میں بھی کرنے کی نہیں نہ کوئی ذریعہ اس جانچ کا کہ اگر یہ اپنا مغز اتنا نہ کھپا گئے ہوتے تو آج میں کہاں ہوتا! ابتدائی درس دینے والے اکثر استادوں کا نوشتۂ قسمت ہی گم نامی و بے نشانی ہے!

اُردو ریڈریں اس وقت مولوی محمد اسماعیل صاحب میرٹھی کی چلی ہوئی تھی، اپنے زمانہ و ماحول کے اعتبار سے یہ معیاری تھیں، زبان وانشاء کے علاوہ ملی ووطنی، اخلاقی، معلوماتی ہر اعتبار سے اچھی ہی تھیں۔ پانچ حصے تھے۔ میں نے سب پڑھے اور اُردو اول اول انھیں سے سیکھی۔

گورکھ پور کا مکان اب تک یاد ہے، اچھا بڑا تھا، دو دو کوٹھے، نیچے دو دو صحن ایک بر آمدہ مکتب، یعنی ہم لوگوں کے پڑھنے کے لیے مخصوص، گھر سے کچھ ہی فاصلہ پر ایک یہودی خاندان آباد، مسٹر جیک کوئی کاروبار کرتے تھے، گورا رنگ اور سفید داڑھی کا نقش اب تک حافظہ میں ہے، کوئی مذہبی تقریب ان کے ہاں ہوتی تو ہم لوگوں کو بھی بلاتے، سوٹ بوٹ کے باوجود ان کی معاشرت مسلمانوں سے ملتی جلتی، شہر کا چوک بھی کچھ دور نہ تھا مگر اس سن کے بچوں کو بازار جانے کی اجازت نہ تھی، جامع مسجد چوک کے اندر تھی، جمعہ کو تو خیر پابندی سے وہاں جانا ہوتا ہے، یوں بھی والد ماجد کبھی کبھی نماز مغرب کو وہاں ٹہلتے ہوئے چلے

جاتے، واپسی میں بازار کی گرم بازاری کا وقت ہوتا۔ اکثر مٹھائی وغیرہ کی خریداری ہوتی، ایک خدمت گار ساتھ میں ہوتا، وہ اسے لے کر آتا۔ آہ اس سن کی سادہ دلی اور بے فکری!

یہیں ایک بار ایسا ہوا کہ ہمشیر کی علالت کے سلسلے میں والدہ آئیں اور بھائی صاحب کو لے کر ایک حکیم حاذق کے علاج کے لیے سندیلہ چلی گئیں، اور میں تنہا والد صاحب کے ہمراہ گورکھپور ہنسی خوشی رہ گیا، یہ سچ ہے کہ گھر میں نوکر چاکر متعدد تھے، پھر بھی پانچ چھ برس کے بچے کا بغیر والدہ کے اپنی مرضی سے دو تین مہینے رہ جانا اگر بے مروتی اور اکل کھرّے پن کا ثبوت نہ تھا، تو اور کیا تھا! ریل کا پہلا سفر اسی زمانے کا یاد ہے، ریل کے سفر کی خوشی کا اس سِن میں کیا کہنا۔ چھوٹے بڑے ہر اسٹیشن کے آنے کی خوشی، گاڑی کی ہر نقل وحرکت سے دلچسپی، گارڈ ڈرائیور، ٹکٹ چیکر، اسٹیشن ماسٹر، ہر وردی پوش کی شکل میں دلکشی! ٹرین کے ہر پٹری بدلنے کے وقت جوش مسرت، نہ کسی تکلیف کا احساس، نہ کسی ہجوم و ریل پیل سے کوئی خوف و ہراس۔ بس کھڑکی کے پاس بیٹھ، باہر جھانکنا اور خشک و تر منظر سے بس خوشی ہی خوشی محسوس کرنا، آج اس سادہ ذہنیت اس طبعی معصومیت کو واپس بلا لینا۔ کاش کسی قیمت پر بھی ممکن ہوتا!

اب سِن ٦ سال کا تھا، پڑھائی جاری تھی، اور دل ہر قسم کے پڑھنے لکھنے میں لگ گیا تھا، لیکن دوسری طرف کھیل کود اور شرارتوں میں بھی کمی نہ تھی، بچپن سب ہی کا جیسا ہوتا اپنا بھی ایسا ہی تھا۔ اس سن کی بے فکری یاد آتی ہے تو فرط حسرت سے بہ قول شخصے، سینے پر سانپ سا لوٹنے لگتا ہے اور مصرعہ وہی یاد آنے لگتا ہے۔ ع

دو دن کو اے جوانی دے دے ادھار بچپن!

اور جوانی کا دور ختم ہونے کے بعد جوانی سے بھی اسی قسم کے خطاب کا جی چاہا ہے لیکن وہ مرغوبیت بچپن کی اب بھی نمبر اوّل ہے۔ شام کے وقت عین اس وقت یہ یاد پڑ گیا کہ خوانچہ والا، خوانچہ لگا کر آواز دیتا ہوا آتا، اس کا انتظار کس شوق سے ہر روز رہتا۔ وہ آتا اور میں چیزیں اس سے لے لے کر اندر والد صاحب کے پاس جاتا خریداری

اکثر ہوجاتی اور اپنے حصے میں بھی کوئی مٹھائی آجاتی۔ کس مزے سے اسے اچھل اچھل کر کھاتا! گویا گھڑی بھر کے لیےہفت اقلیم کی بادشاہت ہاتھ آجاتی! اب اس سن میں پہنچ کر جو سوچتا ہوں تو دنیا کی ساری ہی مادّی لذتوں کی حقیقت اس خوانچہ والے کی مٹھائی سے کیا کچھ بھی زائد نظر آتی ہے! وہ سن نادانی کا کہہ لیا جائے اب اس 'دانائی' کے سن کا کیا حال ہے؟ انتظار ہر لذت کے لیے ہفتوں اور دنوں کا اور کبھی ہفتوں اور مہینوں کا بلکہ برسوں کا بھی، اور حاصل ہوجانے پر ہر بڑی سے بھی بڑی مادی لذت کی عمر کتنی! اور اس کے بعد پھر وہی ہوس، وہی دھن، وہی فکر، دوسرے ملک کے فتح کی! ہم چناں در بند اقلیمے دِگر"!

ایک آگ ہے کہ برابر بھڑکتی ہی رہتی ہے، سلگے ہی چلی جاتی ہے! اکبرؒ نے بات کتنے تجربے کی کہہ دی ہے ؎

کار جہاں کو دیکھ لیا میں نے غور سے
اک دل لگی ہے سعی میں، حاصل میں کچھ نہیں!

اور عمر ہے کہ اس دل لگی کی نظر ہوتی ہی جارہی ہے۔ اسی حاصل لاحاصل کے پیچھے بسر ہوئی جارہی ہے!

کسی اور نے بھی عمر کی بے حاصلی کے مضمون کی کیا خوب باندھا ہے ؎

عمر دراز مانگ کے لائے تھے چار دن
دو آرزو میں کٹ گئے دو انتظار میں

۱۸۹۸ء کی دوسری ششماہی تھی کہ والد صاحب کا تبادلہ گورکھپور سے فیض آباد ہوا، وہ کچہری ہی میں تھے جب حکم نامہ ملا! اطلاعی رقعہ اسی وقت انھوں نے گھر بھجوا دیا خبر پاتے ہی گھر بھر میں خوشی کی لہر دوڑ گئی، خیر بڑوں کو تو خوشی اس کی تھی کہ وطن (دریاباد) قریب ہو جائے گا، فیض آباد اپنے اودھ ہی میں تھا اور دریاباد سے قریب ہی نہیں بلکہ اس کی کمشنری بھی۔ پھر لکھنؤ قریب اور آب و ہوا بھی گورکھپور کی طرح مرطوب نہیں بلکہ معقول۔ چھوٹوں کو ان مصلحتوں اور دور اندیشیوں سے کیا سروکار۔ یہاں تو خوشی اور بے انتہا خوشی اس کی کہ

ریل پر بیٹھنے کا موقع ملے گا، نئے نئے اسٹیشن دیکھنے میں آئیں گے، سارا گھر ساتھ ہوگا، نوکر چاکر ساتھ ہوں گے، اسباب کے بکس، صندوق اور گٹھر، منوں کے وزن کے ساتھ ہوں گے، بڑی ''چکلس'' رہے گی! ساری خوشی اس ہنگامے اور ہلڑ کی تھی، سفر کی ساری فکریں اور انتظامات تو بڑوں کے سر تھے۔ اور اپنے حصہ میں محض ہلڑ بازی آئی۔ یہ چیز توڑی، وہ پھوڑی، ایک ادھم مچا کر سارا گھر سر پر اٹھا لیا اور اس سارے تماشہ میں کون شریک ہوتا، ہاں شریک رہیں تو ہمشیرہ جو ۵، ۶ سال بڑی تھیں۔ آج یہ ساری شوخیاں، شرارتیں جس درجے نامعقول نظر آ رہی ہوں، اس سن میں قوت کا فاضل یا فالتو ذخیرہ جو جسم میں فاطرِ کائنات کی طرف سے جمع رہتا ہے، وہ آخر اپنی نکاس کا راستہ اور کس طرح ڈھونڈتا اور 'نامعقول' ہی سرتاسر ان حرکتوں کو کیوں کہیے! اور ان سے شرمندگی ہی اتنی کیوں محسوس کیجیے۔ ذکر کرتے کرتے کچھ رشک کا سا بھی تو اپنی اس معصومیت سادہ دلی، خام عقلی اور بے تصنع نادانیوں پر آ گیا!

کم فہم تھے تو کم تھے پریشانیوں میں ہم
دانائیوں سے اچھے تھے نادانیوں میں ہم

سفر کا سماں اب تک نظر کے سامنے ہے۔ روانگی رات ۹، ۱۰ بجے کی گاڑی سے طے ہوئی تھی؛ منکا پور اور لکڑ منڈی کے راستے سے۔ رخصتی مجمع سرِ شام سے ہونے لگا۔ وسیع مردانہ صحن کھچا کھچ بھر گیا تھا۔ خدا معلوم خلقت کہاں سے ٹوٹ پڑی تھی، خیر صاحب! اسٹیشن پہنچے، والد ماجد اور والدہ و ہمشیرہ کے ٹکٹ سکنڈ کلاس (آج کے فرسٹ کلاس) کے تھے، ہم لوگوں کے انٹر (آج کل کے سکنڈ کلاس) کے۔ یہ درجہ خوب ہی بھرا ہوا تھا لیکن یہاں باہر جھانکنے اور سیر دیکھنے کے شوق میں لیٹنے اوع بیٹھنے کی پرواہ ہی کس کو تھی! نیند آنکھوں میں تھی کہاں؟ ساری خوشی اس کی کہ کھڑکی کے پاس کھڑے ہو کر باہر جھانکنے کو خوب ملتا تھا، اس کا ہوش ہی نہیں کہ آخر باہر اندھیرے گھپ میں دیکھنے کو کیا ملے گا۔ یہ بچکانہ ذہنیت اگر بچپن میں نہ ہو تو اسے بچپنا کہا ہی کیوں جائے۔ نیند آخر کب تک نہ آتی، والد ماجد کے

متوسلوں میں کوئی صاحب بیٹھے ہوئے تھے، انھوں نے اپنے گھٹنے پر میرا سر رکھ کر مجھے سلا دیا۔ سن پھر یاد کر لیجئے کہ چھ سال کا تھا۔

منکا پور میں گاڑی آدھی رات کے بعد پہنچی۔ جہاں سے گاڑی لکڑ منڈی کے لیے بدلنا تھی، ویٹنگ روم میں ٹھہرے، اسے پہلی بار دیکھا، اور اس سن میں یہ کمرہ خوب سجا سجایا نظر آیا۔ پٹریوں کے درمیان اس زمانہ میں چھوٹے چھوٹے پتھر پڑے رہتے تھے، صبح انھیں دیکھ کر طبیعت لہرائی اور دوسرے بچوں کی طرح اپنے دل میں بھی یہ آئی کہ کوئی پتھر اٹھا کر پٹری پر رکھ دیجئے اور ٹرین کے گرنے الٹنے کا تماشہ دیکھئے، خیر ایسا ہونے کیوں پاتا، بڑوں میں سے کسی نے دیکھ لیا اور ڈانٹ کر وہاں سے ہٹا دیا، مقصود اس ذکر سے ان لوگوں کو چونکانا ہے، جنھوں نے بچوں کو مطلق صورت میں معصوم فرض کر لیا۔ یہ معصوم صرف اس معنی میں ہیں کہ ابھی ان کی عقلیں خام ہیں۔ ذہنیت کے لحاظ سے معصیت کی ذمہ داری ابھی ان پر نہیں آتی، ورنہ نفس، شرارتیں تو بچوں کی اس غضب کی ہوتی ہیں کہ بڑی سے بڑی تباہی اور بربادی دم بھر بلا کر رکھ دیں۔

لکڑ منڈی گھاٹ سے اجودھیا (متصل فیض آباد) کا سفر اسٹیمر کا تھا، دریائے گھاگرا میں برسات میں اسٹیمر چلا کرتا تھا، اور اسٹیمر اس سن کے تخیل میں نمونۂ جہاز نہیں عین جہاز تھا۔ تماشہ ریل کے سفر کا کیا کم تھا، یہ بحری سفر تو عجوبہ پن میں اس سے بھی کہیں بڑھ کر نکلا۔ پردہ اس وقت تک شریف خاندانوں کا جزو زندگی تھا۔ خرچ جتنا کچھ بھی پڑ جائے، یہ ممکن نہ تھا کہ پردے کی پابندیوں میں ذرا فرق آنے پائے۔ والد مرحوم اسی زنانہ کے ساتھ سفر کرنے میں سکنڈ کلاس (اس وقت کے فرسٹ) کا پورا کمپارٹمنٹ ریزرو کرا لیتے تھے کہ درجہ بالکل اپنا ہو جائے اور کسی غیر کے آنے کا سوال ہی نہ باقی رہ جائے۔

ایک غرض کے لیے سارا خرچ گوارا تھا۔ پھر اتنی احتیاط بھی بعض دفعہ کافی نہ سمجھی جاتی اور درجہ کے اندر بھی چاندنی کا پردہ باندھ دیا جاتا کہ پلیٹ فارم پر بھی گزرتے ہوئے کسی مرد کا اتفاق سے سامنا نہ ہو جائے۔ لکڑ منڈی اسٹیشن پر پالکی کہاروں کا انتظام خاصہ

اہتمام کر کے پہلے سے کرلیا گیا تھا۔ ہمشیرہ کا سن ابھی پورے بارہ سال کا بھی نہیں ہوا تھا وہ اور والدہ ماجدہ اسی میں بیٹھیں ، اور پالکی اسی طرح اسٹیمر پر رکھ دی گئی۔ کتاب کے شائع ہونے تک ذہن اس سوال میں الجھیں گے کہ یہ پالکی کیا بلا تھی ، جس کا نام بار بار آ رہا ہے، پالکی ،فینس ، میانہ چوپہلا ،تھوڑے تھوڑے فرق کے ساتھ ان سواریوں کے نام تھے، جنھیں کہار (ایک خاص ذات کا مزدور) کاندھے پر اٹھا کر لے چلتے تھے۔ شکل ان کی مستطیل ہوتی تھی ، نیچے کا حصہ پلنگڑی یا کھٹولے کی طرح سُتلی یا بید سے بنا ہوا ہوتا تھا، اوپر کے حصے میں ایک موٹا سا بانس پڑا ہوتا، اور کہار اسی بانس کو کاندھے پر رکھ کر چلتے تھے، اندر اتنی جگہ ہوتی تھی کہ عورت سمٹ سمٹا کر لیٹ سکتی تھی، اصلاً یہ سواری زنانی تھی، اس پر پردے پڑے رہتے ، ان کی دیواریں لکڑی کی بنا کر دروازے بھی لکڑی ہی کے لگا دیے جاتے۔ بغیر پردہ ڈالے، مردانی سواری کا بھی کام پالکی دیتی تھی، اور تانگے ، رکشے ، سائیکل اسکوٹر، موٹر کے دور سے پہلے مردوں کے لیے یہ ایک معزز شریفانہ سواری تھی۔

اجودھیا گھاٹ پر اسٹیمر سے اُتر، وہاں سے شکرموں پر چند میل چل، قافلہ فیض آباد پہنچ گیا۔ اب 'شکرم' بھی کوئی کیا سمجھے گا۔ پالکی گھوڑا گاڑی ہوتی تھی، دو گھوڑے جتے رہتے تھے، چھت دوہری ہوتی تھی اور خوب مضبوط تا کہ وزنی سے وزنی سامان سنبھال سکے۔ بڑے شہروں میں کرایہ پر چلتی تھی اور شرفاء و معززین کے لیے بڑے آرام کی سواری تھی۔ فیشن کی نذر رفتہ رفتہ یہ آرام دہ سواری بھی ہوگئی۔ اس کے بعد تانگے چلے، اور تانگوں کے بعد نمبر رکشوں کا آیا، اور پھر سائیکل رکشا اور موٹر رکشا، اسکوٹر اور قسم قسم کے موٹر۔

نماز پنجگانہ کی عادت اب تو خیر سِن ۶ ، ۷ سال کا تھا، دو سال قبل ہی قائم ہوگئی تھی ، والدہ ماجدہ کے ساتھ جب دریاباد جا کر کچھ روز جم کر رہنا ہوا تھا۔ اور اس میں بڑا دخل چچا صاحب شیخ عبدالرحیم صاحب کو تھا وہی منہ اندھیرے مجھے اٹھاتے تھے اور مسجد اپنے ساتھ مجھے لے جاتے ، نماز کا بچپن ہی سے عادی بنا دینے کا رواج اب تو خیر کیا ہوتا ،اس وقت بھی عام نہ تھا، حالانکہ والدین اگر زیادہ خیال کرلیا کریں تو ایسا دشوار کچھ اب بھی نہیں، فیض

آباد میں نماز جمعہ کو پابندی کے ساتھ جاتا اپنے مولوی صاحب کے ساتھ، پڑھائی لکھائی کا شوق دستور قائم اور تعلیم میں مذہبیت دوسرے علوم پر مقدم، قرآن مجید (ناظرہ) کا بڑا حصہ یہیں ختم ہوا۔

عجائب خانہ (میوزیم) کی زیارت بھی سب سے پہلے یہیں ہوئی، گو ظاہر ہے کہ بہت چھوٹا سا تھا، یہاں اسکولوں کے علاوہ ایک کالیج اسکول بھی تھا، اور اس زمانہ میں ایک خاص چیز تھا۔ اس کا پرنسپل ایک انگریز رہتا، دو بڑے بھائی (ایک حقیقی، دوسرے چچیرے) اسی میں پڑھتے تھے، ان کی زبانی اسکولی سوسائٹی، اسکولی شرارتوں، اسکولی کھیل کود، اسکولی سزاؤں کے قصے برابر سننے میں آتے رہتے، اور اسکول میں نہ پڑھنے کے باوجود اسکول کے ماحول سے بے گانہ نہیں رہا تھا۔ اجودھیا ہندوؤں کا مشہور تیرتھ، شہر سے کچھ ہی فاصلہ پر تھا۔ کبھی کبھی اپنے بڑے بھائیوں اور ان کے دوستوں کے ہمراہ یہاں بھی کوئی میلہ دیکھنے جاتا۔ وہاں کے مندروں، شوالوں کا حیرت کے ساتھ دیکھنا اب تک یاد ہے۔

۱۸۹۹ء کی پہلی سہ ماہی ختم پر تھی کہ والد ماجد کا تبادلہ سیتاپور کو ہوگیا، آبادی اس وقت تک کل ۲۲، ۲۳، ہزار کی تھی۔ مسلم تہذیب خصوصاً شیعہ کلچر کا ایک خاصہ مرکز، آب و ہوا کے لحاظ سے بہت اچھا۔ مسلمان شرفاء کے مشہور قصبے۔ اسی ضلع میں واقع خیرآباد، لاہرپور، محمودآباد، ابوپور وغیرہ۔ شہر چھوٹی لائن لکھنؤ سے بریلی کاٹھ گودام جانے والی پر واقع، بڑی لائن اور ایک چھوٹی لائن دونوں بہت بعد کو نکلیں۔

آدھی رات کا وقت تھا اور اخیر مارچ کا خوش گوار موسم، جب ہمارا قافلہ دریاباد اور لکھنؤ سے سیتاپور اسٹیشن پر اترا، ۶۷ سال گزر گئے، بات کل کی معلوم ہوتی ہے! بچپن کے بعض نقش کس درجہ گہرے ہوتے ہیں! آدھی رات کا وقت مگر کیسا کسل اور کہاں کا تکان! خوش خوش اور چاق چاق اترا، کسے معلوم تھا کہ کئی کئی سال اسی شہر میں، مثل وطن کے رہنا ہوگا، آئندہ زندگی کی اہم ترین بنیادیں یہیں قائم ہوں گی، بچپن کی معصومیت یہیں

ساتھ چھوڑے گی، لڑکپن کی شرارتوں اور پھر جوانی کی غفلتوں، سرمستیوں کا آغاز بھی یہیں سے ہوگا !اس زمانہ میں ڈپٹی کلکٹری کے رعب و داب، اثر و اقتدار کا کیا کہنا، اسٹیشن پر چپراسیوں اور عملہ والوں کا پورا پرا جما ہوا، وقت نا ہونے کے باوجود کوئی دقت نہ ہوئی۔ متعدد سواریاں موجود، ہم لوگ کئی من نہیں، کئی کاٹن کا وزنی سازوسامان لیے ہوئے بہ آرام اپنی عارضی فرودگاہ پر پہنچ گئے لیکن اب اندازہ ہوا کہ یہ مکان ہماری ضرورتوں کے لحاظ سے بالکل ناکافی بلکہ تنگ ہے، پلنگ، تخت، بھاری بھاری بکس، بہت سارے سامان کا ڈھیر باہر ہی لگا دیا، صبح ہی سے تلاش دوسرے مکان کی شروع ہوگئی، جویندہ یابندہ، چند ہی روز کی دوا دوش میں ایک کوٹھی مل گئی وسیع وشاندار شہر کی عام آبادی سے ذرا ہٹ کر، سول لائنز کے حدود میں۔ یہ سول لائنز یا ہندوستانی لہجہ میں سول لین کیا ہے؟ ذرا اسے بھی سمجھتے چلیے، ٹھنڈے ملک والے انگریزوں نے جب اس گرم دیس ہندوستان میں رہنا سہنا شروع کیا، تو ان کے افسروں نے شہروں کی گنجان آبادی سے باہر میدانوں میں اپنے لیے بڑی بڑی کوٹھیاں اور پھوس کے ٹھنڈے بنگلے تیار کرائے، اور ان کے اردگرد بڑے بڑے پائیں باغ، چمن اور سبزہ زار رکھے، گویا ہر کوٹھی بجائے خود ایک چھوٹے سے پارک کے حلقہ کے اندر، شہر سے متصل، لیکن شہر سے باہر یہ علاقے انھیں کی اصطلاح میں سول لائنز کہلائے۔ سیتاپور میں ایک بڑی وسیع سول لین آرام دہ اور وسیع صاف ستھری سڑکوں کے ساتھ تھی۔ یہ کوٹھی اسی علاقے میں ملی۔

کوٹھی راجا صاحب محمود آباد کی تھی، محمود آباد کا نام آ گیا ہے تو ذرا تعارف بھی ہوجائے، آگے یہ نام بار بار آئے گا۔محمود ایک مسلم ریاست اسی ضلع میں تھی، سرحد ضلع بارہ بنکی سے ملی ہوئی، یہاں کا رئیس راجہ کہلاتا تھا۔ پشتینی خطاب خان بہادر کا رکھتا تھا اور اب اس کا شمار اوَدھ کے سب سے بڑے تعلقہ داروں میں تھا۔ 'تعلقہ دار' کی اصطلاح اب خود تشریح طلب ہوگئی ہے۔ انگریزوں کے زمانے میں اودھ کے بڑے زمیندار تعلقہ دار کہلاتے تھے، ۱۹۵۵ء میں زمینداری، تعلقہ داری سب ختم کردی گئیں، محمود آباد راج کے مالک نسباً ہم

لوگوں کی برادری کے ایک شیخ صدیقی تھے، دو ہی تین پشت قبل مذہب انھوں نے امامیہ اختیار کرلیا تھا۔ اودھ کی سلطنت میں جب شیعیت کا زور ہوا تو بہت سے ضعیف الایمان اہلِ سنت نے انھیں کی طرح سرکار دربار میں رسوخ وتقرب کے خیال سے شیعیت قبول کر لی تھی لیکن یہ تھا کہ گو رئیس شیعہ ہوگئے تھے، لیکن نسلی سنیت کا اثر مدتوں دور نہ ہوسکا۔ اس وقت کے رئیس کا نام امیر حسن خان تھا (خان مخفف ’خان زادہ‘ کا نہ یہ کہ ذات کے پٹھان تھے) ’راجا‘ اور ’خان بہادر‘ انگریزی سرکار کے خطاب اور ’امیر الدولہ‘ و’سعید الملک‘ بادشاہی عہد کی یادگار۔

تو انھیں راجا صاحب کی متعدد کوٹھیاں اور بنگلے سیتاپور سول لین میں، حاکموں اور افسروں کے لیے بنے ہوئے تھے اور ضابطہ سے کرایہ پر چلتے تھے، جج، ڈپٹی کمشنر، سول سرجن سپرنٹنڈنٹ پولیس وغیرہ انھیں کوٹھیوں میں رہتے۔ انھیں میں سے ایک کوٹھی ہمیں بھی ملی۔

کوٹھی میں آکر آنکھیں کھل گئیں۔ ایسا عالیشان مکان رہنے کے لیے اس سے قبل کیوں ملا تھا۔ کمرے چھوٹے بڑے کئی کئی۔ ایک وسطی ہال بھی اور بغلی کمرے بھی۔ کئی کئی برآمدے، غسل خانہ وغیرہ۔ زنانے مکان کا صحن لمبا چوڑا اور چار دیواری نیچی ہونے کے باعث خوب کھلا کھلا۔ اصل کوٹھی سے ذرا ہٹ کر جنوب میں خوب بڑا سا اصطبل اور شاگرد پیشہ کے مکانات اور پائیں باغ تو کہنا چاہیے لق و دق۔ مشرق میں خوب پر بہار چمن سبزہ زار پھولوں، بیلوں، پودوں سے آراستہ، مغرب وشمال کی جانب گھنا باغ، آم کے علاوہ بھی طرح طرح کے درختوں اور سبزی ترکاری سے لبریز غرض گھر بیٹھے پورا مزہ پارک کا حاصل۔ اب تک یاد ہے کہ جب پہلی مرتبہ اس کوٹھی میں قدم رکھا ہے تو اس کی وسعت تو بے پایاں نظر آئی اور حسن وزیبائش کے لحاظ سے وہ تاج محل (آگرہ) کا نمونہ بن کر نظر میں سمائی، خوب اچھلا کودا، خوشی منائی، اور میں تو خیر بچہ ہی تھا، بڑوں کو دیکھا سب کے چہرے کھلے ہوئے، سب ایک دوسرے کو مبارکباد دیتے ہوئے، بچپن کا بھولا پن کیا چیز ہوتا

ہے ،اس کوٹھی کو جب سالہا سال کے بعد اپنے ادھیڑ سن میں دیکھا تو ''جنت نشان'' لگنے کے بجائے ایک عام کوٹھی اوسط درجہ کی معلوم ہوئی اور بس، اور ایک بچپن ہی کیا معنی ،عمر کی عمر ہی اس فریب نظر میں بسر ہو جاتی ہے۔

پڑھائی مولوی صاحب اور ماسٹر صاحب دونوں سے جاری رہی ،ماسٹر صاحب کئی بار بدلے گئے اور چوں کہ انگریزی کے ساتھ حساب کی پڑھائی بھی لازمی تھی ، اس لیے ہمیشہ ہندو ہی ملے رہے۔ مسلمان اس وقت سرشتہ تعلیمات میں کھال کھال ہی تھے اور حساب پڑھانے والے تو کوئی ایک بھی نہیں۔ یہ ماسٹر گھنٹہ ڈیڑھ گھنٹہ ہم دونوں بھائیوں کو پڑھا کر چلے جاتے ،کوئی خاص ربط وانس کسی ماسٹر سے پیدا نہ ہوا۔ میں ڈپٹی زادہ یا عوام کی زبان میں خود ہی ''چھوٹا ڈپٹی'' تھا۔ میری مروت لحاظ سب ہی ماسٹر کرتے۔

مولوی صاحب ساتھ ہی رہتے ، چوبیسوں گھنٹوں کے لیے ملازم تھے، وہ معلم کے علاوہ عام اتالیق ونگراں بھی تھے، ایک چھوٹا سا کمرہ ان کے لیے الگ تھا، وہی مکتب تھا، قرآن مجید ناظرہ کچھ روز بعد ختم ہوگیا، سن بھی کوئی ۷، ۸ سال کا ہوگا چھوٹی سی تقریب ہوئی ،مٹھائی تقسیم ہوئی کچھ چھوٹی سورتیں زبانی سنی گئیں۔ اتنا یاد ہے کہ 'قُل یا' (سورۃ الکافرون) میں متشابہ لگا، کچھ اور پڑھ گیا، سننے والوں نے ٹوکا۔

دیکھتے دیکھتے مولوی اسمٰعیل میرٹھی کی پانچویں اُردو ریڈرس ختم ہوگئیں پانچویں ریڈر خاصی مشکل تھی اور اچھی اونچی استعداد کی طالب، فارسی بھی اسی اثناء میں شروع ہو چکی تھی، (بیسویں صدی کے شروع تک شریف مسلمان گھرانوں میں عموماً یہی نصاب تعلیم رائج تھا) آمد نامہ، پند نامہ، گلزارِ دبستاں، دستورالصبیان (ایک ہندو کی تصنیف) سے گزرتے ہوئے نوبت گلستاں اور بوستاں کی آئی، اور جب ذرا اور بڑا ہولیا تو درس رقعاتِ مرزا قتیل، سکندر نامہ (نظامی) یوسف زلیخا (جامی) اور کیمیائے سعادت (غزالی) کے بھی حاصل کیے اور فارسی کے درسیات انہی پر ختم ہوگئے۔

گھر میں کھیل کود کے لیے پردیس (سیتاپور) میں کوئی ہم سن لڑکا عزیزوں میں سے

تو تھا ہی نہیں، اور نہ سیول لین کی اس کوٹھی میں کسی ہمسائے اور ہمسائے زادے کا کوئی امکان تھا، سگے بھائی بھی ایک تھے اور ان سے بے تکلفی بھی تھی، پھر بھی سِن میں کئی سال کی چھٹائی بڑائی کا کیا علاج تھا۔ گھر کی پروردہ لڑکیاں البتہ کھیل کے لیے ایک تھیں، کم سن بھی اور میری ہم سن بھی، لڑکا بھی کوئی ایک آدھ طبقہ کا تھا۔ البتہ سن میں مجھ سے دو چار سال بڑا۔ بہر حال جو بھی تھیں یا تھے سب مرتبہ میں مجھ سے کم اور کہیں کم، میں مالک اور آقا، وہ سب غلام اور کنیزیں، میں سب پر شیر، سب کا حاکم، جب جس کو جی چاہا پیٹ دیا، جس کو جو جی چاہا کہہ بیٹھا۔ یہی غنیمت ہے کہ زبان گالیوں پر نہیں کھلی تھی (اور اس کی وجہ صرف یہ ہے کہ اپنے باپ اور بھائی کو کبھی گالی دیتے نہیں سنا تھا) والد ماجد اور والدہ ماجدہ دونوں اپنی والی بڑی قدغن میری زبان درازیوں اور دست درازیوں دونوں پر رکھتے، اور والد ماجد سے ڈرتا بھی تھا۔ تاہم ان سے چرا چھپا کر موقع آ کر مل ہی جاتا۔ اس صورت حال یعنی اپنے برابر والے ساتھی نہ ملنے سے دو نتیجے نکلے، ایک اچھا ایک برا، اچھا نتیجہ یہ کہ زبان اور کان دونوں بچپن بھر، گالی گلوچ اور فحش گندے مذاق سے محفوظ رہے اور برا نتیجہ یہ نکلا کہ طبیعت عادی شروع ہی سے حکومت و حکمرانی کی ہوگئی اور نفس کو چسکا بچپن ہی سے اپنی بڑائی کا پڑ گیا۔ ساتھیوں سے احساس مساوات کا پیدا ہی نہ ہونے پایا، کبھی انھیں پیٹ دیا تو کبھی ان کے پٹ گئے، اس کا کوئی امکان ہی نہ تھا۔

ذکر پڑھائی کا چل رہا تھا۔ کتابی تعلیم کا سلسلہ بدستور جاری تھا اور ظاہر میں دنیا کو دیکھ دیکھ کر خوشی بھی ہو رہی تھی، ٹوٹا پھوٹا، ٹیڑھا میڑھا خط لکھنا ۱۸۹۷ء ہی میں آ گیا تھا، بڑے ہو کر اپنے چچا صاحب کے کاغذات میں میں نے ان کے نام اپنا ایک خط ۱۸۹۷ء کا لکھا ہوا دیکھا۔ اس وقت اپنے نام کے ساتھ ''شیر'' لکھتا تھا۔ کسی نے بتایا ہی ہوگا، اور اب تو تین سال اور گزر گئے تھے۔ خاصے بڑے بڑے خط لکھنے لگا تھا۔

۱۹۰۰ء میں جب صوبہ کے ایک ہندو نواز و ہندی نواز لیفٹیننٹ گورنر اینٹی میکڈانل نے اُردو رسم الخط پر ضرب لگائی اور صوبہ کی عدالتوں کے لیے دیوناگری رسم الخط کے بھی

دروازے کھول دیے تو علاوہ اور جلسوں کے ایک بڑا مرکزی و احتجاجی جلسہ لکھنؤ میں اُردو والوں نے کیا تو خوب یاد ہے کہ اس کے متعلق دو بڑے لمبے لمبے خط میں نے اپنے ایک ہم سن عزیز کو لکھ کر باندے بھیجے تھے۔ سِن یاد کر لیجئے کہ اس وقت ۸ سال یا کچھ ہی زائد کا تھا۔

پڑھنے بلکہ پڑھ لینے کا شوق خدا جانے کہاں سے پھٹ پڑا تھا۔ کتاب، رسالہ، اخبار، اشتہار، غرض جو چیز بھی چھپی ہوئی نظر کے سامنے پڑ گئی۔ پھر ممکن نہ تھا کہ بے پڑھے رہ جائے۔ سمجھ میں پوری ادھوری جتنی بھی آئے اس سے کوئی بحث نہ تھی، پڑھ ڈالنا جیسے فرض تھا۔ اپنے ایک چچا زاد بھائی عبدالحلیم مرحوم کا ذکر اوپر کر آیا ہوں۔ ان کا وجود عمر کے اس دور میں میرے لیے ایک نعمت بلکہ آیۂ رحمت تھا، علمی وفکری، دینی، اخلاقی، تعلیمی ہر نقطۂ نظر سے۔ سب کچھ مجھے سناتے، پڑھاتے رہتے تھے۔ اخیر ۱۹۰۳ء میں ان کا انتقال دو یا تین روز طاعون میں مبتلا رہ کر ہو گیا تو میں دفعتہً ایک بڑے شفیق و مخلص مشیر و معلم کے سایۂ عاطفت سے محروم ہو گیا۔ ان کی مغفرت اور حسن عاقبت کے لیے دعا روئیں روئیں سے نکلتی ہے۔

ڈاکٹر ذاکر حسین

سب بھائیوں میں بڑے یعنی مظفر حسین خاں (پیدائش ۱۸۹۳ء) کے علاوہ جو قائم گنج میں پیدا ہوئے، باقی سب بھائیوں کی پیدائش حیدر آباد کی ہیں۔ عمر کے لحاظ سے ذاکر صاحب کا نمبر تیسرا ہے۔ وہ ۸ر فروری ۱۸۹۷ء (۶ر رمضان المبارک ۱۳۱۴ھ بروز پیر) کو حیدر آباد میں پیدا ہوئے۔

وکالت کرتے ہوئے سولہ ہی سال ہوئے تھے کہ فدا حسین خاں بیمار ہو کر قائم گنج آ گئے جہاں ۱۹۰۷ء میں (عمر ۳۹ سال) انتقال کیا۔ ان کے انتقال کے بعد بچوں کی سرپرستی عطا حسین خاں (فدا حسین کے بڑے بھائی) کے سپرد ہوئی جنھوں نے چار بھائیوں کو اٹاوے میں داخل کرایا اور تمام معاملات کی نگرانی کی لیکن ۱۹۱۰ء میں ان کا بھی انتقال ہو گیا تو پھر ان بچوں کے خالو حسن الدین خاں کے سپرد یہ سرپرستی اور نگرانی ہوئی۔

ذاکر صاحب بچپن ہی میں اپنے ہم عمروں میں امتیاری خصوصیات کے حامل تھے۔ حیدر آباد کی جاگیردارانہ فضا ان کی فطری سادگی اور نیک مزاجی پر اثر انداز نہ ہو سکی۔ ڈاکٹر یوسف حسین نے لکھا ہے کہ:

''بہن کا لڑنا جھگڑنا جیسا کہ ہر گھر میں ہوتا ہے، سو یہاں بھی تھا۔ زاہد حسین خاں کی سیرت وصورت دادا سے ملتی تھی۔ حسن واخلاق، مزاج وکردار ہر اعتبار سے مشابہ تھے۔ ذاکر صاحب سے ڈیڑھ سال چھوٹے تھے مگر دونوں میں ہمیشہ ان بن رہتی۔''

حیدر آباد میں ذاکر صاحب کی ابتدائی تعلیم گھر پر ہی شروع ہوئی ماسٹر عبدالغنی ایک نومسلم انگریز جو اُن کے والد کے پریس میں ترجمے کا کام کرتے تھے، ان کے سب سے پہلے استاد تھے۔ باپ کے انتقال کے بعد جب یہ سب قائم گنج آ گئے تو ۱۹۰۷ء میں انھیں

اسلامیہ ہائی اسکول اٹاوہ میں بھیجا گیا جسے مولوی بشیر الدین نے ۱۸۸۹ء میں قائم کیا تھا۔

جب ذاکر صاحب یہاں داخل ہوئے تو سیّد الطاف حسین ہیڈ ماسٹر تھے جن کا تقرر ۱۹۰۴ء میں بحیثیت ٹیچر ہوا تھا مگر کچھ ہی عرصے بعد ہیڈ ماسٹر مقرر کر دیے گئے۔ ان کا احترام طلباء کے دلوں میں نہ صرف ان کی علمیت بلکہ بلند کردار اور اصولوں کی بدولت بھی تھا۔ ان کی شخصیت طلبہ پر جادو کا اثر رکھتی تھی۔ ان کا خلوص و محبت دل جیت لیتا اور ان کا برتاؤ بچوں کو کردار کے سانچوں میں ڈھالتا تھا۔ اسکول کے دوسرے استادوں میں یہاں کے ہیڈ مولوی سیّد شرف الدین یاس بھی تھے جو ادب و شعر کی دلچسپی کے ساتھ ہی مذہبی عقائد کے بڑے پابند، بااصول اور نظریات کے اعتبار سے کٹر نیشنلسٹ تھے۔ مولانا حامد حسین قادری اُردو کے استاد تھے۔

مولوی شرف الدین کی سرپرستی میں ایک ادبی انجمن اسکول میں قائم کی گئی جس میں یہ سب لوگ خصوصاً ذاکر صاحب بڑی دل چسپی لیتے اور انجمن کے جلسوں اور مباحثوں میں جو اکثر ہوتے رہتے، بڑے ذوق وشوق سے حصہ لیتے تھے۔ علمی کاموں لگاؤ تحریر و تقریر میں دلچسپی اور قومی مسائل پر غور وفکر کی ابتدا یہیں سے ہوتی ہے۔

اس زمانے میں جنگ طرابلس و بلقان نے مسلمانان ہند میں بیداری کی لہر دوڑا دی تھی۔ اس جنگ کے واقعات مسلمانوں کی توجہ کا مرکز تھے۔ ذاکر صاحب اس موضوع پر جوشیلی تقریر کرتے اور ترکوں کے لیے چندہ جمع کرتے تھے۔ اسکول میں ان کی بڑی عزّت کی جاتی تھی۔ انہی کی تحریک پر اکثر لڑکوں نے گوشت کھانا بند کر دیا تاکہ اس طرح روپیا بچا کر ترکوں کی مدد کو بھیجا جائے۔ جمعہ کی نماز کے بعد وہ مسجد میں نمازیوں کے سامنے تقریر کرتے اور چندے کی اپیل کرتے۔ اسی وقت سے ان کے الفاظ میں یہ اثر تھا کہ ایک بار ایک بزرگ چیخ کر رو پڑے اور اپنا پورا بٹوہ ذاکر صاحب کی ٹوپی میں اُلٹ دیا جو چندے کے لیے پھیلائی گئی تھی۔

اخبار پڑھنے اور حالات سے باخبر رہنے کا اس قدر انھیں چسکا تھا کہ پانیر خریدنے

کے لیے روزانہ اسٹیشن جاتے اور ساتھیوں کو خبروں کا ترجمہ وغیرہ سناتے تھے۔ خالی وقت کا زیادہ حصہ سیّد الطاف حسین کے ساتھ گزرتا جہاں مختلف سماجی اور سیاسی مسئلوں پر تبادلۂ خیال ہوتا۔ ان صحبتوں میں انھیں موجودہ حالات اور سیاسی الجھنوں کی پوری آگاہی حاصل ہو جاتی۔

جب میٹرک پاس کر کے اسکول سے رخصت ہو رہے تھے تو ایک دن مولوی بشیر الدین نے کھانے پر بلایا۔ کھانا سامنے آیا تو مولوی صاحب نے ایک گلاس پانی سالن میں ڈال دیا۔ ذاکر صاحب حیران تو ہوئے مگر پاس ادب سے رہے خاموش اور اسی سے چپ چاپ روٹی کھا لی۔ بعد میں مولوی صاحب نے خود ہی فرمایا کہ "ذاکر سالن میں پانی میں نے اس لیے ڈالا تھا کہ میں دیکھ سکوں کہ تم کتنے پانی میں ہو اور اگر تم وہ سالن نہ کھاتے تو میں سمجھ لیتا کہ تم کشمکش حیات کا مقابلہ نہ کر سکو گے مگر اب مجھے یقین ہے کہ تمھاری زندگی ان شاء اللہ کامیاب زندگی ہوگی۔"

۱۹۱۰ء میں عطا حسین خاں نے وفات پائی اور اگلے ہی سال طاعون کی وبا پھیلی جس نے بے شمار گھر ویران کر دیئے۔ اس لپیٹ میں یہ گھر بھی بری طرح آیا۔ ماں کے علاوہ ان کی نانی چھوٹے بھائی (جعفر حسین) اور گھر کے نوکروں کو بھی وبا نے نشانہ بنالیا۔ صرف ایک چھوٹا بچہ (محمود حسین خاں) بچا تھا جس کو ان کی چچی اپنے ہمراہ لے گئیں والدہ نے بچوں کو اپنی بیماری کی اطلاع نہ کی کہ یہ سب پریشان ہوں گے اور تعلیم میں خلل پڑے گا۔ جب یہ سب کچھ ہو چکا تب خبر پہنچی۔

کم عمری میں ہی ذاکر صاحب ایک بزرگ پیر حسن شاہ سے بیعت ہو گئے تھے۔ یہ بزرگ ان کے دادا کے دور کے عزیز بھی تھے اور شاہ طالب حسین مجیب فرخ آبادی کے خلیفہ تھے۔ پڑھنے لکھنے کا شوق تھا۔ کپڑوں اور کتابوں کی گٹھری لیے پھرتے جو ان کا سرمایہ تھا۔ گرمی کی تعطیل میں جب ذاکر صاحب قائم گنج آتے تو وہ ان کی ہدایت و تربیت کا کام یوں انجام دیتے کہ یا تو علم دین اور سلوک و معرفت کی کوئی کتاب نقل کراتے اور اس کے

معنی بھی سمجھاتے جاتے اور یا ان کو روپے دیتے کہ محلے میں فلاں غریب کو یا فلاں بیوہ کو دے آؤ کبھی ان کے ہاتھ میں ایک روپیا دے دیتے اور حاجت مندوں کو پیچھے لگا دیتے اور کہتے کہ بانٹو۔ ایک مرتبہ جب ذاکر صاحب بیمار ہوئے تو حسن شاہ روزانہ صبح آکر ان کا قارورہ خود حکیم صاحب کے یہاں کافی دور لے کر جاتے اور دوا وغیرہ لاتے تھے۔

اٹاوہ اسکول سے فارغ ہونے کے بعد ۱۹۱۳ء میں ایم اے او کالج علی گڑھ میں داخلہ لیا۔ یہاں ان کے دو بڑے بھائی پہلے سے موجود تھے جو اپنی شرافت، قابلیت اور ذہانت کی بدولت نیک نامی حاصل کر چکے تھے۔

لڑکپن کے اس دور میں علی گڑھ کالج میں پہلے پہل آمد اور وہاں کے کسی قدر اجنبی ماحول کی کہانی خود انہی کے الفاظ میں سنی جائے تو کیا خوب ہو، چنانچہ پہلے ان کی روداد یہ ہے کہ ”سہ پہر میں شہر سے ایک جوتا کچھ کتابیں اور ایک لالٹین بھائی صاحب نے مجھے خریدوادی تھی۔ شہر گئے تھے ہم پیدل، اُدھر سے آئے تھے اِکّے میں، اس لیے کہ ہاتھ میں سامان اٹھا کر چلنا اس زمانے میں کسرِ شان سمجھا جاتا تھا۔ مجھے یاد ہے کہ بھائی صاحب مجھے اپنی کچی بارک کے کمرے میں چھوڑ کر اپنے دوستوں سے ملنے چلے گئے تھے اور مجھے بتا گئے تھے کہ مغرب کے بعد جب گھنٹی بجے تو ڈائننگ ہال میں کھانا کھانے چلے جانا۔ گھنٹی بجی، میرے اندازے سے ذرا پہلے۔ میں ترکی ٹوپی، ترکی کوٹ، جراب اور انگریزی جوتے پہنے بغیر کھانا کھانے کی مشق سولہ برس تک بہم پہنچا چکا تھا۔ یہ نئی وردی پہننے میں دیر کی، اور دیر کیسے نہ کرتا، جوتے کا فیتہ ایک سوراخ سے کھینچا تو دوسرے سے نکل گیا، اس میں سلیقے سے گرہ دینے کا جو فن سہ پہر میں بھائی صاحب نے سکھایا تھا اور جس کی کچھ مشق بھی اس نئے جوتے پر کرادی تھی، وہ گھبراہٹ میں سب ذہن سے اتر اور کئی بار کے بست وکشاد سے ایک نئے انکشاف کی طرح ہاتھ آیا لیکن جب کس بندھ کر کمرے سے نکلا تو دیر ہو چکی تھی اور دوسرے زیادہ چوکس ساتھی ڈائننگ ہال جا چکے تھے۔ راستہ معلوم نہ تھا۔ نہ جانے کتنی دیر اِدھر اُدھر گھومتا پھرا اور اپنے خیال میں تلاشِ منزل کی ناکام کوشش کے بعد پھر

اپنے ہی کمرے کے سامنے آن پہنچا۔ کمرہ بند تھا، دوسرے کمرے بھی سب بند تھے۔ گھڑی دیکھی ، یہ بھی اسی دن نئی نئی بھائی صاحب نے دی تھی۔ اس سے پہلے اسکول کے گھنٹے یا سورج کی مدد سے دن کی تقسیم کرلیا کرتا تھا۔ گھڑی جو دیکھی تو معلوم ہوا کہ کھانے کی گھنٹی کا جو وقت بتایا گیا اسے گزرے صرف آٹھ منٹ ہوئے ہیں اور اس جان ناتواں نے اس آٹھ منٹ میں خودفراموشی ، بازیافت ، تلاش منزل ، گم کردہ راہی اور ناکامیٔ سفر کے جملہ مقامات طے کرلیے تھے!......خیر، تو ہم آٹھ منٹ بعد جہاں سے چلے تھے وہیں پہنچ گئے۔ چار پائیاں باہر نیم کے درختوں کے قریب پڑی تھیں وہاں بیٹھے ہی تھے کہ دوسرے ساتھی کوئی ہاتھ میں ہاتھ ڈالے، کوئی گنگناتا، کوئی ہنستا، کوئی ذرا چپ چپ واپس آنے لگے یعنی جانا، کھانا آنا سب ۹۔۱۰ منٹ میں ختم۔ اس زمانے میں اور چیزوں میں تو نہیں البتہ کھانے میں بہت ہی فوجی شان تھی اس پر زیادہ وقت صرف کرنا بدذوقی سمجھا جاتا تھا۔

ایف اے میں ذاکر صاحب نے سائنس کے مضامین لیے تھے۔ انٹر پاس کرنے کے بعد ۱۹۱۵ء میں بی ایس سی کا امتحان دینے کے لیے لکھنؤ کرسچین کالج میں داخل ہوئے۔ تاکہ میڈیکل کالج میں داخلہ لے سکیں لیکن سخت بیمار ہونے کی وجہ سے ارادہ بدلنا اور علی گڑھ واپس ہونا پڑا اس طرح ایک سال بیکار گیا۔

بی اے میں انگریزی ادب ،فلسفہ اور اقتصادیات لے کر ۱۹۱۸ء میں پوزیشن سے پاس کیا۔ ان سے پہلے اور بھی طلباء یوں پوزیشن سے پاس ہوتے آئے تھے مگر بقول رشید صاحب ''جو بات ذاکر صاحب کو ممتاز کرتی وہ یہ تھی کہ یہ کورس کی کتابیں نہ خریدتے تھے نہ پڑھتے تھے زیادہ وقت اِدھر اُدھر گھومتے یا جہاں تہاں بیٹھ کر خوش گپی میں گزار دیا کرتے تھے لیکن اس میں لٹن لائبریری اور یونین کے دارالمطالعے کا روزانہ گشت ضرور شامل ہوتا۔ رات واپس آتے یا دن میں کہیں ملاقات ہوجاتی تو معلوم ہوتا کہ ہندوستان یا اس سے باہر کا کوئی علمی یا سیاسی مسئلہ اور کالج کا کوئی حادثہ پرائیویٹ پبلک یا ادویات کا کوئی اشتہار ایسا نہ تھا جس کی ان کو خبر نہ ہو۔ ذاکر صاحب سے طالب علمی کے زمانے میں بھی ایسی کوئی

لغزش سرزد نہ ہوئی جو طالب علموں سے اکثر ہو جایا کرتی ہے۔

علی گڑھ میں ڈیوٹی سوسائٹی کا ہمیشہ سے یہ دستور رہا ہے کہ طلباء کا ایک وفد دورہ کرنے جاتا ہے اور غریب طالب علموں کے لیے صاحب خیر لوگوں اور اداروں سے چندہ یا عطیہ وصول کر کے لاتا ہے۔ چنانچہ ۱۹۱۸ء میں بھی ایک وفد بھیجنا طے ہوا۔

ذاکر صاحب اس وفد کے سکریٹری مقرر ہوئے اور اپریل کے پہلے ہفتے میں جانا طے ہوا مگر وہ اچانک سخت بیمار ہو گئے۔ حالت برابر تشویش ناک ہوتی گئی لیکن خدا کا فضل شامل حال تھا۔ ایک عرصے کی خطرناک کیفیت بیم و رجا کے منازل سے گزرتی ہوئی آخر کار امید افزا حالات میں تبدیل ہو گئی لیکن پھر بھی اس قابل نہ ہو سکے کہ وفد کے ہمراہ جا سکیں۔

رفتہ رفتہ علی گڑھ کے قیام میں بھی وہی علمی مصروفیتیں وہی تحریر و تقریر کی ہنگامہ آرائیاں اور وہی قومی کاموں کی دل سوزیاں شروع ہو گئیں، چنانچہ یونین کے جلسوں میں ان کی تقریر سننے کے لیے طلبہ خاص طور سے جمع ہوتے تھے۔ ایک ۱۸-۱۹۱۷ء میں یونین کے وائس پریسیڈنٹ کے لیے ذاکر صاحب بھی امیدوار تھے۔ رواج کے مطابق فریقین کے امیدواروں کے تقریر کرنے کا دن آیا۔ مخالفوں نے مشہور کیا تھا کہ ذاکر حسین کو فلاں پروفیسر نے تقریر لکھ دی ہے اور وہ اسے رٹنے میں مصروف ہیں۔ خیر، مباحثے کے وقت جب نام لیا گیا تو وہ ڈائس پر آ کر صرف یہ بولے کہ ''میں موضوع کو ایوان کے سامنے پیش کرتا ہوں اور جو کچھ مجھے کہنا ہے وہ جوابی تقریر میں کہوں گا۔'' ہال میں بڑا شور مچا' مخالفوں کی بن آئی تھی، حمایتی دم بہ خود تھے اور ان کا حال یہ تھا کہ کوئی غصے میں کوئی مایوس ہو کر، کوئی اپنے آپ پر نفریں کرتا ہوا اور کوئی ذاکر صاحب کی آنکھوں آنکھوں میں تناول کرتا مجمع سے جانے لگا، کچھ اس طور سے جم کر بیٹھ گئے کہ یا تو مار ڈالیں گے یا مر کے اٹھیں گے، صرف مخالفین نے تقریریں کیں اور جس کے دل میں جو آیا ذاکر صاحب اور ان کے حمایتیوں کو سنا ڈالا۔ جواب کا وقت آیا تو ذاکر صاحب نے بجائے باقاعدہ تقریر کے صرف مخالفوں کے

جواب دینا شروع کیے اور موقع محل کے لحاظ سے فقرے بھی چست کرتے گئے۔تقریر ختم ہوئی تو سارا ہال انھیں کی موافقت میں کھڑا ہو گیا اور مخالفوں کا حال اب بقول رشید احمد صدیقی صاحب وہ ہوا جو پانی پت کی تیسری جنگ کے بعد مرہٹوں کا ہوا تھا۔

طلبہ کی تحریکوں یا مطالبوں کے سلسلے میں قیادت کے لیے ہر ایک کی نظر ایک ہی شخص ذاکرحسین پر پڑتی جو بذات خود کبھی کسی ہنگامہ آرائی یا فتنہ طرازی کا بانی نہ ہو لیکن جس کی بات کالج کے ذمہ دار حلقوں میں بھی وقعت رکھتی اور انھیں طلباء کے حقوق تسلیم کرتے ہی بنتی۔ جتنا بھروسہ ان پر ساتھی طلباء کو تھا اتنا ہی منتظمین کالج کو تھا۔ پھر یہ کہ ان کے دو بڑے بھائیوں نے جو اچھی روایات چھوڑی تھیں ان کا چرچا عام تھا۔

تعلیمی مصروفیت اور یونین وغیرہ کی ہنگامہ آرائیوں کے ساتھ ہی ادبی مشغلے بھی جاری تھے۔ چنانچہ اسی زمانۂ طالب علمی میں انگریزی کتاب 'Platos Republic' کا ترجمہ کرڈالا اور ترجمہ بھی ایسا کیا کہ مولانا سہیل جو کالج میں اپنی ذہانت، شاعری، تقریر اور قابلیت میں سب سے اونچے سمجھے جاتے تھے بے اختیار کہہ اٹھے کہ "افلاطون کو اُردو آتی ہوتی تو وہ بھی یہی زبان اختیار کرتا۔"

علاوہ ازیں علی گڑھ کالج کے ماہوار رسالے 'علی گڑھ منتھلی' میں رِپ کے فرضی نام سے مضامین بھی لکھتے رہتے جو کالج میں بڑی دلچسپی کا باعث بنے رہے، مسلم یونیورسٹی کے پرووائس چانسلر ریمز باتھم نے کہا تھا کہ ڈاکٹر ذاکرحسین کی انگریزی تحریر وتقریر کا بالخصوص ان کی حاضر جوابی کا مقابلہ برطانوی پارلیمنٹ کے بہترین اراکین سے کیا جاسکتا ہے۔

۱۹۱۸ء میں بی اے کرنے کے بعد ایم اے (اکنامکس) میں داخلہ لیا اور ایم اے کے آخری سال میں تھے کہ اکنامکس (اقتصادیات) میں جونیئر لکچرر (اسٹوڈنٹ لکچرر) مقرر ہو گئے۔

اب رہا پڑھنے لکھنے کا معاملہ، سو وہ یہ تھا کہ "بی اے میں حاضری کم تھی، ٹول

صاحب نے بلا کر دھمکایا تو کتاب لے کر بیٹھے۔ کچھ دیر تک قرۃ العین کے اشعار اس انداز سے پڑھتے رہتے جس سے بآسانی اندازہ ہوسکتا تھا کہ ایک ''پٹھان'' کے ہاتھ قرۃ العین اور اس کے اشعار کا کیا حشر ہوسکتا ہے۔ اس کے بعد اپنے اور قرۃ العین کے انجام پر غور کرنے کے لیے لیٹ جاتے ، اتنے میں مولانا (سہیل) کا نزول جلال ہوتا۔ فرماتے مولانا اب جان کی خیر نہیں ۔ پڑھنا شروع کیا لیکن قدم قدم پر مصنف کتاب سے اختلاف آراء ہوتا ہے اور یہ بھی طے نہیں ہوسکتا ہے کہ کون حق بجانب ہے ۔ مولانا جواب دیتے کوئی مضائقہ نہیں کتاب لاؤ۔ مولانا فرماتے ذرا اصل عبارت کا ترجمہ سناؤ، وہ بھی سنایا گیا۔ مولانا لاحول و لاقوۃ کہہ کر فوراً کرسی پر اکڑوں بیٹھ جاتے۔ تبصرہ شروع ہوتا۔ ذاکر صاحب کچھ دیر سنتے اور پھر کہتے ''بس بس سمجھ گیا۔'' مولانا فرماتے: دیکھو، خواہ مخواہ جلدی نہ کرو۔ ابھی تو محض ابتدائی باتیں بیان کی گئی ہیں۔ یہ مصنف بڑا فریبی ہے ،دیکھو اس کا فریب کھولتا ہوں۔ غرض نوبت یہاں تک پہنچی کہ ذاکر صاحب قرۃ العین کے ساتھ بھاگ کھڑے ہوئے اور مولانا خواہ کسی حالت میں ہوتے ان کے پیچھے ہولیتے۔ اب وہ آگے جا رہے ہیں اور مولانا پیچھے پیچھے۔ جتنا فاصلہ دونوں کے درمیان بڑھتا جاتا مولانا اپنی آواز بلند کرتے جاتے یہاں تک کہ ذاکر صاحب غائب ہو جاتے۔

❖❖❖

شہیدِ وطن اشفاق اللہ خان

اشفاق اللہ خان وارثی شاہ جہاں پور (اتر پردیش) کے ایک امیر اور معزز مسلمان خاندان میں ۲۲ / اکتوبر ۱۹۰۰ء کو پیدا ہوئے۔ ان کی پیدائش پر خاندان میں بڑی خوشی منائی گئی، یہ بچہ بڑا خوبصورت اور پیارا تھا، جو بھی اسے دیکھتا اپنی گود میں لے کر پیار کرتا اور لمبی عمر کی دعائیں دیتا۔ وہ بڑے ہوئے تو خوش مزاجی، زندہ دلی اور جرأت ان کے اطوار سے ظاہر ہونے لگی۔ شاہجہاں پور کی کھنوت ندی میں تیرنا، گھوڑے کی سواری کرنا، بھائی کی بندوق لے کر شکار کھیلنا لڑکپن میں ان کے خاص مشغلے تھے۔ شباب آیا تو ان کی شخصیت میں دلکشی بھی آئی۔ وہ بقول من متھ رائے گپت لمبے چوڑے قد کے گورے اور خوبصورت نوجوان تھے۔ ان کے چہرے پر ہمیشہ مسکراہٹ رہتی۔ وہ کھلے بندوق لے کر چلا کرتے تھے۔ انھیں دیکھ کر ایک اجنبی یہ سمجھتا کہ یہ کوئی نواب یا کنور ہوں گے۔

انھیں لڑکپن ہی میں سیاست سے دلچسپی ہوئی۔ ان کے ہم سن لڑکے کہانیاں اور ناولیں پڑھتے اور ان کے ہاتھ میں کسی قوم پرست کی سوانح عمری ہوتی۔ غلامی کیا ہے؟ آزادی کیا ہے؟ ان باتوں کو یہ لڑکپن ہی سے سمجھنے لگے تھے۔ اشفاق اللہ خاں شاہجہاں پور کے مشن ہائی اسکول میں پڑھتے تھے۔ ان کے ساتھیوں پر پنڈت رام پرشاد بسمل بھی تھے۔ بسمل ان سے ایک درجہ آگے تھے۔ بسمل انھیں لڑکوں کو اپنا دوست بناتے جن کے دل میں قومی خدمت کا جذبہ ہوتا۔ ان کو یہ یقین ہی نہ ہوتا تھا کہ یہ مسلمان لڑکا، امیر خاندان کا اور نازوں کا پلا ہوا انقلابی بن سکتا ہے۔ اس لیے وہ اشفاق اللہ سے بہت کم بات چیت کرتے اور ان کی بہت سی باتوں کا جواب ٹال جاتے لیکن اشفاق نے بھی یہ تہیہ کرلیا تھا کہ وہ اپنی سچائی کا ثبوت دے کر ان کے دل میں گھر کر کے رہیں گے۔ دھیرے دھیرے رام پرشاد کو یہ یقین ہوگیا کہ یہ مسلمان لڑکا ان کے بڑے کام کا ہے اور واقعی اس کے دل میں

دیش کی خدمت کی لگن ہے۔ وقت کے گزرنے کے ساتھ ساتھ ان کی دوستی پختہ تر ہوتی گئی۔ یہاں تک اشفاق رام پرشاد کے عزیز ترین دوستوں میں شمار ہونے لگے۔ اشفاق پکے مسلمان تھے تو رام پرشاد پکے آریہ سماجی ہندو! لیکن مذہبی تفریق کو بھول گئے کیوں کہ ان کی زندگی کا نصب العین ایک تھا اور وہ تھا ملک وقوم کی خدمت۔

۱۹۲۰ء میں تحریک خلافت اور پھر کچھ عرصے بعد ترکِ موالات کی تحریک شروع ہوئی تو دونوں دوستوں نے اسکول چھوڑ دیا۔ دونوں کندھوں پر جھولا لٹکائے پیدل گاؤں گاؤں جا کر آزادی کا پیغام سنانے لگے۔ وہ ہر طرح کی تکالیف برداشت کرتے لیکن چوری چورا (گورکھپور، اتر پردیش) میں کچھ لوگوں نے ایک پولس چوکی کو آگ لگا دی اور اسے جلا کر راکھ کر دیا۔ یہ بات 'عدم تشدد' کی پالیسی کے خلاف تھی۔ اس لیے گاندھی جی نے آزادی کی تحریک کو اچانک روک دیا۔ جوشیلے نوجوانوں کو یہ بات پسند نہ آئی اور وہ اس تحریک سے الگ ہو گئے۔ ان نوجوانوں میں اشفاق بھی تھے۔ یہ نوجوان بھلا خاموش کیسے بیٹھ سکتے تھے۔ انھیں تو ہر حال میں آزادی کی منزل پر پہنچنا تھا۔ اس لیے انھوں نے جلد اپنا دوسرا راستہ بنا لیا یا یوں کہنا زیادہ ٹھیک ہوگا کہ گاندھی جی کے نئے راستے کو چھوڑ کر وہ دنیا کے اسی پرانے راستے پر چلے گئے جس پر ہمیشہ سے لوگ چلتے آئے تھے اور جو یقیناً پر خطر تھا۔ صاف اور سیدھے راستے پر چلنا جوانی کا کام بھی تو نہیں ہے۔ اسے تو پر خار راستے پر چلنے ہی میں مزہ آتا ہے۔ اب اشفاق رام پرشاد کی انقلابی پارٹی کے ایک رکن بن گئے۔ وہ سر پر کفن باندھ کر کام کرنے لگے۔ انھوں نے اپنی زندگی اپنے مخلص دوست رام پرساد کے حوالے کر دی، انقلابی پارٹی میں شریک ہونے کے بعد ان کے جوش اور ولولے کا یہ حال تھا کہ بقول مشہور انقلابی من متھ رائے جب کوئی خطرناک مرحلہ آتا تو اشفاق کو بندوق تھما دی جاتی اور باقی لوگ ان کے خدمت گار کی طرح سے ان کے پیچھے پیچھے چلتے۔

سب کو بڑا تعجب ہوا تھا کہ ایک کٹر آریہ سماجی اور ایک پکے مسلمان کا یہ میل کیسا! رام پرساد مسلمانوں کی شُدھی کرتے تھے اور آریہ سماج مندر (صدر بازار، شاہجہاں پور) میں

رہتے تھے لیکن اشفاق کو ان باتوں کی ذرا بھی پرواہ نہ تھی ۔ ان کا دوست آریہ سماجی رام پرشاد نہیں تھا بلکہ وہ رام پرشاد تھا جو مادر وطن کا پجاری تھا اور جس کی رگوں میں قوم پرستی کا خون دوڑ رہا تھا۔ رام پرشاد کے کچھ دوست اور رشتہ دار اشفاق سے نفرت کرتے تھے کیوں کہ وہ مسلمان تھے لیکن اشفاق اسے بھی برداشت کرتے رہے۔ آخر کار ان کے خلوص اور انقلابی جذبے کو دیکھ کر ان لوگوں کی نفرت محبت اور دوستی میں بدل گئی۔

۱۹۲۴ء میں شاہجہاں پور میں ہندو مسلم فساد ہو گیا۔ اشفاق کے محلے والے اشفاق کو گالیاں دیتے تھے اور انھیں قوم کا دشمن کہہ کر ذلیل کرتے تھے کیوں کہ وہ ایک ہندو کے دوست تھے اور اس جھگڑے کے وقت بھی اس کا ساتھ چھوڑنے کے لیے تیار نہ تھے۔ انھوں نے یہ دوستی چھوڑنے کے لیے تو نہیں کی تھی ۔ دوستی، دوستی کا حق ادا کرنے کے لیے کی تھی اور انھوں نے یہ حق اس شان سے ادا کیا کہ اس پر رام پرشاد کے ہندو دوستوں کو بھی رشک آتا تھا۔ بہتوں کو رام پرشاد سے حسد بھی ہو گیا۔ اشفاق اپنے تنگ نظر رشتہ داروں اور مسلمان دوستوں کے ہم خیال نہ ہو سکے۔ وہ ہندو مسلم ایکتا کے حامی تھے اور ان کی نظر میں وسعت اور دل میں فراخی تھی۔ یہی وجہ تھی کہ ان پر تنگ نظر ہندو اور مسلمان دوستوں اور رشتہ داروں کا رنگ نہ چڑھ سکا، مذہب ان کے راستے میں رکاوٹ نہ ڈال سکا۔ وہ کہا کرتے کہ ''خدا مسلمانوں کو عقل دے تا کہ وہ ہندوؤں کے ساتھ مل کر ہندوستان کی بھلائی اور بہبودی کے کام کریں۔'' رام پرشاد بسمؔل اگر کبھی ہندی میں کچھ لکھتے تو اشفاق اس بات پر زور دیتے کہ اسے اُردو میں بھی لکھا جائے تا کہ صرف اُردو جاننے والے مسلمان بھی اسے پڑھ اور سمجھ سکیں خود اشفاق نے ہندی زبان سیکھ کر اس میں مہارت حاصل کی۔

اشفاق اللہ خاں کی یہ حالت دیکھ کر کچھ مسلمانوں کو یہ شک ہونے لگا کہ کہیں وہ اسلام چھوڑ کر ہندو تو نہیں ہو جائیں گے، اشفاق اپنی شدّھی کرا کے ہندو تو نہیں بنے لیکن وہ ہندی ضرور ہو گئے ۔ وہ اپنے اس وصف کی وجہ سے رام پرشاد کے عزیز ترین دوست اور ساتھی بن گئے اور زندگی بھر انھوں نے اس ساتھ کو نبھایا۔

ایسی دوستی اور ایسی محبت و خلوص کی مثال ملنا مشکل ہے کبھی کبھی لوگ رام پرشاد کو بھی سمجھاتے کہ ایک مسلمان کو اپنی انقلابی پارٹی میں لے کر کہیں دھوکہ نہ کھا جانا لیکن انھوں نے ان باتوں پر کبھی دھیان نہیں دیا۔ رام پرشاد نے اپنی زندگی میں بڑے بڑے دھوکے کھائے۔ انھیں آستین کے سانپوں سے بھی واسطہ پڑا لیکن یہ سانپ ہندو دھرم کے ماننے والے تھے۔ ان کے دوستوں میں اگر کوئی ثابت قدم نکلا جس نے زندگی سے موت تک برابر ان کا ساتھ دیا وہ تو اشفاق اللہ خان وارثی ہی تھے۔ مسلمان اشفاق نے ایک بات ایسی نہ کی جس کی وجہ سے ان کے ہندو دوست پنڈت رام پرشاد بسملؔ کو شرمندگی ہوگی۔

اشفاق اللہ خاں وارثی اور پنڈت رام پرشاد بسملؔ کی دوستی کا یہ حال تھا کہ وہ دو جسم اور ایک جان تھے۔ ایک بار اشفاق اللہ خان کو دل کا دورہ پڑا۔ بے ہوشی کی حالت میں اس کے منہ سے رام رام اور ہائے رام نکل رہا تھا۔ پاس کھڑے ہوئے لوگوں کو بڑا تعجب ہو رہا تھا کہ اشفاق کے منہ سے رام رام کیوں نکل رہا ہے۔ وہ سمجھاتے کہ اللہ اللہ کہو لیکن اشفاق برابر رام رام کی ہی رٹ لگاتے رہے۔ اتفاق سے اسی وقت ایک دوست کا وہاں آنا ہوا جو 'رام' کے راز کو جانتے تھے۔ فوراً رام پرشاد بسملؔ کو بلایا گیا۔ رام پرشاد کو دیکھ کر اشفاق کو سکون ملا اور وہ خاموش ہو گئے۔ اس وقت لوگوں نے رام کے راز کو سمجھا۔

اشفاق اللہ خان کی دن رات یہی کوشش رہتی کہ وہ زیادہ سے زیادہ مسلمان نوجوانوں پر انقلابی جذبہ پیدا کریں۔ انھوں نے اپنے سبھی دوستوں اور ساتھیوں پر اپنے خیالات کا اظہار کیا اور انھیں اپنے ساتھ سر پر کفن باندھ کر کام کرنے کی دعوت دی لیکن ان میں سے کوئی بھی عیش و آرام کی زندگی کو چھوڑ کر ان کے راستے پر چلنے کی ہمت نہ کر سکا۔ ساتھ چلنا تو دور کی بات ہے۔ ان کے دوستوں نے ان کے ساتھ اٹھنا بیٹھنا بند کر دیا۔

اشفاق اللہ خان کا ساتھ دینے کا مطلب تھا بھوکے، پیاسے، ننگے پاؤں پیدل چل کر گاؤں گاؤں کی خاک چھاننا، دن کا چین اور رات کی نیند حرام کر دینا، اور پھر پھانسی کے تختہ پر لٹکنا، حبسِ دوام کی سزا بھگتنا یا جیل خانے میں مدتوں مشقت اٹھانا؛ کسی میں اتنا

حوصلہ اور ایثار و قربانی کا جذبہ نہ تھا، اپنے عیش و آرام اور عزیز جان کا بھلا کون دشمن ہوتا ہے!

اشفاق اللہ خاں، پنڈت رام پرشاد کو اپنا بڑا بھائی سمجھتے تھے اور ان کی عزت اپنے حقیقی بڑے بھائی سے بھی زیادہ کرتے تھے۔ پنڈت رام پرشاد کا ہر حکم ان کے سر آنکھوں پر ہوتا۔ کسی کام کے لیے انکار کرنا یا نفی میں جواب دینا تو اشفاق نے سیکھا ہی نہ تھا، چاہے وہ کام کتنا ہی مشکل یا خطرناک کیوں نہ ہو، ایسے چھوٹے بھائی اور مخلص دوست پر پنڈت رام پرشاد بسمل بھی جان چھڑکتے تھے۔ اشفاق کے سر کا درد پنڈت رام پرشاد کے سر کا درد تھا۔ اشفاق کا غم رام پرشاد کا غم تھا۔ اشفاق کی خوشی رام پرشاد کی خوشی تھی دونوں نے عیش و آرام کی زندگی کو ترک کر دیا تھا۔ دونوں نے شادی نہیں کی تھی ۔ دونوں سر پر کفن باندھ کر مادر وطن کی خدمت کو نکلے تھے۔ ان کی دوستی کی بنیاد کتنی پائیدار تھی اس کا اندازہ اس بات سے لگایا جاسکتا ہے کہ اشفاق کو ہر طرح کا لالچ دیا گیا۔ ہر طرح کا ان پر اثر زور اور دباؤ ڈالا گیا۔ گھر کے لوگوں اور قریب کے رشتہ داروں نے بھی اپنے مقدور بھر انھیں سمجھانے کی کوشش کی کہ وہ ایک کافر کے لیے اپنی جان قربان نہ کریں لیکن ان پر کسی بات کا اثر نہ ہوا۔ انھوں نے عیش و آرام کی زندگی اور سرکاری نوکری کا لالچ چھوڑ کر پھانسی کے تختے پر جھول جانا پسند کیا۔ اگر وہ چاہتے تو انھیں اچھی سی سرکاری نوکری مل جاتی، ولایت کی سیر بھی کرائی جاتی اور بہت کچھ انعام واکرام بھی مل جاتا لیکن ان کے ضمیر نے ان میں سے کسی چیز کو بھی قبول نہ کیا۔ جب وقت آیا تو وہ ہنستے ہوئے تختہ دار پر چڑھ گئے ۔ دونوں دوستوں کی یہی تمنا تھی کہ ہندو اور مسلمان آپس کے تفرقات کو بھلا کر ایک ہو جائیں اور قوم کی خدمت کو اپنی زندگی کا مقصد بنائیں۔ اگر زندگی کا مقصد ایک ہوگا تو پھر چھوٹی چھوٹی باتوں پر آپس میں لڑنے کا وقت ہی نہ رہے گا۔ لڑائی اور نفرت کی جگہ دلوں میں پیار اور ایک دوسرے کے ساتھ ہمدردی ہوگی۔

❖❖❖

اِندرا گاندھی

اِندرا پریہ درشنی ۱۹ر نومبر ۱۹۱۷ء کو الہ آباد کے آنند بھون میں پیدا ہوئی تھیں، یہ جگہ تین ندیوں گنگا، جمنا اور سرسوتی کے مقدس سنگم پر واقع ہے ۔ الہ آباد کو صرف مذہبی اور تاریخی اعتبار سے ہی خاص اہمیت حاصل نہیں بلکہ اس دور میں یہ شہر شمالی ہندوستان کا اہم ثقافتی وانتظامی مرکز بھی رہا ہے۔ یہی ان کے والد جواہر لال نہرو کا گھر تھا۔

اِندرا کو بچپن سے ہی مختلف قسم کے لوگوں سے واسطہ پڑا، جن میں ان کے اپنے خاندان کے لوگ، مہمان، رشتہ دار، اجنبی ملازمین اور تحریک آزادی سے وابستہ افراد شامل تھے۔ وہ آنے جانے والے لوگوں کی الگ الگ رائیں اور باتیں سنتی تھیں۔

اِندرا جن لوگوں کے بہت زیادہ قریب رہیں، ان میں ان کی والدہ کملا بھی ایک تھیں۔ انھیں وہ بے حد پیار کرتی تھیں ۔ دوسرے بچوں کی طرح اِندرا بھی کہا کرتی تھیں کہ ان کی زندگی میں ان کی والدہ نے انتہائی اہم کردار ادا کیا ہے۔ خاندان کے دوسرے افراد کی طرح کملا انتہائی مضبوط اور خاموش طبع تھیں۔ انھوں نے نوخیز بچی کے اوپر اپنا گہرا اثر ڈالا تھا۔ اِندرا بڑے فخر کے ساتھ کہتیں ''میری ماں بہت ہی نرم دل خاتون تھیں لیکن وہ ان کے نقطۂ نظر سے بہت سخت تھیں۔ اگر وہ کسی بات کا تہیہ کرلیتیں تو انھیں کوئی اپنی جگہ سے ہلا نہیں سکتا تھا۔

تاہم اس سختی کے باوجود ان کی ماں نے اپنے اوپر جو سنجیدگی مسلط کی ہوئی تھی۔ اس کے باوجود اِندرا نے اپنی کم سنی سے ہی اپنی والدہ کو ہمیشہ اپنا نگہبان تصور کیا۔ ان کے والد بمشکل ہی گھر میں رہ پاتے تھے۔ اِندرا سوچتی تھی کہ ان کی والدہ ڈرپوک ہونے کی وجہ سے خاموش رہتی۔ وہ کہتیں میں انھیں تہہ دل سے پیار کرتیں، اور جب مجھے لگتا کہ ان کے

ساتھ غلط ہو رہا ہے تو میں ان کے لیے دوسرے لوگوں سے لڑ لیا کرتی تھی۔

خاص لمحوں میں اِندرا اپنی والدہ کے ساتھ ہوتی تھیں۔ کملا ہندو کلاسیکی سے نہ ختم ہونے والی کہانیاں سناتیں، محبت، فرض ادائیگی، حقوق اور جنگ و بہادری کے قصے بیان کرتیں۔ اس سے قدیم علوم اور اس کی اہمیت کے مفہوم کو سمجھنے کا موقع ملا۔ اس کے علاوہ کملا نے محسوس کیا کہ اِندرا کو ہندی سیکھنی چاہیے اور پھر دھیرے دھیرے انھوں نے ہندوستانی تہذیب کی قدروں سے آگاہ کرایا۔ یہ انگریز استادوں اورننوں سے گھرے مکمل مغربی طرز رہائش والے گھر میں کچھ کم غیر متوقع اور مختلف نہیں تھا۔ اوائل عمری میں ہندی سکھانے کی پیش بینی نے آنے والی زندگی میں اِندرا کی بہت مدد کی۔ اِندرا نے کملا سے شخصی قومی اور بنی نوع انسان کی آزادی کا مفہوم سیکھا۔ انھوں نے یقین اور خود اعتمادی کی قدر سکھلائی اور اس کے ساتھ ہی یہ بھی سکھلایا کہ تم جس کام کو کرو اس کے بارے میں تمھیں معلوم ہونا چاہیے کہ تم ٹھیک کر رہے ہو۔ عورت ہونے کی بنیاد پر خوفزدہ نہیں ہونا چاہیے۔

اِندرا نے اپنی خوشی کے بیشتر اوقات اپنے دادا کے ساتھ گزارے جنھیں وہ پیار سے 'دادو' کہتی تھیں۔ وہ دوسروں کے لیے حاکم کی حیثیت رکھتے تھے۔ جس کے کمرے میں اور جس جگہ پر رہتے اپنا حکم چلاتے تھے۔ جواہر لال سمیت ہر شخص ان کے غصے سے ڈرتا تھا لیکن ننھی اِندرا کے لیے وہ نرم گفتار بن جاتے۔ حد یہ ہے کہ وہ پلٹ کر جواب دے دیتیں، وہ ہمیشہ ان کے متعدی قہقہہ میں شامل ہوتی جو اس عظیم عمارت میں گونجتا، وہ ان کے فخریہ انداز سے محبت کرتی تھی، انھوں نے جو کچھ بھی کیا بڑے پیمانے پر کیا۔ اِندرا کی دادی سروپ رانی نے بھی اِندرا کو لاڈ میں بگاڑا۔ اِندرا کو اپنی دادی کے ہمراہ ندی کے کنارے پر واقع مختلف مندروں میں جانا بھی یاد تھا۔ وہ انھیں ڈول اما کہا کرتی تھیں، کیوں کہ وہ اپنی ننھی پوتی کے لیے نعمت خانہ جسے ڈول کہتے تھے مٹھائی چھپا کر رکھتی تھیں اور اپنے بیٹے جواہر لال کی مخالفت کے باوجود اِندرا کو چھپا کر مٹھائی کھلاتی تھیں۔

۱۹۲۰ء میں گاندھی جی نے برطانیہ میں عدم تعاون کی کال دی ۔ یہ ہندو مسلم اتحاد کے کاز کو بے گناہ ثابت کرنا تھا۔ انھوں نے ساؤتھ افریقہ میں حاصل کیا ہوا میڈل برطانیہ کو واپس کر دیا جو کہ غالباً سلطنت سے ترک تعلق کی آخری علامت تھی۔

احتجاج کے علاوہ مظاہرے، ریلیاں اور غیر ملکی کپڑوں کا بائیکاٹ،توجہ کا اہم مرکز تھے۔ ۲۱/جولائی ۱۹۲۱ء کو ممبئی میں گاندھ جی نے غیر ملکی کپڑوں کو جلانے کی مہم کی قیادت کی۔

اِندرا اس وقت چھوٹی بچی تھیں۔ انھیں پوری طرح یاد ہے جب انھوں نے اپنے غیر ملکی کپڑے جلائے تھے ۔ وہ کہتی ہیں میں آج بھی اس وقت کے جوش کو محسوس کر سکتی ہوں ۔ کپڑوں کے ڈھیر سے بھرے چبوترے ۔ پیارے پیارے اور قیمتی سامان ۔شفون (Chiffons)اور سلک کے کپڑوں کے ڈھیر ۔نومبر میں والس کے شہزادے کی آمد کے سبب بمبئی میں فساد بھڑک اٹھا بڑی تعداد میں کانگریس کارکنوں کو جیل میں ڈال دیا گیا۔

۶/دسمبر کو پنڈت موتی لال نہرو اور جواہر لال جیل بھیج دیئے گئے ،انھوں نے جرمانہ ادا کرنے سے انکار کر دیا تھا۔ پولس جرمانہ کی رقم کے بدلے آنند بھون کے قیمتی سامان لینے آ گئی اور جرمانہ کی رقم سے زیادہ کا سامان لے گئی۔ بہت ہی قیمتی قالین جس کی قیمت کئی ہزار روپئے تھی تقریباً ایک کار کے برابر انھوں نے مشتبہ کاغذات تلاش کرنے کی غرض سے پورے گھر کو الٹ پلٹ دیا۔

اِندرا جو کہ صرف پانچ برس کی تھی ،وہ اسے برداشت نہیں کر پائیں۔ انھوں نے پولس کو دیکھ کر زور زور سے رونا اور چلانا شروع کر دیا۔ انھیں پولس کو دیکھ کر نفرت ہونے لگی۔ ایک موقع پر تو وہ ڈبل روٹی کاٹنے والے چاقو سے ایک آفیسر کا انگوٹھا کاٹنے میں کامیاب ہوگئی تھیں۔ آنند بھون کے اندر نہرو خاندان کے سب سے چھوٹے رکن کا ایسا جذبہ تھا۔

ہر وقت کوئی واقعہ رونما ہوتا معلوم ہوتا تھا۔ اِندرا ہال اور باغیچے میں گھومتیں اور آنے

والے مہمانوں کی سرگوشیوں کو سنتی تھیں۔ ان کی والدہ نے انھیں گاندھی جی کی تعلیمات اور ہندوستان کی آزادی کی اہمیت کے متعلق تفصیل سے بتایا تھا۔ خاندان کے لوگ متعدد مواقع پر گاندھی جی سے ملے۔ ننھی اِندرا کے لیے گاندھی جی بڑے اور عظیم نہیں تھے۔ وہ بالکل اس کے دادا کے ایک دوست جیسے تھے۔ نہرو خاندان اب الٰہ آباد میں حملہ کی زد پر تھا۔ متعدد خاندان ایسے تھے جو اس کی سرگرمیوں کی حمایت نہیں کرتے تھے۔ کئی رشتہ دار بھی دور ہونے لگے تھے۔ پھر بھی موتی لال اور جواہر لال کی فکر میں کوئی تبدیلی نہیں آئی۔ آنند بھون جیسی سرگرمیوں کا مرکز بن گیا۔ اکثر وہاں چھوٹی بڑی میٹنگیں ہوا کرتیں، گھر سیاست دانوں سے بھرا ہوتا، حکومت نے اکھاڑنے کا فیصلہ کیا۔ متعدد لوگوں کو جیل جانا پڑا۔ سیاست میں سرگرم نہرو خاندان کے سبھی مرد جیل بھیج دیئے گئے۔

اِندرا کا کوئی سر پرست نہیں رہ گیا تھا۔ وہ اپنی جنگ اکیلے لڑنے کے لیے چھوڑ دی گئی تھیں۔ ان کی والدہ کملا نے مضبوط خود اعتمادی کے ساتھ ایک بہادر خاتون کا مظاہرہ کیا۔ انھوں نے آزادی کی جدو جہد میں جواہر لال اور خاندان کے دوسرے افراد کے ساتھ حصہ لیا انھوں نے نہ صرف اپنے شوہر کو آرام پہنچایا، طاقت دی اور ساتھ رہیں بلکہ ذاتی طور پر آزادی کی جدوجہد میں حصہ بھی لیا۔ وہ جیل گئیں اور باہر آکر رضا کار بنائے اور احتجاجی مظاہروں کی قیادت کی۔

اِندرا جو اپنے والدین کے ساتھ زیادہ نہیں رہ پاتیں، انھوں نے کبھی اس کی شکایت نہیں کی۔ ان میں ملک کے کاز کا شعور آچکا تھا۔ اِندرا پانچ سال کی تھیں، بڑھی ہوئی کشیدگی اور وقت کی غیر یقینی کے سبب ان کی رسمی تعلیم نہیں ہو پائی۔ حد یہ ہے کہ ابتدائی تعلیم کے اسکول یا نرسری میں بھی ان کا داخلہ نہیں ہو پایا۔ ان کے والدین کے پاس بھی وقت یا ان کے روز مرہ کے ''ہوم ورک'' میں مدد کرنے کی فرصت نہیں ملتی تھی، جو تمھارے والدین کے پاس ہے۔

وہ بالکل نظر انداز بھی نہیں کر دی گئی تھیں۔ ان کے والد بڑی سنجیدگی سے ان کا بڑا

خیال رکھتے تھے۔ وہ مانتے تھے کہ ہر وقت کا کھیل اور بیکاری ان کی اندو کو کاہل بنا دے گا۔ چھوٹی عمر سے ہی انھوں نے پڑھنے کی ترغیب دی ان کے والدین ان کے ساتھ بیٹھ کر ناٹک پڑھتے تھے۔ ہر کوئی اس میں حصہ لیتا یا علیحدہ باب پڑھتا۔

جواہر لال نے اِندرا کو جسمانی اعتبار سے صحت مند رہنے کی اہمیت سمجھائی۔ وہ نہ صرف دوڑ لگاتیں بلکہ طریقے سے دوڑ لگاتیں۔ ورزش روزانہ کا معمول بن گیا تھا۔ ان کے والد مانتے تھے کہ لڑکی کے اندر نکھار ضروری ہے، حد یہ ہے کہ وہ تھوڑی دور تک بھی دوڑ لگاتیں انھیں سلیقہ سے دوڑنا پھرنا۔ اِندرا کو تیرنا سکھانے کا ان کا طریقہ یہ تھا کہ سوئمنگ پول میں دھکیل دیتے اور اِندرا کو خود باہر نکلنے کی کوشش کرنی پڑتی۔ اِندرا نے ہمیشہ تیراکی کو پرلطف مانا۔ ان کے والد نے انھیں گھوڑے نے سواری بھی سکھائی۔ جو اس وقت اِندرا کے کام آئی، جب وہ پہاڑی علاقوں میں چھٹیاں منانے گئیں۔

ان کے ماں اور باپ دونوں نے ہندوستانی فلسفہ حیات کے مطابق ہی اِندرا کی پرورش کی تھی تا کہ زندگی میں آنے والی خوشی اور غم دونوں کو یکساں طور پر لیں، قدروں سے وابستگی کے ساتھ قبولیت اور ترقی روز افزوں تہذیب کی بنیاد تھی۔ اِندرا سمجھ چکی تھی کہ ان ہی طبقوں اور علاقوں نے ترقی کی ہے جنھوں نے چیلنجوں کا مقابلہ کیا ہے۔ چیلنج کسی آدمی اور ملک کو مضبوط بناتے ہیں۔ ہمیں زندگی کو پورے طور پر دیکھنا چاہیے۔

ہندوستانی تہذیب اور روایت سے اِندرا نے جو بنیادی اصول سیکھا وہ تھا تبادلہ خیال کا تصوّر اور فیصلے پر پہنچنے سے پہلے بحث۔ بعد کی زندگی میں انھوں نے نہ صرف یہ پالیسی اختیار کی بلکہ اس پر عمل بھی کیا۔ ایک ایسا وقت آتا ہے جب تم سوچتے ہو کہ تم منزل تک پہنچ گئے ہو؛ لیکن اچانک تم پہلے کی طرح ہی خود کو پیچھے کھڑے نظر آتے ہو۔ تمھیں ہمیشہ اپنے اوپر بھروسہ اور اپنے میں یقین اور دل کو مضبوط رکھنا چاہیے۔ یہ ہمیشہ آسان نہیں ہوتا، لیکن تمھیں اسی سمت میں کوشش کرنے کی ضرورت ہے۔

اپنی تعلیم شروع کرنے سے پہلے ہی اِندرا کو تعلیم کا مقصد معلوم ہو گیا تھا۔ وہ مقصد

یہ تھا کہ انسان دنیا کی مختلف نوعیّتوں کو دیکھنے کی صلاحیت حاصل کر سکے۔کافی چھوٹی عمر سے ہی ان کے اندر بیداری کا احساس پیدا ہوگیا تھا۔ وہ اپنی پوری زندگی میں فطرت کے نزدیک رہیں۔ جب وہ بہت چھوٹی تھیں تبھی انھیں بسا اوقات حیرت ہوا کرتی تھی کہ کیوں لوگ فطرت کی دوسری چیزوں سے قطع نظر کرتے صرف چاند کی خوبصورتی کی باتیں کرتے رہتے ہیں، میں نے پانچ یا چھ سال کی عمر میں یہ دلیل پیش کی تھی جب لوگ چاند پر گئے تب ان کو پتا چلا کہ وہ کتنا سنسان ہے اور یہ محسوس کیا کہ دنیا کتنی خوبصوت ہے۔

جن تین شخصیتوں نے اِندرا کی ابتدائی فکر پر گہرا اثر ڈالا وہ تھے مہاتما گاندھی، رابندر ناتھ ٹیگور اور جواہر لال نہرو۔ گاندھی کے اقدام سے انھوں نے پر امن انقلاب لانے کی اہمیت سمجھی۔ ٹیگور کے مطالعے کے بعد انھوں نے انسان کے مقصد کو اس کے پورے وجود کے ساتھ قلب اور روح کی مختلف شکلوں کو دیکھا۔ اپنے والد سے انھوں نے زندگی بیچ کی راہ اختیار کرنے کی اہمیت سیکھی۔ انتہا تک نہ پہنچنے کے اصول سیکھے، اور دنیا و انسانیت کو ایک ماننے کی فکر سیکھی۔

مثال کے طور پر جواہر لال اس بات میں یقین رکھتے تھے کہ ہندوستان کی آزادی کی جدوجہد دنیا کے تمام لوگوں کی آزادی کا حصہ تھی۔ انھوں نے اِندرا کو دنیا دیکھنے کی ترغیب دی۔ لوگ ہندو، مسلمان، سکھ یا عیسائی کے طور پر سوچتے تھے، جس سے علیحدگی کے جذبے کو فروغ ملا۔ وہ سمجھتے تھے کہ یہ ملک کی ترقی کے لیے نقصان دہ تھا۔ وہ چاہتے تھے لوگ ذات اور طبقے سے اوپر اُٹھ کر خود کو ہندوستانی سمجھیں۔ ان کو اپنے مذہب کو ماننے کا حق ہے۔ وہ اس کو انھیں سیاست سے نہیں جوڑنا چاہیے اور خود کو تقسیم نہیں کرنا چاہیے۔ جواہر لال کے ذریعے سیکولرازم کی تشہیر نے دنیا کو ایک نئی نظر عطا کی۔ اسے عالمی امن کے لیے کی گئی کوشش کے طور پر تسلیم کیا گیا۔ عظیم شخصیتوں کے خیالات اور ان کی تخلیقات کتابیں اِندرا کے ذہن کو پختہ کرتی رہیں اور وہ اپنے والد کی منتخب کردہ کتابیں بڑے احتیاط کے ساتھ پڑھا کرتیں، جو کہ خود ایک تاریخ داں اور عظیم مصنف تھے۔

اس سے قبل کہ یہ سب چیزیں اِندرا کے ذہن پر اثر انداز ہوسکے ان کے رسمی طور پر اسکول جانے کا سوال اٹھا۔

جواہر لال نے جیل سے اپنے والد کو ایک خط لکھا۔ ''کملا نے لکھا تھا کہ اندو دن بدن ضدی ہوتی جارہی ہے، پڑھائی کی طرف کوئی دھیان نہیں دیتی ہے۔ میں چاہتا ہوں کہ اس کو پڑھانے کا کوئی انتظام کیا جائے۔ میں یہ نہیں کہتا ہوں کہ وہ ابھی سے کوئی بہت زیادہ معلومات حاصل کر سکے گی لیکن پڑھنے کی عادت شروع سے ہی ڈال دینی چاہیے ویسے بھی وہ اس عمر کو پار کر چکی ہے کہ جب اسے سنجیدگی کے ساتھ پڑھنے کی عادت شروع کر دینی چاہیے۔ اِندرا کے کھیل کود اور مستی بھرے دن ختم ہوگئے۔

سب سے پہلے انھیں الٰہ آباد کے ماڈرن اسکول بھیجا گیا۔ یہ اسکول قوم پرستی کے جذبے سے سرشار تھا اور کانگریس کے اصولوں کو مانتا تھا۔ تاہم اِندرا کے دادا نے یہ محسوس کیا کہ یہ اسکول ان کی پوتی کے لیے بہت اچھا نہیں ہے۔ وہ اعلیٰ غیر ملکی معیار جو انھوں نے اپنے بچوں کو دیا تھا، اسے اتنی آسانی سے بھلا نہیں سکتے تھے۔ انھوں نے اِندرا کو وہاں سے ہٹا کر ایک پرائیویٹ اسکول سینٹ Cecilia's میں بھیج دیا جو کیمرون Cameron بہنیں چلا رہی تھیں۔

اِندرا اسکول کی زندگی میں پوری طرح گھل مل نہ سکیں۔ کانونیٹ اسکول کی زندگی ان کے گھر کی زندگی سے بہت مختلف تھی۔ انھوں نے محسوس کیا کہ ان کی تعلیمی زندگی کی حقیقتوں سے ہم آہنگ نہیں ہے۔ وہ جزوی طور پر ہندوستانی لیڈروں کی فکر سے متاثر ہو چکی تھیں۔ انگلش اسکول کا طریقہ اس سے دروازے بند کر لیتا ہے۔ بچہ اسے خراب چیز سمجھ کر مسترد کر دیتا ہے، ٹھیک یہی اِندرا نے کیا۔

ایک دوسرا پہلو بھی تھا جس کی وجہ سے وہ اپنے اسکول کو پسند نہیں کرتی تھیں۔ وہ پہلو تھا ان کے اور دوسری لڑکیوں کے لباس میں فرق۔ ان کے کپڑے موٹے کھادی کے بنے تھے جو دوسری لڑکیوں کے کپڑوں کے مقابلے میں بورے کے معلوم ہوتے تھے۔ وہ

اس جگہ خود کو اکیلی محسوس کرنے لگیں۔

جب جواہر لال کو معلوم ہوا کہ ان کی بیٹی کو ایک کانوینٹ اسکول میں بھیج دیا گیا ہے، جس کا کانگریس کے لوگ بائیکاٹ کر چکے ہیں تو وہ بگڑ گئے۔ انھوں نے اپنے والد کو Cecilia's اسکول سے اِندرا کو فوراً ہٹا لینے کے لیے لکھا لیکن پنڈت موتی لال نہرو نے اس کے جواب میں یہ لکھا کہ انھوں نے اِندرا کو صرف اس لیے اس جگہ ڈالا ہے کہ اسے اس کے ہم عمر بچوں کا ساتھ مل سکے۔ انھوں نے کہا کہ وہ نہیں چاہتے کہ ان کی بیٹی اچھوتی 'مس مفیٹ' کی طرح بن جائے۔ انھوں نے گاندھی جی سے اس کی شکایت کی۔ پھر انھوں نے موتی لال کو جواہر لال کے موقف کی حمایت کرنے کے لیے کہا۔ موتی لال اتنی آسانی سے تسلیم کرنے والے نہیں تھے۔ لہٰذا انھوں نے اس کا متبادل تلاش کیا اور اِندرا کو اسکول سے ہٹا ان کے لیے پرائیویٹ ٹیچر مقرر کیا۔

اِندرا پھر سے خوش تھیں۔ انھیں اپنا پسندیدہ ماحول مل گیا وہ ہر چیز خوشی کے ساتھ پڑھتیں اور سیکھتیں۔ اِندرا نے بہت ہی کم وقت میں یہ سیکھ لیا کہ جو کچھ جیسے ہوتا ہے اسے ویسے ہی قبول کرنا چاہیے۔ انتہائی امیرانہ ماحول میں پیدا ہوئی اِندرا نے اب نہرو خاندان کو سادہ زندگی بسر کرتے ہوئے دیکھا۔ ایک بار انھوں نے کہا تھا: ''میں سوچتی ہوں کہ اگر کوئی چیز ہمیشہ تمھارے پاس رہے تو تم کو اس کی آرزوئیں رہتی ہے۔'' ان کے اندر کسی بھی قسم کی مشکل کو جھیلنے کی صلاحیت کا فروغ ہو چکا تھا۔

دنیا میں اور اس میں رہنے والے لوگوں اور ان کی سوچ کے بارے میں اِندرا پڑھ اور سن کر زیادہ سے زیادہ معلومات حاصل کر چکی تھیں ۔ ان کے ذہن میں ہمیشہ فکر گردش کرتی رہتی تھی۔ وہ اپنی فکر میں کسی کو شامل کرنے کے بجائے اسے چھپاتی تھیں۔ انھیں ڈر رہتا تھا کہ کہیں ان کے خاندان کے لوگ ان کی ہنسی نہ اڑائیں ۔ وہ اپنے آپ میں زیادہ سے زیادہ سمٹی رہیں۔ کیوں کہ ان کے والد ہندوستان کی آزادی کی جدوجہد میں الجھے ہوئے تھے ۔ نہ تو ان کے پاس فاضل وقت تھا اور نہ وہ ان کے اوپر خیالوں کا بوجھ ڈالنا

چاہتی تھی۔ اپنے بچپن کے تجربہ کا اظہار کرتے ہوئے انھوں نے کہا: ''میں دنیا کو مختلف انداز سے دیکھا کرتی تھی؛ کچھ اسی انداز سے جیسے 'ایلڈس ایکسلے' نے 'دی ڈورس آف پرسپشن' میں ظاہر کیا ہے۔ میں ہر چیز کو انتہائی سنجیدگی سے لیتی۔ میرے لیے فطرت اور رنگ ایک باطنی تجربہ تھا۔ دونوں کا احساس زندہ اور وسیع تھا۔''

جواہر لال اور کملا کو اپنی بیٹی کے اس طرح اکیلے رہنے اور خواب سجانے پر کوئی اعتراض نہیں تھا۔ جتنا زیادہ وہ پڑھتیں اور دیکھتیں اتنا ہی زیادہ پرسکون رہتیں اور اپنے آپ میں سمٹی جاتیں۔ نہرو خاندان کے بیشتر لوگوں سے بالکل الگ۔ اِندرا کتابوں کی دل سے قدر کرتی تھیں۔

''جان آف آرک'' وہ بہادر اور جوان فرانسیسی لڑکی جو برطانیہ کے خلاف لڑی تھی اِندرا کا دل جیت گئی۔ لڑکی ہونے کی وجہ سے جان دیگر مجاہدینِ آزادی کے مقابلے ان کے زیادہ قریب آگئیں۔ اِندرا ہر اس چیز سے متاثر ہوتی تھی جس کا تعلق ملک کی آزادی سے ہوتا تھا۔ ان کے والد نے ہی ان کے اندر یہ جذبہ پیدا کیا تھا۔ وہ اکثر جہاں کہیں بھی ہوتے تھے وہاں سے ان کے لیے اچھی اور دلچسپ کتابیں بھیجتے رہتے تھے۔ وہ مجاہدین آزادی کی کہانیاں پڑھتیں انھوں نے اٹلی کے گوری بالڈی، جنوبی امریکہ کے سائمن بولیور وغیرہ کی بھی کہانیاں پڑھی تھیں۔ ایک کتاب جس نے ان کے اوپر انتہائی گہرا اثر ڈالا وہ فرانسیسی زبان میں لکھی 'ہیوگو' کی 'لامسر یبلس' تھی۔ اس میں انقلابِ فرانس کے وقت آئی غربت اور اس سے متعلق مختلف واقعات کا بہت واضح طور سے اظہار کیا گیا تھا۔ وہ ان کے جذباتی ذہن میں مستقل طور سے گھر کر گئی۔

اس دوران ان کے والد اور دادا جیل جاتے آتے رہے۔ انھوں نے بڑے بڑے جلوسوں کی قیادت کی اور بڑے بڑے مجمع کو خطاب کیا۔ طرح طرح کی افواہوں سے گھر کا ماحول کشیدہ رہا جس کی وجہ سے ان کا معصوم ذہن بھی متاثر ہوتا۔ حالانکہ اِندرا ہمیشہ ان واقعات کو نہیں سمجھ پاتی تھیں لیکن وہ یقینی طور پر یہ مانتی تھیں کہ ان کے والد اور دادا حکومت

برطانیہ سے لڑ رہے ہیں۔ اس لیے سبھی کا یہ فرض ہے کہ وہ اس لڑائی میں شامل ہوں۔

جنوری ۱۹۲۲ء میں اِندرا اپنی دادی اور دوسری عورتوں کے ساتھ احمد آباد میں واقع گاندھی جی کے سابرمتی آشرم میں گئیں۔ آشرم میں وہ بہت خوش تھیں وہاں انھوں نے کچھ ہی دنوں قیام کیا۔ وہ باپو اور وہاں کے رہنے والوں کے ذریعے منعقد کیے جانے والے دعائیہ جلسوں میں حصہ لیتیں۔ گاندھی جی کو پیار سے باپو کہتے تھے۔ وہ آشرم کے قانون پر عمل کرتیں وہ گاندھی جی سے بہت گھل مل گئیں تھیں۔ وہ بھی اس جذباتی لڑکی کو چاہنے لگے تھے۔ دو اہم سبق جو گاندھی جی نے اِندرا کو پڑھائے تھے۔ ہمیشہ زندگی میں آگے بڑھو اور سختی کے ساتھ ان اصولوں کی پابندی کرو جو اپنے لیے مقرر کیے ہیں۔ یہ اپنی صلاحیت کو پرکھنے میں معاون ثابت ہوگا۔ آشرم میں ان تعلیمات پر توجہ دی جاتی، اِندرا کو آئندہ برسوں میں ان تعلیمات کی اہمیت سمجھ میں آئی۔ بہت کچھ حاصل کرنے کے بعد وہ اپنے پرائیویٹ ٹیچروں کے پاس الہ آباد لوٹ آئیں۔

اِندرا نے اپنی زندگی کے ابتدائی نو سال پریشانیوں اور عدم تحفظ کے بیچ گزارے۔ یہ عام گھریلو زندگی کے تجربوں سے بہت مختلف تھے۔ بچپن میں ان کے تجربوں نے ان کے اندر ایک خود اعتمادی پیدا کردی۔ جو ہمیشہ ان کے کام آئی۔

ڈاکٹر اے. پی. جے. عبدالکلام

میری پیدائش سابق ریاست مدراس کے جزیرہ نما قصبے رامیشورم کے ایک متوسط تامل گھرانے میں ہوئی۔ میرے والدجین العابدین (زین العابدین) کے پاس رسمی تعلیم زیادہ تھی نہ دولت۔ مگر ان کوتاہیوں کے باوجودوہ پیدائشی فراست اور روحانی فیوض سے مالامال تھے۔میری ماں آشی امّا ان کی مثالی مددگار تھیں مجھے ان لوگوں کی صحیح تعداد تو یاد نہیں جنہیں میری ماں روزانہ کھانا کھلاتی تھیں۔ ہاں اتنا یقین سے کہہ سکتا ہوں کہ ہمارے خاندان کے تمام افراد سے زیادہ باہر کے لوگ ہوتے تھے جو ہمارے ساتھ کھانا کھاتے تھے۔

میرے والدین کو عام طور پر ایک مثالی جوڑا سمجھا جاتا تھا۔ میری ماں کا سلسلہ زیادہ ممتاز تھا۔ان کے بزرگوں میں سے ایک صاحب کو برطانوی راج کی طرف سے خان بہادر کا خطاب بھی ملا تھا۔

بہت سے لوگوں میں سے میں ایک ایسا بچہ تھا جس کا قد چھوٹا اور ناک نقشہ معمولی تھا جو دراز قد اور خوبصورت والدین کے یہاں پیدا ہوا تھا۔ ہم اپنے آبائی مکان میں رہتے تھے جو اُنیسویں صدی کے وسط میں تعمیر ہوا تھا وہ خاصا بڑا پختہ مکان تھا اینٹ اور چونے سے رامیشورم میں موسک اسٹریٹ پر بنایا گیا تھا۔ میرے سادگی پسند والد ہر طرح کے غیر ضروری آرام و آسائش سے احتراز کرتے تھے۔ بہر حال کھانے پینے ، دوادارو اور لباس سے متعلق تمام ضروریات انھیں میسر تھیں۔ میں کہہ سکتا ہوں کہ میرا بچپن حقیقتاً مادی اور جذباتی اعتبار سے قطعی محفوظ تھا۔

میں عام طور پر اپنی ماں کے ساتھ باورچی کھانے میں بیٹھ کر کھانا کھاتا تھا۔ وہ میرے سامنے کیلے کا پتا رکھتیں ،جس پر وہ چاول اور خوشبو دار سانبھر نکالتیں، ساتھ ہی گھر

کے بنے ہوئے کئی طرح کے چٹ پٹے اچار اور تازہ ناریل کی گاڑھی چٹنی بھی ہوتی تھی۔

مشہور شیو مندر، جس کی وجہ سے رامیشورم زائرین کے لیے مقدس تھا، ہمارے گھر سے تقریباً دس منٹ کے فاصلے پر واقع تھا۔ ہمارے محلے میں مسلمانوں کی اکثریت تھی تاہم کچھ ہندو خاندان بھی رہتے تھے۔ جن کے مسلمان پڑوسیوں سے خوشگوار تعلقات تھے۔ ہمارے محلے میں ایک پرانی مسجد تھی میرے والد مجھے مغرب کی نماز کے لیے لے جاتے تھے۔ عربی سورتیں جو وہاں پڑھی جاتی تھیں میں ان کے مفہوم سے قطعی نابلد تھا تاہم میرا یہ اعتقاد تھا کہ اللہ تک وہ پہنچ جاتی تھیں۔ جب میرے والد نماز سے فارغ ہوکر باہر آتے تو مختلف مذاہب کے لوگ وہاں بیٹھے ان کا انتظار کررہے ہوتے تھے۔ ان میں سے اکثر پانی کا پیالہ ان کی طرف بڑھاتے اور وہ ان میں اپنی انگلیاں ڈبو کر کوئی دعا پڑھتے۔ یہ پانی وہ اپنے گھر معذوروں کے لیے لے جاتے تھے۔ مجھے یاد ہے جب مریض اچھے ہو جاتے تو لوگ ہمارے گھر والد کا شکریہ ادا کرنے آتے۔ میرے والد مسکراتے اور ہمیشہ ان سے کہتے کہ شکر اللہ کا ادا کرو جو رحیم و کریم ہے۔

رامیشورم مندر کے بڑے مہنت پکشی لکشمن شاستری میرے والد کے بہت قریبی دوست تھے۔ میرے بچپن کی گہری یادوں میں یہی دو شخص بسے ہوئے تھے جو اپنے مخصوص روایتی لباس میں روحانی موضوعات پر بحث کرتے تھے۔ جب میں اتنا بڑا ہوگیا کہ سوال کر سکوں تو میں نے عبادت کی معنویت کے بارے میں اپنے والد سے پوچھا۔ انھوں نے کہا کہ عبادت کا مسئلہ پراسرار نہیں۔ اس کے ذریعہ انسانوں میں روحانی تعلق ممکن ہوتا ہے۔ انھوں نے مزید کہا ''جب تم عبادت کرتے ہو تو تمھارا جسم بلندی کی طرف پرواز کرتا ہے اور تم کائنات کا ایک حصہ بن جاتے ہو اور کائنات دولت، عمر، ذات پات، یا عقیدہ کی بنیاد پر کوئی تفریق نہیں کرتی۔''

میرے والد کو پیچیدہ روحانی مسائل کو بہت آسان اور سادہ تامل میں سمجھانے کا ملکہ حاصل تھا۔ انھوں نے ایک مرتبہ مجھے کہا تھا ''ہر شخص اپنے دور میں جہاں بھی ہے، جو کچھ

ہے، جس حال میں ہے اور جس مرتبے کو بھی پہنچ چکا ہے خواہ وہ اچھا ہو یا برا ذات باری کے جلوۂ کل میں ایک عنصر خاص کی حیثیت رکھتا ہے ۔ پھر کیوں وہ مشکلوں، مصیبتوں اور دشواریوں سے گھبرائے؟ پریشانیاں جب آئیں تو اپنی اذیتوں کے تعلق کو سمجھنے کی کوشش کرو۔ مصیبت ہمیشہ دروں بینی کے مواقع فراہم کرتی ہے۔''

میں نے اپنے والد سے کہا، ''یہ بات آپ ان لوگوں سے کیوں نہیں کہتے جو آپ کے پاس مدد و مشورے کے لیے آتے ہیں؟'' انھوں نے اپنے ہاتھ میرے کاندھوں پر رکھے اور میری آنکھوں میں غور سے دیکھتے رہے۔ کچھ دیر تک وہ بالکل خاموش رہے گویا ان کی بات کو سمجھنے کی وہ میری صلاحیت کا اندازہ کر رہے تھے۔ تب انھوں نے دھیمی اور پر اثر آواز میں جواب دیا۔ ان کے جواب نے میرے اندر ایک عجیب توانائی اور ولولہ پیدا کر دیا:

''جب کبھی لوگ خود کو تنہا پاتے ہیں تو فطری طور پر کسی ساتھی کی تلاش شروع کر دیتے ہیں۔ جب مصیبت میں ہوتے ہیں تو ایسے شخص کو تلاش کرتے ہیں جو ان کی مدد کر سکے اور جب کسی ایسی جگہ پہنچ جاتے ہیں جہاں کوئی راستہ دکھائی نہیں دیتا ہو تو ایسے رہبر کی فکر ہوتی ہے جو انھیں راستہ دکھا سکے۔ رہ رہ کر اٹھنے والا شدید درد، بار بار مچلنے والی تمنا و آرزو ہر حال میں اپنا چارہ ساز تلاش کر ہی لیتی ہے جو لوگ پریشانی میں میرے پاس آتے ہیں میں شیطانی قوتوں کو عبادتوں اور قربانیوں سے رام کرنے میں ان کی کوششوں میں ایک وسیلے کے سوا کچھ نہیں ہوتا۔ یہ طریقہ ہر صورت صحیح نہیں ہے اور اس پر کبھی عمل نہیں کرنا چاہیے۔ ہر کسی کو اس فرق کو سمجھنا چاہیے جو تقدیر کے بارے میں خوفزدہ تصور اور اس تصور کے درمیان ہے جو ہمارے اندر آرزوؤں کی تکمیل کے حریف کی تلاش میں ہماری مدد کرتا ہے۔''

مجھے یاد ہے میرے والد کا دن صبح کے چار بجے سے شروع ہو جب وہ سورج طلوع ہونے سے پہلے نماز ادا کرتے تھے۔ نماز کے بعد گھر سے چار میل دور ہمارے ناریل کے

چھوٹے سے باغ میں ٹہلنے کے لیے جاتے۔ وہ جب واپس آتے تو ان کے کندھے پر ایک درجن ناریلوں کا گٹھا ہوتا تب وہ ناشتہ کرتے ۔ یہ ان کا ایسا معمول تھا جو ان کی عمر کی ساٹھویں دہائی کے اواخر تک جاری رہا۔

میں تمام عمر سائنس اور ٹکنولوجی کی اپنی دنیا میں اپنے والد کی تقلید کی کوشش کرتا رہا۔ میں نے ان بنیادی حقائق کو سمجھنے کی بھرپور کوشش کی جو میرے والے نے مجھ پر آشکار کیے تھے اور اس بات پر ایمان لے آیا کہ ایک الوہی طاقت ہے جو ہر کسی کو الجھن ، تکلیف ، مالیخولیا اور ناکامی سے نکال سکتی ہے اور اس کی صحیح منزل تک رہنمائی کرسکتی ہے ۔ایک مرتبہ اگر کوئی شخص اپنے جذباتی اور جسمانی تعلق پر قابو پالے تو وہ آزادی ،خوشی اور ذہنی سکون کی راہ پر گامزن ہوسکتا ہے۔

میں ابھی چھ سال کا تھا کہ میرے والد نے لکڑی کی بادبانی کشتی بنانے کا کام شروع کیا تا کہ وہ زائرین کو رامیشورم سے دھنس کوڈی (جسے سیتھکرای بھی کہتے ہیں) اور وہاں سے واپس لاسکیں۔ انھوں نے اپنے ایک عزیز احمد جلال الدین کی مدد سے سمندر کے کنارے کشتی بنانے کا کام شروع کیا۔ جلال الدین نے بعد میں میری بہن زہرہ سے شادی کر لی۔ میں کشتی کو بنتا ہوا دیکھا کرتا۔ لکڑی کے ڈھانچے اور ڈوبنے سے بچنے کے لیے پیٹوں کو آگ سے تپا کر پکا کیا جاتا تھا۔ کشتی کی وجہ سے میرے والد کا کاروبار خوب چمک گیا۔ مگر اچانک ایک دن طوفان باد جس کی ہوا سو میل فی گھنٹے کی رفتار سے زیادہ تیز تھی ، ہماری کشتی اور سیتھکرای زمین کے ایک بڑے ٹکڑے کو اُڑا کر لے گیا۔ پامبن پل ایک ریل گاڑی کے ساتھ جو مسافروں سے بھری تھی اس کے اوپر ٹوٹ کر گر پڑا۔ اس وقت تک میں نے سمندر کی صرف رعنائی وحسن ہی کو دیکھا تھا اور اب اس کی سرکش طاقت کا اندازہ ہوا۔

جب ہماری کشتی اپنے ناگہانی انجام سے دوچار ہوئی احمد جلال الدین اس وقت تک میرے بہت اچھے دوست بن گئے تھے۔ حالانکہ ہم دونوں کی عمروں میں بہت فرق تھا۔ وہ مجھ سے پندرہ سال بڑے تھے اور مجھے آزاد کہتے تھے۔ ہم دونوں ہر شام لمبی چہل قدمی کے

لیے جاتے۔ شروعات موسک اسٹریٹ سے کرتے اور جزیرے کے ریتیلے کناروں کی طرف نکل جاتے۔ اس دوران جلال الدین اور میں روحانی موضوعات پر گفتگو کرتے۔ رامیشورم کا ماحول اپنے یہاں آنے والے جوق در جوق زائرین کے ساتھ ہمارے اس مباحث میں معاون ہوتا، ہمارا پہلا پڑاؤ بھگوان شیو کے شاندار مندر پر تھا۔ ملک کے دور دراز گوشوں سے آنے والے کسی بھی زائر کی طرح ہم بھی مندر کا طواف اسی عقیدت سے کرتے اور اپنے اندر توانائی کی لہر دوڑتے ہوئے محسوس کرتے۔

جلال الدین خالق کائنات کے بارے میں اس طرح گفتگو کرتے گویا وہ اس کی کارگزاری میں شریک ہوں۔ وہ اپنے تمام شکوک وشبہات قادر مطلق کے سامنے اس طرح رکھتے جیسے وہ انھیں دور کرنے کے لیے وہیں ان کے قریب موجود ہو۔ میں جلال الدین کی طرف حیرت سے دیکھتا اور پھر مندر کے گرد زائرین کے ان بڑے حلقوں کی طرف نظر کرتا جو سمندر میں پوتر ڈبکی لگاتے، رسموں کو ادا کرتے اور بھجن گاتے جذبۂ احترام کے ساتھ اس نامعلوم ہستی کے لیے جسے ہم غیر مرئی قادر مطلق کہتے ہیں۔ میں نے اس پر کبھی شبہ نہیں کیا کہ مندر میں کی گئی پوجا اسی منزل مقصود تک اسی طرح پہنچتی ہے جس طرح مسجد میں ادا کی گئی عبادت۔ مجھے حیرت صرف اس بات پر تھی کہ کیا جلال الدین کا کوئی خصوصی تعلق اللہ سے تھا۔ جلال الدین کو اسکول میں پڑھنے کا بہت کم موقع ملا۔ دراصل ان کے خاندان کے مالی حالات اچھے نہ تھے۔ ممکن ہے یہی سبب ہو کہ وہ ہمیشہ میری حوصلہ افزائی کرتے تھے تاکہ میں پڑھائی میں سب سے آگے نکل جاؤں۔ وہ میری کامیابی کو ہمیشہ اپنی ہی کامیابی سمجھتے تھے۔ اپنی محرومی پر جلال الدین کے یہاں غم و غصے کی ہلکی سی رمک بھی میں نے کبھی نہیں دیکھی۔ برخلاف اس کے زندگی نے جو کچھ انھیں دیا اس پر انھیں ہمیشہ صابر وشاکر ہی پایا۔

جس زمانے کی میں بات کر رہا ہوں اس وقت اتفاق سے پورے جزیرے میں وہی اکیلے شخص تھے جو انگریزی لکھ سکتے تھے۔ ضرورت پڑنے پر وہ ہر ایک کے لیے خط لکھتے

خواہ وہ درخواستیں ہوں یا کچھ اور۔ میرے جاننے والوں میں، خاندان میں یا پڑوس میں کوئی بھی ایسا نہیں تھا جس نے جلال الدین کے برابر پڑھا ہو اور جس کا تعلق باہر کی دنیا سے ہو۔ جلال الدین ہمیشہ مجھے پڑھے لکھے لوگوں کے بارے میں سائنسی دریافتوں سے متعلق عصری ادب اور میڈیکل سائنس کے کارناموں کے بارے میں بتاتے۔ وہی تھے جنھوں نے مجھے ہماری تنگ و تاریک حدود سے نکال کر 'شاندار انوکھی دنیا' سے آگاہ کیا۔

میرے لڑکپن زمانے میں کتابیں کمیاب شئے تھیں۔ بہر حال مقامی اعتبار سے سابق انقلابی یا جنگجو قوم پرست ایس ٹی آر منیکم کا ذاتی کتاب خانہ خاصا بڑا تھا۔ وہ میری ہمت افزائی کرتے تھے کہ زیادہ سے زیادہ پڑھوں۔ میں اکثر ان کے گھر جاتا اور پڑھنے کے لیے کتابیں لایا کرتا تھا۔

ایک شخص جس نے میرے لڑکپن کو بہت متاثر کیا میرا عم زاد بھائی شمس الدین تھا۔ رامیشورم میں اخباروں کا وہ تنہا تقسیم کار تھا۔ پامبن سے رامیشورم اسٹیشن پر صبح کی گاڑی سے اخبار آتے تھے۔ شمس الدین کی اخبار ایجنسی یک فردی تنظیم تھی جو رامیشورم قصبے کی آبادی کے ایک ہزار خواندہ لوگوں کے پڑھنے کی ضرورت کو پورا کرتی تھی۔ ان اخباروں کی خرید کا مقصد قومی تحریک آزادی میں موجودہ پیش رفت یا ستاروں کی پیش گوئی سے واقف ہونا یا پھر مدراس میں راج سونے چاندی کے بھاؤ کی معلومات حاصل کرنا ہوتا۔ کچھ قارئین جو عالمی نقطۂ نگاہ کے حامل تھے ہٹلر، مہاتما گاندھی اور جناح پر گفتگو کرتے۔ دینامنی سب سے زیادہ پسند کیا جانے والا اخبار تھا۔ میں اخبار تو پڑھ نہیں سکتا تھا لیکن اس سے پہلے کے شمس الدین خریداروں کو اخبار پہنچائیں میں ان میں چھپی تصویروں کو دیکھ کر دل خوش کر لیا کرتا تھا۔

دوسری جنگ عظیم ۱۹۳۹ء میں چھڑی۔ اس وقت میری عمر آٹھ سال کی تھی۔ میں اس کی وجہ کبھی نہ جان سکا کہ اچانک بازار میں چیوں کی مانگ کیوں بڑھ گئی تھی۔ میں چیے اکٹھے کرنے لگا اور موسک اسٹریٹ پر واقع کرانے کی دوکان پر بیچ دیا کرتا۔ دن بھر میں جمع

کیے ہوئے چیوں سے مجھے ایک آنا مل جاتا تھا جو اس وقت خاصی بڑی رقم تھی۔ جلال الدین مجھے جنگ کے قصے سناتے جنھیں میں دینا منی اخبار کی سرخیوں میں تلاش کرنے کی کوشش کرتا۔ ہمارا علاقہ الگ تھلگ تھا، اس لیے جنگ کے اثرات سے بالکل محفوظ رہا۔ مگر جلد ہی ہندوستان کو بھی اتحادی فوج میں شامل ہونے پر مجبور کر دیا گیا اور ایک طرح کی ہنگامی صورت حال کا اعلان کر دیا گیا۔ اس کا پہلا اثر یہ ہوا کہ رامیشورم اسٹیشن پر گاڑی رکنا بند ہوگئی۔ چنانچہ اخباروں کا بنڈل بنایا جاتا اور رامیشورم روڈ پر رامیشورم اور دھنس کوڈی کے درمیان چلتی گاڑی سے انھیں باہر پھینک دیا جاتا۔ شمس الدین کو ایک آدمی کی ضرورت ہوئی تا کہ وہ بنڈلوں کو لپک لیا کرے۔ میں ہی گویا اس کام کے لیے زیادہ موزوں تھا۔ میں نے اس ضرورت کو پورا کیا۔ اس طرح میری پہلی کمائی کا ذریعہ شمس الدین بنے۔ نصف صدی کے بعد آج بھی میں اپنی پہلی کمائی پر خوشی کی ایک لہر محسوس کرتا ہوں۔

ہر بچہ ورثے میں کچھ صفات لے کر مخصوص سماجی، معاشی اور جذباتی ماحول میں پیدا ہوتا ہے اور بالا دست ہستیوں کے ذریعے مختلف ڈھنگ سے اس کی تربیت ہوتی ہے، میں نے ایمانداری اور خود نظمی اپنے باپ سے ورثے میں پائی جبکہ نیکی میں یقین اور گہری ہمدردی مجھے میری ماں، تین بھائیوں اور بہن نے عطا کی۔ میرا یہ وہ زمانہ تھا جو جلال الدین اور شمس الدین کے ساتھ گزرا شاید میرے بچپن کی بوالعجبی میں اسی کا بہت زیادہ ہاتھ تھا جس کی وجہ سے میری بعد کی زندگی بالکل بدل کر رہ گئی۔ ہر چند کہ جلال الدین اور شمس الدین کسی اسکول سے فارغ نہیں تھے مگر ان کی فہم و فراست میں ایک وجدانی کیفیت تھی جو خاموش گفتگو کو بھی سمجھ لیتی تھی۔ بلا جھجک میں یہ کہہ سکتا ہوں کہ بچپن میں مجھے ان کی جو صحبت ملی بعد میں ظاہر ہونے والی میری تخلیقی صلاحیتیں اسی کی دین ہیں۔

بچپن کے تین میرے قریبی دوست تھے۔ رام ندھا شاسری، اروندن اور شیو پرکاش۔ یہ تینوں لڑکے کٹر برہمن گھرانے سے تھے۔ اپنے مذہبی اختلافات اور تربیت کے باوجود بچوں کی حیثیت سے ہم نے آپس میں کبھی ایک دوسرے کے ساتھ کوئی فرق روا نہیں رکھا۔

دراصل رام ندھا شاستری رامیشورم مندر کے سب سے بڑے مہنت پکشی لکشمن شاستری کا بیٹا تھا۔ وہ اپنے باپ کی زندگی میں ہی رامیشور مندر کا مہنت مقرر ہوا۔ اروند زائرین کے لیے سواریوں کا انتظام کیا کرتا اور شیو پرکاش کو جنوبی ریلویز میں کھانا فراہم کرنے کا ٹھیکا مل گیا تھا۔

شری سیتارام کلیانم کی سالانہ تقریب کے دوران ہمارا گھرانہ کشتیوں کا انتظام کیا کرتا تھا، جن میں ایک خصوصی منچ ہوتا تا کہ بھگوان کی مورتیاں مندر سے شادی گاہ تک لے جائی جاسکیں، یہ شادی گاہ تالاب کے بیچ میں واقع تھی جسے رام تیرتھ کہا جاتا تھا اور یہ ہمارے گھر کے قریب تھی۔ رامائن اور حضور ﷺ کی زندگی کے واقعات میری ماں اور دادی رات کو سوتے وقت گھر کے بچوں کو سناتی تھیں۔

جب میں رامیشورم ایلیمنٹری اسکول میں پانچویں کلاس میں تھا تو ایک دن ایک نیا استاد ہماری کلاس میں آیا، میں ٹوپی لگایا کرتا تھا، جس سے میں مسلمان ظاہر ہوتا تھا اور ہمیشہ سامنے کی قطار میں رام ندھا شاستری کے پاس بیٹھا کرتا جو جنیوا ڈالتا تھا۔ نیا استاد یہ بات ہضم نہ کرسکا کہ ہندو مہنت کا بیٹا ایک مسلمان لڑکے کے پاس بیٹھے۔ نئے استاد نے ہمارا سماجی مرتبہ خود متعین کیا اور اس کے مطابق مجھ سے آخری بینچ پر بیٹھنے کو کہا۔ مجھے بہت ملال ہوا اور رام ندھا شاستری کو بھی بہت افسوس ہوا۔ جب مجھے آخری صف میں منتقل کیا گیا تو وہ بہت اداس تھا۔ جب میں آخری بینچ پر بیٹھنے کے لیے جانے لگا تو اس کی روتی صورت نے مجھ پر ایک نہ مٹنے والا نقش چھوڑا۔

اسکول کے بعد ہم اپنے گھروں کو گئے اور اس سانحے کا ذکر اپنے اپنے والدین سے کیا۔ لکشمن شاستری نے اس استاد کو بلایا اور ہماری موجودگی میں اس سے کہا کہ وہ معصوم بچوں کے دماغوں میں سماجی نابرابری اور فرقہ وارانہ تعصب کا زہر نہ گھولے۔ انھوں نے استاد سے سختی سے کہا کہ وہ معافی مانگے یا اسکول اور اس جزیرے کو چھوڑ دے۔ استاد نے نہ صرف اپنے رویے پر افسوس ظاہر کیا بلکہ لکشمی شاستری نے اس شدت سے اسے قائل کیا

کہ آخر کار اس نوجوان استاد کی اصلاح ہوگئی۔

مجموعی اعتبار سے رامیشورم کی اس چھوٹی سی سوسائٹی میں طبقہ بندی پر شدت سے عمل ہوتا تھا اور یہ سماجی گروہوں کی علیحدگی کے معاملے میں بھی بہت سخت تھی لیکن میرے سائنس ٹیچر شیو سبرامنیا ایّر، جو ایک کٹر برہمن تھے اور ان کی بیوی بہت ہی دقیانوسی تھیں، کچھ باغی قسم کے انسان تھے انھوں نے سماجی حد بندیوں کو توڑ دینے کی بھرپور کوشش کی تا کہ مختلف پس منظر کے لوگ آسانی سے آپس میں گھل مل سکیں ۔ وہ میرے ساتھ گھنٹوں گزارتے ہو اور کہتے، ''کلام میں تمھاری اس طرح تربیت کرنا چاہتا ہوں کہ تم بڑے شہروں کے بہت زیادہ تعلیم یافتہ لوگوں کی برابری کرسکو۔''

ایک دن انھوں نے مجھے اپنے گھر کھانے پر بلایا۔ ان کی بیوی اس خیال ہی سے وحشت زدہ تھیں کہ ایک مسلمان لڑکا اس کے پوتر رسوئی میں کھانے پر بلایا جا رہا تھا۔ انھوں نے مجھے اپنے رسوئی میں کھانا کھلانے سے صاف انکار کردیا۔ مگر شیو سبرامنیا ایّر پریشان ہوئے نہ انھیں اپنی بیوی پر غصہ ہی آیا بلکہ انھوں نے خود اپنے ہاتھوں سے کھانا نکالا اور میرے پاس کھانے کے لیے بیٹھ گئے۔ ان کی بیوی ہمیں رسوئی کے باہر سے دیکھتی رہیں، مجھے شبہ ہے کہ انھوں نے میرے چاول کھانے، پانی یا کھانے کے بعد فرش صاف کرنے کے انداز میں شاید ہی کوئی فرق محسوس کیا ہو۔ جب میں ان کے گھر سے رخصت ہو رہا تھا تو شیو سرامنیا ایز دنے آئندہ ہفتے پھر مجھے رات کے کھانے کی دعوت دے دی۔ مجھے تذبذب پا کر انھوں نے کہا گھبراؤ مت۔ ''اگر تم نے ایک بار نظام کو بدلنے کا ارادہ کرلیا تو ان مسائل کا سامنا کرنا ہی پڑے گا۔'' آئندہ ہفتے جب میں ان کے گھر گیا تو ان کی بیوی مجھے اپنی رسوئی میں لے گئیں، اور مجھے خواپنے ہاتھوں سے کھانا نکال کردیا۔

دوسری جنگ عظیم ختم ہوگئی تھی اور ہندوستان کی آزادی کے آثار نظر آنے لگے تھے، گاندھی جی نے اعلان کیا ''ہندوستانی خود اپنے ہندوستان کی تعمیر کریں گے۔'' پورا ملک ایک بے مثال خوش اُمیدی سے بھر گیا تھا۔ میں نے اپنے والد سے رام ناتھاپورم کے ڈسٹرکٹ

ہیڈکوارٹرس میں تعلیم حاصل کرنے کی اجازت طلب کی۔

انھوں نے مجھ سے کہا گویا وہ بھی کچھ اسی طرح سوچ رہے ہیں ''ابول! میں جانتا ہوں ترقی کے لیے تمھیں باہر جانا ہی پڑے گا، کیا سمندری بگلا دھوپ میں اکیلا بغیر گھونسلے کے نہیں اڑتا؟ اپنی یادوں کی اس دھرتی سے اپنی چاہت کو تمھیں چھوڑنا ہوگا اور وہاں جانا ہوگا جہاں تمھاری بڑی آرزوئیں بسیرا کرتی ہیں۔ ہمارا پیار تمھیں روکے گا نہ ہماری ضرورتیں تمھارے راستے میں حائل ہوں گی۔'' انھوں نے میری متردّد ماں کو خلیل جبران کی حکایت سنائی۔ ''تمھارے بچے تمھارے بچے نہیں ہیں۔ یہ خود زندگی کی اپنی آرزو کے بیٹے بیٹیاں ہیں۔ یہ تمھارے ذریعے آتے ہیں مگر تم سے نہیں ہیں۔ تم انھیں اپنی محبت تو دے سکتے ہو مگر اپنے خیالات نہیں کیوں کہ خود ان کے اپنے خیالات ہوتے ہیں۔''

وہ مجھے اور میرے تین بھائیوں کو مسجد لے گئے اور قرآن مجید سے سورہ فاتحہ کی تلاوت کی۔ جب انھوں نے مجھے رامیشورم کے اسٹیشن پر گاڑی بٹھایا تو کہا، ''اس جزیرے میں تمھارا جسم رہ سکتا ہے، مگر تمھاری روح نہیں، تمھاری روح کا ٹھکانہ مستقبل کا مکان ہے۔ رامیشورم میں ہم میں سے کوئی بھی اس سے مل نہیں سکتا، بلکہ ہمارے خوابوں میں بھی اس سے ملاقات ممکن نہیں۔ میرے بچے اللہ تم پر اپنا فضل فرمائے۔''

شمس الدین اور احمد جلال الدین نے میرے ساتھ رام ناتھ پورم کا سفر کیا تاکہ میرا داخلہ شوارٹس ہائی اسکول میں کرا دیں اور میرے رہنے سہنے کا بندوبست کر دیں۔ بہرحال مجھے وہاں کا ماحول راس نہ آیا، حالانکہ رام ناتھ پورم پچاس ہزار آبادی والا ایک ترقی یافتہ اور گروہ بند قصبہ تھا، لیکن رامیشورم کا سا ربط و تعلق اور ہم آہنگی وہاں مفقود تھی۔ مجھے اپنے وطن کی یاد آئی اور میں رامیشورم جانے کا ہر موقع چھین لیتا۔ رام ناتھ پورم میں تعلیمی مواقع کی کشش اتنی شدید نہیں تھی کہ پولی کی طرف میری رغبت کو ختم کر دیتی۔ یہ جنوبی ہند کی ایک مٹھائی ہے جو میری ماں بناتی تھیں۔ دراصل وہ بارہ مختلف طریقوں سے یہ میٹھائی بناتی تھیں اور خوبی یہ ہوتی کہ ہر ایک کا ذائقہ بالکل جدا ہوتا تھا۔

اپنے وطن کی ہڑک کے باوجود میں نے طے کر لیا تھا کہ نئے ماحول سے ہر صورت میں مطابقت پیدا کر لوں گا، کیوں کہ میں جانتا تھا کہ میرے والد نے میری کامیابی سے بہت سی امیدیں وابستہ کر رکھی تھیں۔ میرے والد مجھے کلکٹر بنتا ہوا دیکھتے تھے اور میں نے بھی اسے اپنا فرض سمجھا کہ ان کے اس خواب کو پورا کروں۔ ہر چند کہ میں رامیشورم کی سی مانوسیت، تحفظ اور آرام و آسائش سے محروم ہو چکا تھا۔

جلال الدین مجھے مثبت غور و فکر کی قوت سے آگاہ کرتے۔ اکثر مجھے ان کی باتیں یاد آتیں خاص کر جب مجھے گھر کی یاد ستاتی یا میں دل شکستہ ہو جاتا تھا۔ میں نے بہت کوشش کی کہ ان کی بتائی ہوئی باتوں پر عمل کروں تا کہ اپنے ذہن و خیالات پر قابو پا سکوں اور اس طرح اپنی تقدیر سنوار سکوں۔ سوئے اتفاق کہ وہ تقدیر مجھے کبھی واپس رامیشورم نہ لے جا سکی بلکہ مجھے میرے بچپن کے گھر سے دور بہت دور بہا لے گئی۔

حوالہ جاتی کتب

ذکرِ غالبؔ	مالک رام
یادگارِ حالیؔ	صالحہ عابد حسین
بدرالدین طیب جی	لئیق فتح پوری
تذکرہ شیخ الہندؒ	مفتی عزیز الرحمٰن
تلاشِ حق	مہاتما گاندھی
مجاہدِ اعظم مولانا محمد علی جوہرؔ	فاروق ارگلی
اپنی کہانی	راجندر پرساد
بڑوں کا بچپن	اسلم شیخو پوری
ہمارے نہرو	صفدر حسین
آپ بیتی	خان عبدالغفار خان
آپ بیتی	مولانا عبدالماجد دریابادی
حیات ذاکر حسین	خورشید مصطفیٰ زیدی
شہید وطن اشفاق اللہ خاں	میوارام گپتا
اِندرا پریہ درشنی	الکا شنکر
پرواز	اے پی جے عبدالکلام